TELEKOLLEG MULTIMEDIAL

W0345933

Analysis
Differentialrechnung

Wolfgang Fraunholz

Telekolleg MultiMedial

Telekolleg MultiMedial wird veranstaltet von den Bildungs- bzw. Kultusministerien von Bayern, Brandenburg und Rheinland-Pfalz sowie vom Bayerischen Rundfunk (BR). Der Rundfunk Berlin-Brandenburg (RBB) unterstützt das Telekolleg MultiMedial.

Dieser Band enthält das Arbeitsmaterial zu den vom Südwestfunk produzierten Lehrsendungen.

Nähere Informationen zu Telekolleg MultiMedial:
www.telekolleg.de
www.telekolleg-info.de

12., durchgesehene Auflage 2009

Umschlag (Konzeption): Daniela Eisenreich, München

Gesamtherstellung: Druckerei Gebr. Bremberger GmbH & Co. KG, Unterschleißheim
ISBN 978-3-941282-09-4

Inhaltsverzeichnis

Liebe Teilnehmerinnen und Teilnehmer am Telekolleg,

mit diesem Band zur Analysis werden Sie in die Differentialrechnung eingeführt. Sie wissen schon, daß in der Mathematik jede Aussage bewiesen werden muß. In einigen Fällen sind diese Beweise nicht ganz einfach. Dabei genügt es dann, wenn Sie die Beweise nachvollziehen können. Es wird von Ihnen nicht unbedingt erwartet, daß Sie sie alle selbständig durchführen können. Die Aufgaben geben Ihnen eine Orientierung, welchen Schwierigkeitsgrad Sie selbständig beherrschen sollten. Und wie Sie von früher her wissen: Es bedarf Ihrer intensiven Mitarbeit. Beachten Sie daher bitte:

1. Im Text jeder Lektion sind Aufgaben eingestreut, die Sie lösen sollten. Die roten Pfeile mit den Nummern im Kreis zeigen Ihnen, wo Sie die Lösung finden. In diesem Band sind alle Lösungen im Anschluß an die Lektion 11 zusammengefaßt. Zum Beispiel → ④ bedeutet: Die Lösung steht bei den Lösungen zur jeweiligen Lektion unter der Nummer 4. Zur Erarbeitung und zur Übung ist es wichtig, daß Sie diese Aufgaben im Text möglichst selbständig lösen. Falls Sie die Lösung einmal nicht finden, schlagen Sie nach und überlegen bitte, warum die Lösung so lauten muß.

2. Manche Lektionen bringen mehr Entwicklungen und Beweise, andere wieder mehr Übungsstoff. Deshalb kann es sein, daß die erforderliche Arbeitszeit für Sie nicht jede Woche gleich ist. Sie können diese kleinen Schwankungen aber sicher leicht selbst in Ihrer Zeiteinteilung ausgleichen.

3. Die Lektionen sind in einzelne Unterabschnitte gegliedert. Diese Gliederung können Sie zu einer Einteilung Ihrer Arbeitszeit verwenden. Es ist günstiger, sich mehrmals in der Woche mit Mathematik zu beschäftigen als einmal sehr lange. Planen Sie nach Möglichkeit auch eine ständige Wiederholung ein. Dazu können Sie zum Beispiel von den Wiederholungsaufgaben am Ende einer Lektion ausgehen.

4. Manche Texte sind im Kleindruck gesetzt. Es handelt sich dabei um schwierigere Beweise oder um weiterführende Teile. Diese stellen ein Zusatzangebot dar, das Sie auch übergehen können.

5. Nach den einzelnen Unterabschnitten finden Sie jeweils Übungsaufgaben. Sie müssen selbst entscheiden, welche und wieviele dieser Aufgaben Sie bearbeiten wollen; es verpflichtet Sie niemand dazu. Ein Stern * zeigt Ihnen, welche Aufgaben zusätzlich für eine weitere Wiederholung gedacht sind. Aufgaben, bei denen die Nummern in eckigen Klammern [] stehen, sind schwieriger und gehören zum nicht verbindlichen Zusatzangebot.

6. In diesem Band benötigen Sie für manche Aufgaben einen Taschenrechner. Falls Sie noch keinen besitzen und erst einen kaufen, achten Sie darauf, daß er Tasten für die trigonometrischen Funktionen sin, cos, tan, sowie für die Logarithmus- und Exponentialfunktion und die allgemeine Potenz y^x besitzt.

7. Die wichtigsten Definitionen, Formeln und Sätze sind – evtl. in anderer Reihenfolge als im Lehrtext – auf den Seiten 217 bis 224 zusammengefaßt. Dort finden Sie auch einige Formeln aus anderen Gebieten (insbesondere der Geometrie), die in einzelnen Aufgaben oder Beweisen benutzt und als bekannt vorausgesetzt werden.

Weiterhin besten Erfolg für Ihre Arbeit

Der Verfasser

1. Grenzwerte bei Funktionen

Vor der Sendung

Aus den vorangegangenen Lektionen haben Sie gelernt, Grenzwerte von Folgen zu bestimmen.* Folgen sind spezielle Funktionen, nämlich solche mit der Menge der natürlichen Zahlen als Definitionsbereich. Nun soll die Frage nach Grenzwerten bei Funktionen allgemein gestellt werden. Dazu brauchen Sie wieder den Funktionsbegriff, wie er Ihnen immer schon begegnet ist.
Um Grenzwerte bei Funktionen zu bestimmen, wird man Verfahren der Grenzwertberechnung bei Folgen heranziehen.

Allerdings wird bei Funktionen meistens die Menge der reellen Zahlen $\mathbb{R}$ zugrunde gelegt. Im Gegensatz zu den natürlichen Zahlen kann man die reellen Zahlen nicht mehr nacheinander Zahl für Zahl durchlaufen. Die reellen Zahlen füllen die Zahlengerade vollständig aus. Daraus ergeben sich im Vergleich zu den Folgen manche Unterschiede bei der Grenzwertbestimmung.

Wird die Zuordnungsvorschrift für eine Funktion durch einen Bruchterm beschrieben, so kann es sein, daß die Funktion für einzelne Werte, für die nämlich der Nenner Null wird, nicht definiert ist. In dieser Lektion werden solche Funktionen auftreten. An den Stellen, an denen der Nenner im Funktionsterm Null wird, weist die Funktion Definitionslücken auf. Man muß bei Bruchtermen also immer genau prüfen, an welchen Stellen sie nicht definiert sind.

In diesem Buch ist für eine Funktion immer der Definitionsbereich $\mathbb{R}$ gemeint, wenn keine anderen Angaben gemacht sind. Für Definitionsbereiche wie $D = \mathbb{R} \setminus \{2\}$ oder $D = \{x \in \mathbb{R} \mid x > 0\}$ werden auch die Kurzbezeichnungen $(x \neq 2)$ oder $(x > 0)$ geschrieben. Bei den Aufgaben wird der Definitionsbereich nicht immer angegeben. Überlegen Sie bei der Bearbeitung dieser Aufgaben, um welchen Definitionsbereich es sich jeweils handelt.

* Das Buch „Analysis: Folgen und Grenzwerte“ gehört nicht mehr zum verpflichtenden Begleitmaterial im Telekolleg-Lehrgang.

Übersicht

1. Es wird das Verhalten von Funktionen untersucht, wenn x immer größer oder immer kleiner wird. Das bedeutet, es sind die **Grenzwerte der Funktionen für x gegen $+\infty$ und für x gegen $-\infty$** zu bestimmen: $\lim\limits_{x \to +\infty} f(x)$ $\lim\limits_{x \to -\infty} f(x)$

2. Für Funktionen auf der Grundmenge $\mathbb{R}$ oder auf Intervallen von reellen Zahlen lassen sich jedoch nicht nur Grenzwerte für x gegen Unendlich, sondern auch Grenzwerte für die Annäherung an jeden beliebigen reellen Wert x_0 bestimmen. $\lim\limits_{x \to x_0} f(x)$

3. Ist die Zuordnungsvorschrift für eine Funktion durch einen Bruchterm beschrieben, so weist der Definitionsbereich an den Nullstellen des Nenners Lücken auf. Es gibt zwei Arten solcher Lücken: solche, die sich beheben lassen, und nicht-hebbare. Eine **hebbare Definitionslücke** läßt sich durch Grenzwertbetrachtungen füllen.

1

4. Um Grenzwerte bei zusammengesetzten Funktionen zu bestimmen, bedient man sich wieder der **Grenzwertsätze,** jetzt natürlich der Grenzwertsätze für Funktionen:

$$\lim_{x \to x_0} [f(x) \pm g(x)] = \lim_{x \to x_0} f(x) \pm \lim_{x \to x_0} g(x) \qquad \lim_{x \to x_0} [f(x) \cdot g(x)] = \lim_{x \to x_0} f(x) \cdot \lim_{x \to x_0} g(x)$$

$$\lim_{x \to x_0} \frac{f(x)}{g(x)} = \frac{\lim_{x \to x_0} f(x)}{\lim_{x \to x_0} g(x)} \qquad (g(x) \neq 0;\ \lim_{x \to x_0} g(x) \neq 0)$$

Diese Grenzwertsätze für Funktionen lassen sich mit Hilfe der Grenzwertsätze für Folgen beweisen.

1.1 Grenzwerte bei Funktionen für $x \to \pm\infty$

In den vorausgegangenen Lektionen wurden Grenzwerte von Folgen für $n \to \infty$ bestimmt. Nun sollen Grenzwerte von Funktionen berechnet werden. Die Funktionen werden dabei auf der Menge der reellen Zahlen $\mathbb{R}$ betrachtet, das heißt die x-Werte der Funktionen sind reelle Zahlen (und die y-Werte natürlich auch).
Auch hier interessiert das Verhalten der Funktion, wenn x sehr groß wird, d. h. das Verhalten der Funktion für $x \to \infty$.

In der Fernsehsendung haben Sie folgendes Beispiel gesehen:
Ein Gegenstand wird durch eine Sammellinse von der Brennweite 5 cm abgebildet. Steht der Gegenstand 5 cm oder näher vor der Linse, so entsteht kein scharfes Bild. Rückt man den Gegenstand immer weiter von der Linse weg, so rückt das Bild näher an die Linse heran. Wohin kommt das Bild, wenn man den Gegenstand „beliebig weit weg", „ins Unendliche" schiebt?

Bei der Abbildung mit einer Sammellinse gilt für die Gegenstandsweite x, die Bildweite y und die Brennweite f folgende Beziehung:

$$\frac{1}{x} + \frac{1}{y} = \frac{1}{f}$$

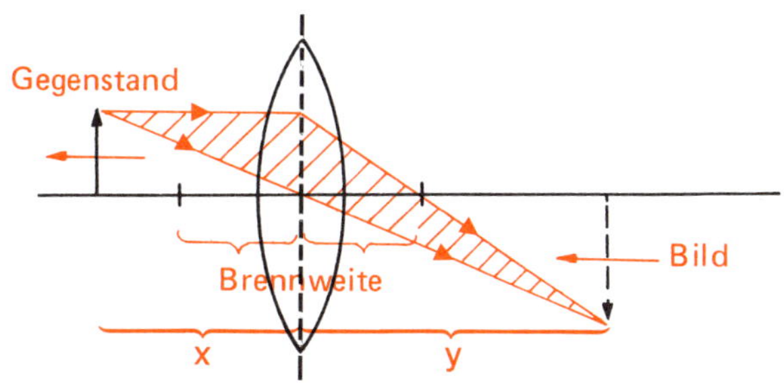

Hier soll die Abhängigkeit der Bildweite des reellen Bildes von der Gegenstandsweite untersucht werden (bei einer Sammellinse mit der Brennweite f = 5 cm). Durch Umformen der Gleichung erhält man die Zuordnungsvorschrift für die Funktion, deren Verhalten für $x \to \infty$ untersucht werden soll.

$$\frac{1}{y} = \frac{1}{5} - \frac{1}{x}$$

$$\frac{1}{y} = \frac{x-5}{5x}$$

$$y = \frac{5x}{x-5}$$

Da der Gegenstand mehr als 5 cm von der Linse entfernt stehen muß, ergibt sich aufgrund der physikalischen Gegebenheiten der Definitionsbereich

$$D = \{ x \in \mathbb{R} \mid x > 5 \} \qquad \text{für die Funktion.}$$

Damit Sie das Verhalten der Funktion bei wachsenden x-Werten erkennen, lassen Sie bitte x einmal verschiedene Folgen durchlaufen und berechnen Sie die zugehörigen Funktionswerte. (Verwenden Sie Ihren Taschenrechner.)

x	$\frac{5x}{x-5}$
10	
20	
30	
40	
50	
60	
70	

x	$\frac{5x}{x-5}$
10	
20	
40	
80	
160	
320	
640	

x	$\frac{5x}{x-5}$
10	
100	
1000	
10000	
100000	
1000000	
10000000	

Tragen Sie einige der gefundenen Werte in das Koordinatensystem ein, um den Verlauf des Funktionsgraphen zu verdeutlichen.

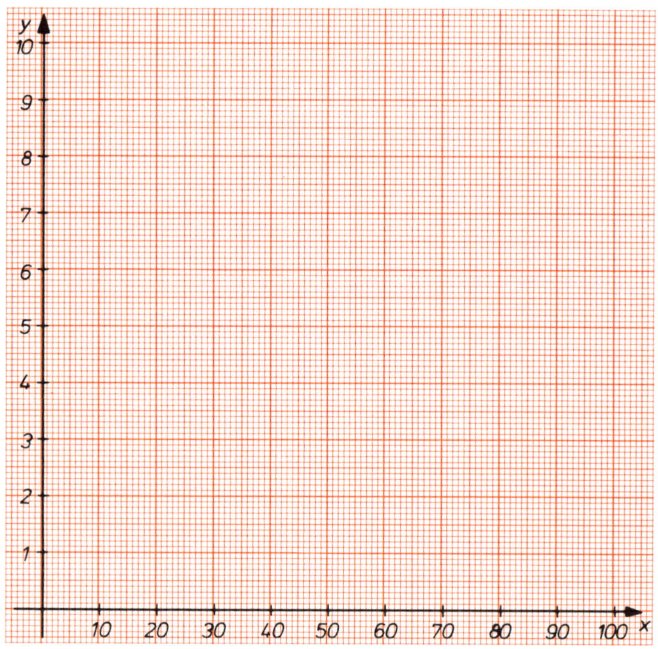

→ (1)

Die Rechnungen und die Zeichnung machen es offensichtlich, daß die Funktion f für $x \to \infty$ gegen den Wert 5 strebt. Da aber x auf der reellen Zahlengeraden alle möglichen Folgen gegen Unendlich durchlaufen könnte, kann man nicht sicher sein, daß bei jeder dieser Folgen die Funktion gegen 5 strebt.

Von einem **Grenzwert der Funktion** kann man nur sprechen, wenn die Funktion für **jede Folge,** die x gegen Unendlich durchlaufen kann, demselben Wert zustrebt. Ist dies der Fall und beispielsweise dieser Wert α, so heißt α der Grenzwert und man sagt, der Grenzwert existiert, und schreibt

$$\lim_{x \to \infty} f(x) = \alpha$$

(gesprochen: „Limes f von x für x gegen Unendlich ist gleich Alpha.")

Nun kann man aber nicht alle solche Folgen für x durchprobieren, deshalb muß man die Konvergenz einer Funktion mit Hilfe der ε-Umgebung um den Grenzwert festlegen.

Eine Funktion $x \to f(x)$ hat für $x \to \infty$ den Grenzwert α, wenn es zu jeder (noch so kleinen) Zahl $\varepsilon > 0$ eine Zahl S gibt, so daß

$$|f(x) - \alpha| < \varepsilon \quad \text{für alle} \quad x > S.$$

Die nebenstehende Zeichnung verdeutlicht diesen Sachverhalt. ($\alpha = 2{,}5$)

Es ist $\varepsilon = 0{,}5$
und $S = 5$

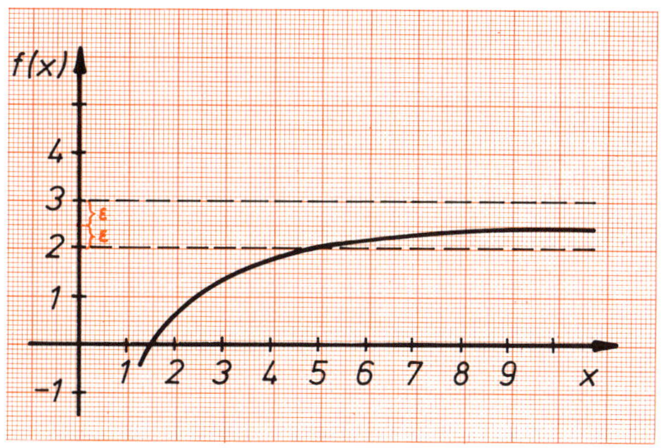

Wie bei den Folgen hilft auch die Definition für den Grenzwert bei Funktionen nur weiter, wenn man den Grenzwert schon vermutet. Dann kann man nämlich mit Hilfe der Definition die Vermutung bestätigen oder widerlegen.

Bei der Funktion $y = \frac{5x}{x-5}$ $(x > 5)$ haben Sie 5 als Grenzwert für $x \to \infty$ vermutet. Diese Vermutung läßt sich bestätigen. Es muß dann nämlich zu jedem beliebigen (noch so kleinen) $\varepsilon > 0$ eine Stelle S geben, so daß

$$\left|\frac{5x}{x-5} - 5\right| < \varepsilon \qquad \text{für alle} \quad x > S.$$

Ist zum Beispiel $\varepsilon = \frac{1}{1000}$, so verläuft die Rechnung so

$$\left|\frac{5x}{x-5} - 5\right| < \frac{1}{1000}$$

$$\Rightarrow \left|\frac{5x}{x-5} - \frac{5(x-5)}{x-5}\right| < \frac{1}{1000}$$

$$\Rightarrow \left|\frac{5x-5x+25}{x-5}\right| < \frac{1}{1000}$$

$$\Rightarrow \frac{25}{x-5} < \frac{1}{1000}$$

Da nach dem Definitionsbereich $x > 5$ ist, kann man auf die Betragsstriche verzichten.

$$\Rightarrow 25 \cdot 1000 < x - 5$$

$$\Rightarrow x > 25005$$

Die Zahl S ist also 25005. Was heißt dieses Ergebnis?

Für jeden Wert x, der größer als 25005 ist, weicht der Funktionswert f(x) nicht mehr als $\frac{1}{1000}$ vom Grenzwert 5 ab.

Wäre $\varepsilon = \frac{1}{1000000}$ vorgegeben gewesen, so hätte man die Stelle S errechnet aus der Ungleichung

$$\left|\frac{5x}{x-5} - 5\right| < \frac{1}{1000000}$$

$$\Rightarrow \frac{25}{x-5} < \frac{1}{1000000}$$

$$\Rightarrow x > 25000005$$

Das bedeutet: Für jeden Wert x, der größer als 25000005 ist, weicht der zugehörige Funktionswert f(x) um weniger als $\frac{1}{1000000}$ vom Grenzwert 5 ab.

Allgemein kann man zu einem vorgegebenen $\varepsilon > 0$ die Stelle S für diese Funktion dann so errechnen:

$$\left|\frac{5x}{x-5} - \frac{5(x-5)}{x-5}\right| < \varepsilon$$

$$\Rightarrow \left|\frac{5x-5x+25}{x-5}\right| < \varepsilon$$

$$\Rightarrow \frac{25}{x-5} < \varepsilon$$

Da $x > 5$ ist, kann man auf die Betragsstriche verzichten.

$$\Rightarrow x > \frac{25}{\varepsilon} + 5$$

Mit dem hier gezeigten Verfahren können Sie die Grenzwerte für weitere Funktionen ermitteln. Den vermutlichen Grenzwert erhalten Sie, indem Sie x eine Folge gegen Unendlich durchlaufen lassen und die zugehörigen Funktionswerte f(x) mit dem Taschenrechner berechnen. Haben Sie einen vermutlichen Grenzwert gefunden, wenden Sie zur Bestätigung die Grenzwertdefinition an.

1. Beispiel: Bestimmen Sie $\lim\limits_{x \to \infty} \frac{2x+3}{x}$ (Definitionsbereich $\{ x \in \mathbb{R} \mid x > 0 \}$)

Um einen vermutlichen Grenzwert zu erhalten, läßt man x eine Folge gegen ∞ durchlaufen und errechnet die zugehörigen Funktionswerte.

x	1	10	100	1000	10000	100000
$\frac{2x+3}{x}$	5	2,3	2,03	2,003	2,0003	2,00003

Der vermutete Grenzwert ist 2.

Bestätigung durch Berechnung der Stelle S für ein beliebig vorgegebenes $\varepsilon > 0$. Es muß eine Stelle S gefunden werden, so daß für alle $x > S$ gilt

$$\left| \frac{2x+3}{x} - 2 \right| < \varepsilon$$

S läßt sich durch Umformen der Ungleichung finden.

$$\left| \frac{2x+3}{x} - \frac{2x}{x} \right| < \varepsilon$$

$$\Rightarrow \quad \frac{3}{x} < \varepsilon$$

Da $x > 0$ ist, können die Betragsstriche weggelassen werden.

$$\Leftrightarrow \quad x > \frac{3}{\varepsilon}$$

Für $S = \frac{3}{\varepsilon}$ ist also die Bedingung erfüllt.

Beispielsweise: Ist $\varepsilon = 0{,}0001$ dann ist $S = 30000$.

Es ist also $\lim\limits_{x \to \infty} \frac{2x+3}{x} = 2$

2. Beispiel: Welchem Wert strebt die Funktion $y = \frac{x^2+3}{x}$ $(x > 0)$ für $x \to \infty$ zu?

Errechnung von Funktionswerten für wachsendes x.

x	1	10	100	1000	10000	100000
$\frac{x^2+3}{x}$	4	10,3	100,03	1000,003	10000,0003	100000,00003

Offenbar wachsen die Funktionswerte mit wachsendem x. Die Funktion hat für $x \to \infty$ keinen Grenzwert. Sie strebt selbst gegen ∞.

> Nehmen für $x \to \infty$ die Funktionswerte $f(x)$ unbeschränkt zu, so sagt man, die Funktion hat den „uneigentlichen Grenzwert“ ∞ und schreibt
>
> $$\lim_{x \to \infty} f(x) = \infty$$

3. Beispiel: Welchem Wert strebt die Funktion $y = \frac{5}{x}$ $(x > 0)$ für $x \to \infty$ zu?

Berechnen Sie selbst:

x	1	10	100	1000	10000	100000
$\frac{5}{x}$						

Der vermutete Grenzwert ist ______________ → ④

Berechnen Sie, von welcher Stelle S an sich die Funktionswerte weniger als $\frac{1}{100}$ vom Grenzwert unterscheiden (d. h. $\varepsilon = \frac{1}{100}$).

____

____

____

→ ②

Grenzwerte für $x \to -\infty$

Die Funktionen aus den Beispielen 1 bis 3 waren für $x > 0$ definiert. Betrachten Sie nochmals die Funktionsgleichungen:

$$y = \frac{2x+3}{x} \qquad y = \frac{x^2+3}{x} \qquad y = \frac{5}{x}$$

Bei diesen Funktionen muß man sicher $x = 0$ aus dem Definitionsbereich ausschließen. Allerdings läßt sich der Definitionsbereich auf die negativen reellen Zahlen erweitern. Betrachtet man die Funktionen auf dem Definitionsbereich $\mathbb{R} \setminus \{0\}$, so kann man auch ihr Verhalten für $x \to -\infty$ untersuchen. Dann muß x fallende Folgen gegen $-\infty$ durchlaufen. Für die erste Beispielfunktion ergibt sich dann etwa:

x	−1	−10	−100	−1000	−10000	−100000
$\frac{2x+3}{x}$	−1	1,7	1,97	1,997	1,9997	1,99997

Der vermutete Grenzwert ist 2.

Bei der Bestätigung dieses Grenzwertes durch Berechnung der Stelle s muß man nun beachten, daß der Teilbereich $\{ x \in \mathbb{R} \mid x < 0 \}$ betrachtet wird.

$$\begin{aligned}
& \left| \frac{2x+3}{x} - 2 \right| < \varepsilon \\
\Rightarrow\quad & \left| \frac{2x+3}{x} - \frac{2x}{x} \right| < \varepsilon \\
\Rightarrow\quad & \left| \frac{3}{x} \right| < \varepsilon \\
\Rightarrow\quad & \frac{3}{x} > -\varepsilon \qquad \text{da } x < 0 \text{ ist.} \\
\Rightarrow\quad & x < -\frac{3}{\varepsilon}
\end{aligned}$$

Es gilt also $\lim\limits_{x \to -\infty} \frac{2x+3}{x} = 2$

Wie Sie gesehen haben, kann man für Funktionen, die für negative x-Werte definiert sind, auch einen Grenzwert für $x \to -\infty$ suchen. Für diesen Fall muß die Definition der Konvergenz einer Funktion etwas abgeändert werden.

> Eine Funktion $x \to f(x)$ konvergiert für $x \to -\infty$ gegen eine Zahl α, wenn es zu jedem $\varepsilon > 0$ eine Stelle s gibt, so daß
>
> $$| f(x) - \alpha | < \varepsilon \quad \text{für alle} \quad x < s.$$

Aufgaben zu 1.1

1. Zeigen Sie für die Funktion $x \to \frac{x}{2x+3}$ $(x > 0)$ am Beispiel von drei x-Werten, daß sich für einen x-Wert, der größer als 749 ist, der Funktionswert um weniger als $\frac{1}{1000}$ vom Grenzwert $\frac{1}{2}$ unterscheidet.

2. Bestimmen Sie die folgenden Grenzwerte (sofern sie existieren) und für a) und b) die zu einem vorgegebenen ε gehörende Stelle S bzw. s.

a) $\lim\limits_{x \to \infty} \frac{4x-8}{x}$ [b)] $\lim\limits_{x \to -\infty} \frac{3x-2}{x}$ *c) $\lim\limits_{x \to \infty} \frac{2x+3}{x^2+3}$ [d)] $\lim\limits_{x \to -\infty} \frac{|x|}{x}$

1.2 Grenzwerte bei Funktionen für $x \to x_0$

Im Abschnitt 1.1 wurde das Verhalten der Funktion $f(x) = \frac{5x}{x-5}$ für x gegen ∞ untersucht.
Diese Funktion ergab sich aus der physikalischen Fragestellung nach der Abbildung durch eine Sammellinse. Wegen der physikalischen Gegebenheiten wurde sie

für $x > 5$ betrachtet. Sieht man von dem konkreten Sachverhalt aus der Optik ab und betrachtet die Funktion rein mathematisch, so ist sie nur für $x = 5$ nicht erklärt, hat also den Definitionsbereich

$$D = \{ x \in \mathbb{R} \mid x \neq 5 \}$$

Im Definitionsbereich ist nur ein einziger Punkt ausgenommen. Die Funktion kommt also der Stelle 5 von rechts her und von links her beliebig nahe. Für den Mathematiker ergibt sich hieraus ein neues Grenzwertproblem:

Wie verhält sich die Funktion $f(x) = \frac{5x}{x-5}$ $(x \neq 5)$, wenn die x-Werte sich von rechts bzw. von links immer mehr dem Wert $x_0 = 5$ nähern?

Eine erste Übersicht kann man sich wieder durch die Berechnung von einigen Werten verschaffen.

Annäherung von links → ← Annäherung von rechts

x	4,9	4,99	4,999	4,9999	5	5,0001	5,001	5,01	5,1
$\frac{5x}{x-5}$	−245	−2495	−24995	−249995	nicht definiert	250005	25005	2505	255

Wenn Sie noch einige weitere Werte berechnen, können Sie sich durch die Zeichnung des Graphen der Funktion das Verhalten „in der Umgebung" der Stelle $x_0 = 5$ verdeutlichen.

Berechnen Sie

x	$\frac{5x}{x-5}$
1	
2	
3	
4	
4,5	
5,5	
6	
7	
8	
9	

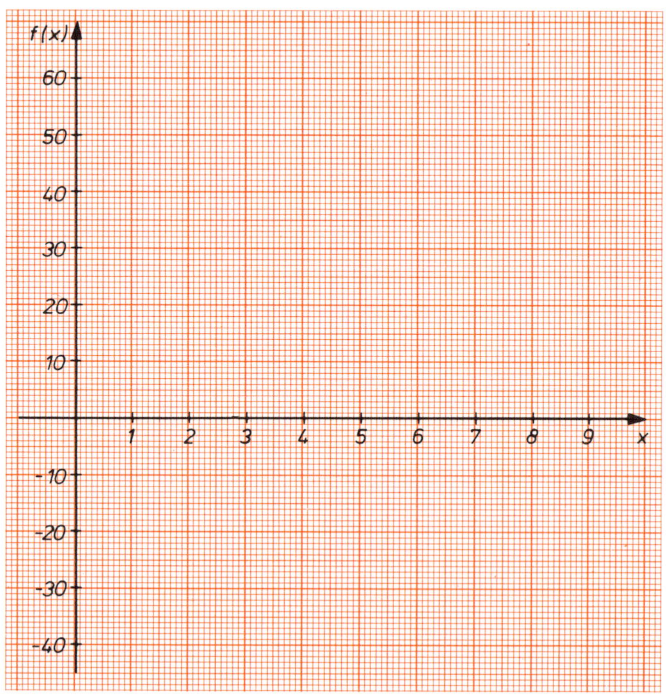

Zeichnen Sie den Graphen.

→ 5

Nähert man sich der Stelle $x_0 = 5$ von links, so werden die Funktionswerte immer kleiner, die Funktion strebt gegen $-\infty$. Nähert man sich dem Wert $x_0 = 5$ von rechts, so wachsen die Funktionswerte über alle Grenzen. Die Funktion strebt hier gegen $+\infty$.

Kurz gesagt:

Geht x von rechts gegen 5, das heißt $x \to 5^+$, dann ist $\lim\limits_{x \to 5^+} f(x) = \infty$.

Geht x von links gegen 5, das heißt $x \to 5^-$, dann ist $\lim\limits_{x \to 5^-} f(x) = -\infty$.

In beiden Fällen handelt es sich um einen „uneigentlichen Grenzwert".

Ein zweites Beispiel:

Die Funktion $f(x) = \frac{x^2 - 5x + 6}{x - 2}$ hat den Definitionsbereich $D = \{ x \in \mathbb{R} \mid x \neq 2 \}$.

Wie verhält sie sich bei Annäherung an die Stelle $x_0 = 2$?

In der folgenden Tabelle sind einige Werte in der Nähe der Stelle $x_0 = 2$ berechnet. Prüfen Sie diese Werte nach.

Annäherung von links → ← Annäherung von rechts

x	1,9	1,99	1,999	1,9999	2	2,0001	2,001	2,01	2,1
$\frac{x^2 - 5x + 6}{x - 2}$	−1,1	−1,01	−1,001	−1,0001	nicht definiert	−0,9999	−0,999	−0,99	−0,9

Fertigen Sie eine Zeichnung in dem untenstehenden Koordinatensystem an.

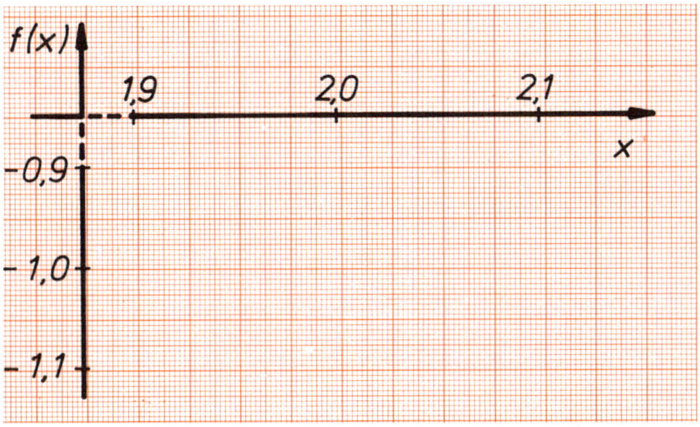

→ 6

In diesem Fall vermutet man:

Für $x \to 2^+$ ist $\lim\limits_{x \to 2^+} f(x) = -1$

Für $x \to 2^-$ ist $\lim\limits_{x \to 2^-} f(x) = -1$

Offenbar existieren der rechtsseitige und der linksseitige Grenzwert und beide sind gleich. Nur in einem solchen Fall sagt man, $f(x)$ besitzt für $x \to x_0$ einen Grenzwert.

Das heißt:
Eine Funktion f(x) besitzt für $x \to x_0$ den Grenzwert α, wenn alle Funktionswerte f(x) in einer beliebig kleinen Umgebung von α liegen, wenn nur die x-Werte in einer hinreichend kleinen Umgebung von x_0 liegen. Diesen Sachverhalt veranschaulicht die nebenstehende Zeichnung.
Die bisherige Definition für die Konvergenz einer Funktion für $x \to \infty$ muß nun so verallgemeinert werden:

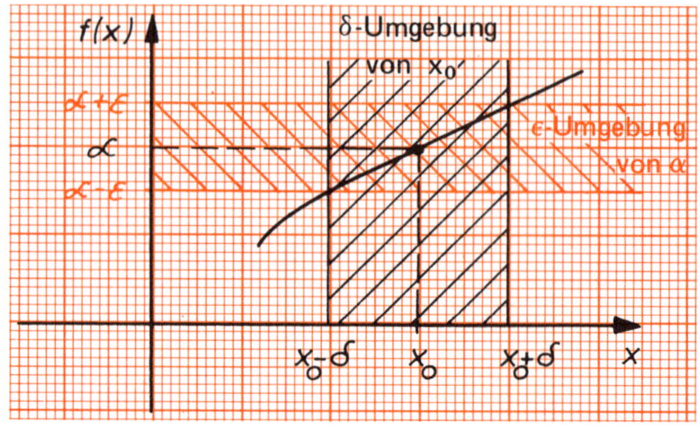

Eine Funktion $x \to f(x)$ hat für $x \to x_0$ den Grenzwert α, wenn es zu jedem $\varepsilon > 0$ ein $\delta > 0$ gibt, so daß

$$|f(x) - \alpha| < \varepsilon \quad \text{falls} \quad |x - x_0| < \delta \quad \text{und} \quad x \neq x_0 \quad \text{ist.}$$

Man schreibt $\alpha = \lim\limits_{x \to x_0} f(x)$.

Gibt man für die Funktion $f(x) = \frac{x^2 - 5x + 6}{x - 2}$ $(x \neq 2)$ ein ε vor, dann läßt sich aus der Bedingung

$$\left| \frac{x^2 - 5x + 6}{x - 2} - (-1) \right| < \varepsilon$$

ein zugehöriges δ bestimmen. Es gilt nämlich

$$\left| \frac{x^2 - 5x + 6}{x - 2} + 1 \right| < \varepsilon \qquad x_0 = 2$$

$$\Leftrightarrow \quad \left| \frac{x^2 - 5x + 6}{x - 2} + \frac{x - 2}{x - 2} \right| < \varepsilon$$

$$\Leftrightarrow \quad \left| \frac{x^2 - 4x + 4}{x - 2} \right| < \varepsilon$$

$$\Leftrightarrow \quad \left| \frac{(x - 2)^2}{x - 2} \right| < \varepsilon$$

$$\Leftrightarrow \quad |x - 2| < \varepsilon$$

Die Bedingung der Definition ist mit $\delta = \varepsilon$ erfüllt. Ist nämlich

$$|x - 2| < \delta = \varepsilon, \text{ dann ist } \left| \frac{x^2 - 5x + 6}{x - 2} - (-1) \right| < \varepsilon.$$

Zur praktischen Berechnung des Grenzwertes einer Funktion für $x \to x_0$ geht man so vor: Man berechnet f(x) an der Stelle $x = x_0 + h$ bzw. $x = x_0 - h$. Dabei steht h für jede beliebige Nullfolge. Man hat damit ein Verfahren geschaffen, mit dem man gleichsam **alle möglichen** Folgen $x \to x_0$ durchläuft, da man sich für die Variable h jede beliebige Nullfolge vorstellen kann.

(In der Tabelle auf S. 15 bei der Annäherung von links und von rechts war h die Nullfolge 10^{-n}, nämlich die Folge 0,1; 0,01; 0,001; ....)

Für die Funktion $f(x) = \frac{x^2 - 5x + 6}{x - 2} \quad (x \neq 2)$ ergeben sich dann die folgenden Rechnungen:

Für $x = 2 + h$

$$f(2+h) = \frac{(2+h)^2 - 5(2+h) + 6}{(2+h) - 2}$$

$$f(2+h) = \frac{4 + 4h + h^2 - 10 - 5h + 6}{h}$$

$$f(2+h) = \frac{h^2 - h}{h}$$

$$f(2+h) = h - 1$$

Für $x = 2 - h$

$$f(2-h) = \frac{(2-h)^2 - 5(2-h) + 6}{(2-h) - 2}$$

$$f(2-h) = \frac{4 - 4h + h^2 - 10 + 5h + 6}{-h}$$

$$f(2-h) = \frac{h^2 + h}{-h}$$

$$f(2-h) = -h - 1$$

Da h Nullfolge ist, erhält man die beiden Grenzwerte für $f(x)$

$$\lim_{x \to 2^+} = \lim_{h \text{ Nullfolge}} (h - 1) = -1$$

rechtsseitiger Grenzwert

$$\lim_{x \to 2^-} f(x) = \lim_{h \text{ Nullfolge}} (-h - 1) = -1$$

linksseitiger Grenzwert

Zur Erinnerung: Vom Grenzwert der Funktion $f(x)$ für $x \to x_0$ spricht man nur dann, wenn rechtsseitiger und linksseitiger Grenzwert existieren und gleich sind.

In diesem Fall ist also $\lim\limits_{x \to x_0} f(x) = -1$

Damit kennen Sie die Definition des Grenzwertes bei Funktionen für $x \to x_0$ und ein praktisches Verfahren zur Berechnung eines solchen Grenzwertes.
Wenden Sie nun dieses Verfahren in den Aufgaben an.

Aufgaben zu 1.2

1. Bestimmen Sie

a) $\lim\limits_{x \to 0} \frac{x}{5 + x}$ b) $\lim\limits_{x \to 4} \frac{4x^2 - 64}{2x - 8}$ c) $\lim\limits_{x \to 6} \frac{x^2 - 36}{x - 6}$ d) $\lim\limits_{x \to 0} \frac{x + 7}{x}$

[2.] Zeigen Sie

a) $\lim\limits_{x \to 1,5} \frac{4x^2 - 9}{2x - 3} = 6$ b) $\lim\limits_{x \to -2} \frac{4 - x^2}{x + 2} = 4$ *c) $\lim\limits_{x \to 0} \frac{x^2}{3 + x^2} = 0$

und bestimmen Sie jeweils ein δ, wenn $\varepsilon = 0{,}01$ ist.

1.3 Hebbare und nicht-hebbare Lücken einer Funktion

In Abschnitt 1.2 haben Sie gesehen, daß man bei Funktionen für eine Stelle x_0 fragen kann, ob die Funktion einen Grenzwert für $x \to x_0$ besitzt, und wie man einen solchen Grenzwert gegebenenfalls bestimmen kann.
Besonders interessant sind dabei solche Stellen x_0, die isolierte Lücken im Definitionsbereich darstellen. In 1.2 waren bereits solche Beispiele gewählt worden.
In diesem Abschnitt wird untersucht, ob man solche Lücken im Definitionsbereich einer Funktion schließen kann, ob man sie beheben kann.
Natürlich könnte man einer Funktion durch eine zusätzliche Definition an einer solchen Lücke einfach einen Funktionswert zuordnen. Dies könnte für das erste Beispiel aus 1.2 so aussehen:

$$f : x \to f(x) \quad \text{mit} \quad \begin{cases} f(x) = \dfrac{5x}{x-5} & \text{für alle } x \in \mathbb{R} \text{ mit } x \neq 5 \\ f(x) = 0 & \text{für } x = 5 \end{cases}$$

Die nebenstehende Zeichnung zeigt die Ergänzung der Funktion an der ursprünglichen Lücke bei $x = 5$. Wie Sie sehen, „paßt“ der neue Funktionswert aber nicht so richtig in das Bild hinein. Ein solches Verfahren soll daher nicht als Beheben einer Lücke angesehen werden.
Ein neu eingefügter Funktionswert paßt dann gut zu den anderen Werten, wenn die Funktion an dieser Lücke einen Grenzwert besitzt und man diesen Grenzwert als neuen Funktionswert einfügt.

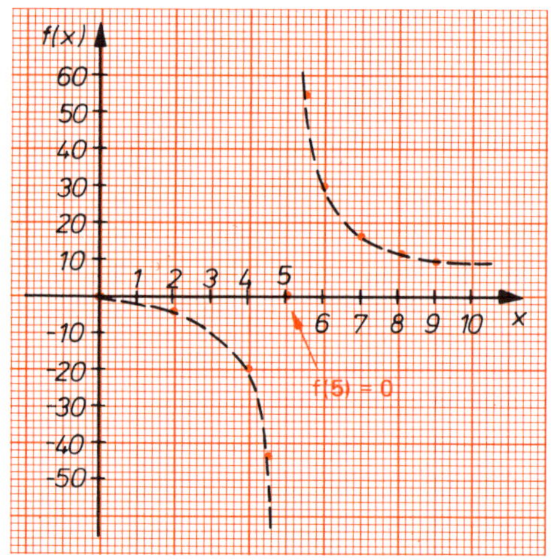

Dies können Sie an dem zweiten Beispiel aus 1.2 erkennen.

$f(x) = \dfrac{x^2 - 5x + 6}{x - 2}$ ist zunächst für $x = 2$ nicht definiert.

Es existiert aber $\lim\limits_{x \to 2} f(x) = -1$.

Setzt man $f(2) = -1$, dann fügt sich der neue Wert „ohne Sprünge“ ein (vgl. nebenstehende Zeichnung).

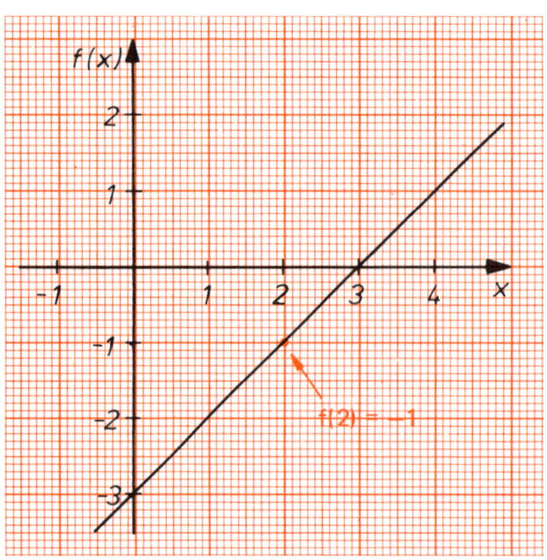

Diese Überlegungen lassen sich so präzisieren:

> Ist eine Funktion $f(x)$ in x_0 nicht definiert, wohl aber in einer Umgebung von x_0, dann sagt man, die Funktion hat an der Stelle x_0 eine **Lücke.**
>
> Existiert der Grenzwert $\lim\limits_{x \to x_0} f(x)$, so heißt die Lücke **hebbar,** andernfalls nicht-hebbar.
>
> Die Lücke wird behoben durch die Zusatzdefinition $f(x_0) = \lim\limits_{x \to x_0} f(x)$.

Aufgabe: Die Funktion $f(x) = \dfrac{x^2 - 9}{x - 3}$ ist in $D = \{ x \in \mathbb{R} \mid x \neq 3 \}$ definiert.

Ist die Lücke bei $x = 3$ hebbar? Falls ja, schließen Sie die Lücke.

→ 3

Bei der Funktion mit der Funktionsgleichung

$$f(x) = \frac{1}{x - 1}$$

ist die Lücke bei $x = 1$ nicht hebbar.

Es ist nämlich

$$\lim_{x \to 1^+} \frac{1}{x - 1} = +\infty$$

und $\lim\limits_{x \to 1^-} \dfrac{1}{x - 1} = -\infty$

(Vergleichen Sie die nebenstehende Zeichnung.)

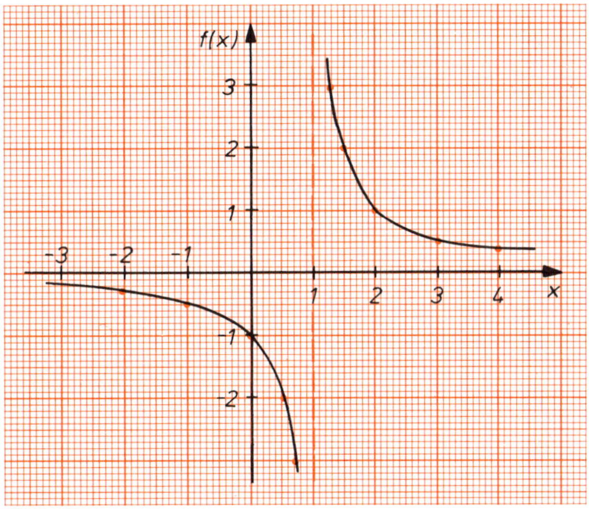

Hier sind links- und rechtsseitiger Grenzwert an der Lücke uneigentlich; bei einer solchen Lücke spricht man vom **Pol** der Funktion.

> Eine Lücke einer Funktion, an der der links- und der rechtsseitige Grenzwert uneigentlich sind $(+\infty$ bzw. $-\infty)$, heißt **Pol** der Funktion.

Betrachtet man den Graphen einer Funktion an einer Polstelle, so stellt man fest:

> Nähern sich die x-Werte der Polstelle, so kommt der Graph der Funktion beliebig nahe an die Senkrechte zur x-Achse durch den Pol, trifft sie jedoch nie. Diese senkrechte Gerade nennt man daher eine Asymptote* zum Funktionsgraphen.

*) Asymptote (aus dem Griechischen) die Nicht-Zusammentreffende

Aufgaben zu 1.3

Welche Lücken bei den folgenden Funktionen sind hebbar, welche nicht-hebbar, welche sind Pole? Geben Sie bei den Polstellen die Asymptoten an.

a) $f(x) = \frac{25 - x^2}{5 - x}$ b) $f(x) = \frac{2x}{x - 1}$ c) $f(x) = -\frac{2}{x}$ *d) $f(x) = \frac{x^2 + 4x + 4}{x^2 - 4}$

1.4 Grenzwertsätze bei Funktionen

Von einfachen Funktionen kann man Grenzwerte oft direkt angeben; zum Beispiel

$$\lim_{x \to 1} (x + 1) = 2 \qquad \lim_{x \to \infty} \frac{a}{x} = 0 \qquad \lim_{x \to 0} x = 0$$

Für zusammengesetzte Funktionen lassen sich die Grenzwerte (wie bei den Folgen) durch Zerlegung in einfache Funktionen gewinnen. Denn auch für Funktionen gelten Grenzwertsätze, die denen für Folgen entsprechen:

Sind f(x) und g(x) Funktionen, die in einer Umgebung der Stelle x_0 definiert sind und für $x \to x_0$ konvergieren; sind ferner c eine reelle Zahl und

$$\alpha = \lim_{x \to x_0} f(x) \quad \text{und} \quad \beta = \lim_{x \to x_0} g(x) \text{, so gilt}$$

(a) $\lim_{x \to x_0} [f(x) + g(x)] = \lim_{x \to x_0} f(x) + \lim_{x \to x_0} g(x) = \alpha + \beta$

(b) $\lim_{x \to x_0} [f(x) - g(x)] = \lim_{x \to x_0} f(x) - \lim_{x \to x_0} g(x) = \alpha - \beta$

(c) $\lim_{x \to x_0} c \cdot f(x) = c \cdot \lim_{x \to x_0} f(x) = c \cdot \alpha$

(d) $\lim_{x \to x_0} [f(x) \cdot g(x)] = \lim_{x \to x_0} f(x) \cdot \lim_{x \to x_0} g(x) = \alpha \cdot \beta$

(e) $\lim_{x \to x_0} [f(x) : g(x)] = \lim_{x \to x_0} f(x) : \lim_{x \to x_0} g(x) = \alpha : \beta$

sofern $g(x) \neq 0$ und $\beta \neq 0$.

Die Beweise lassen sich ähnlich führen wie bei den Grenzwertsätzen für Folgen. Als ein Beispiel soll hier nur der Beweis für den Grenzwertsatz (a) aufgeführt werden.

Beweis zu (a)

Ist ein $\varepsilon > 0$ vorgegeben, so kann man nach der Definition der Konvergenz für Funktionen (vgl. Abschnitt 1.2) ein δ_1 bestimmen, so daß

$$|f(x) - \alpha| < \varepsilon \quad \text{falls} \quad |x - x_0| < \delta_1 .$$

Ebenso kann man ein δ_2 bestimmen, so daß

$$|g(x) - \beta| < \varepsilon \quad \text{falls} \quad |x - x_0| < \delta_2 .$$

Ist δ das Minimum der beiden Zahlen δ_1 und δ_2, so ist für $|x - x_0| < \delta$

$$|[f(x) + g(x)] - [\alpha + \beta]| = |[f(x) - \alpha] + [g(x) - \beta]| \leqq |f(x) - \alpha| + |g(x) - \beta| < 2\varepsilon$$

Das bedeutet aber, daß $[f(x) + g(x)]$ für $x \to x_0$ gegen $\alpha + \beta$ konvergiert.

Beispiele für die Anwendung der Grenzwertsätze:

1. Es ist $\lim\limits_{x \to 1} \dfrac{(x+1)(x^2-1)}{x-1}$ zu bestimmen. Für $x \neq 1$ kann man zerlegen

$$\lim_{x \to 1} \frac{(x+1)(x^2-1)}{(x-1)} = \lim_{x \to 1} [(x+1)(x+1)] = \lim_{x \to 1} (x+1) \cdot \lim_{x \to 1} (x+1) = 2 \cdot 2 = 4$$

2. $\lim\limits_{x \to \infty} \dfrac{3x^2 + x + 5}{x^2 - 4}$ kann man für $x \neq 0$, $x \neq 2$ und $x \neq -2$ umformen zu

$$\lim_{x \to \infty} \frac{3 + \frac{1}{x} + \frac{5}{x^2}}{1 - \frac{4}{x^2}} = \frac{\lim\limits_{x \to \infty} 3 + \lim\limits_{x \to \infty} \frac{1}{x} + \lim\limits_{x \to \infty} \frac{5}{x^2}}{\lim\limits_{x \to \infty} 1 - \lim\limits_{x \to \infty} \frac{4}{x^2}} = \frac{3 + 0 + 0}{1 - 0} = 3$$

Aufgaben zu 1.4

Bestimmen Sie die folgenden Grenzwerte mit Hilfe der Grenzwertsätze.

a) $\lim\limits_{x \to 3} \dfrac{81 - x^4}{3 - x}$ b) $\lim\limits_{x \to 0} \dfrac{x^2}{x - 5}$ c) $\lim\limits_{x \to \infty} \dfrac{x^2 - 2x + 6}{x^2 - 5}$ *d) $\lim\limits_{x \to -\infty} \dfrac{(2 + x)^2}{3 - x}$

Wiederholungsaufgaben zu Lektion 1

1. Bestimmen Sie die Grenzwerte der Funktion $f(x) = \dfrac{(x^2 - 1)(x + 3)}{(x + 1)(x - 3)}$ $(x \neq -1; x \neq 3)$

für a) $x \to -1$ b) $x \to 3$ c) $x \to 0$ d) $x \to \infty$ e) $x \to 5$

2. Hat die Funktion $f(x) = \dfrac{(x^2 - 1)(x + 3)}{(x + 1)(x - 3)}$ hebbare Lücken, nicht-hebbare Lücken, Pole?
Wie verhält sie sich für $x \to \infty$ und $x \to -\infty$?

3. Bestimmen Sie die Grenzwerte a) $\lim\limits_{x \to \infty} 2^x$ b) $\lim\limits_{x \to 2} (x^2 - x + 1)$ c) $\lim\limits_{x \to 0} \dfrac{|x|}{x}$

4. Eine Funktion f sei definiert durch

$$f: x \to f(x) \quad \text{mit} \quad \begin{cases} f(x) = 3x + 2 & \text{für } -\infty < x < -2 \\ f(x) = 0 & \text{für } -2 \leqq x \leqq +2 \\ f(x) = x + 1 & \text{für } +2 < x < +\infty \end{cases}$$

Untersuchen Sie das Verhalten der Funktion für
$x \to -2^-$, $x \to -2^+$, $x \to 2^-$ und $x \to 2^+$.

[5]. Beweisen Sie den folgenden Satz:
Hat eine Funktion $f(x)$ für $x \to x_0$ einen positiven Grenzwert, so gibt es eine ganze Umgebung von x_0, in der die Funktion positive Werte annimmt.

In Zeichen: $\lim\limits_{x \to x_0} f(x) > 0 \Rightarrow f(x) > 0$ in einer Umgebung von x_0.

2. Das Tangentenproblem

Vor der Sendung

Im Bereich der Wirtschaft, der Technik und der Naturwissenschaften gibt es viele funktionale Zusammenhänge: Die Leistungsbilanz eines Staates ändert sich im Laufe der Zeit; die Höchstgeschwindigkeit eines Wagens hängt von der Motorleistung und dem Luftwiderstand ab; die Reaktionsgeschwindigkeit eines chemischen Prozesses hängt von der Temperatur ab, usw. Oft interessiert nicht nur der globale Zusammenhang, sondern die Änderung der Funktion in einem kleinen Bereich, zum Beispiel: Um wieviel wird ein Wagen schneller, wenn man den Luftwiderstand ein klein wenig verringern kann? Wie verlangsamt sich ein chemischer Prozeß, wenn man die Temperatur um einige Grade senkt? Die Fernsehsendung wird sich mit den Fragen nach dem Änderungsverhalten einer Funktion auseinandersetzen und untersuchen, wie man dieses mathematisch beschreiben kann. An Vorkenntnissen brauchen Sie: die quadratische Funktion (Algebra Kurzausgabe, Lektion 4, Seite 43 ff.), die Bestimmung von Grenzwerten bei Funktionen und den Begriff der hebbaren Lücke (Lektion 1 dieses Buches).

Übersicht

1. Das Änderungsverhalten einer Funktion läßt sich global durch die **mittlere Änderung** und lokal durch die **momentane Änderung** beschreiben. Bei einem Funktionsgraphen spricht man von der **mittleren Steigung über einem Intervall** bzw. von der **Steigung in einem Punkt**.
2. **Sekanten** eines Graphen sind Geraden durch zwei Punkte des Graphen. Ihre Steigung läßt sich aus dem Steigungsdreieck wie bei linearen Funktionen ermitteln. **Tangenten** sind Geraden, die den Graphen in einem Punkt berühren. Eine Tangente stellt die Grenzlage von Sekanten dar, wenn man die beiden Punkte auf dem Graphen immer enger zusammenrücken läßt.
3. Für die quadratische Funktion $\mathbf{f: x \to x^2}$ $(x \in \mathbb{R})$ ist die Tangentensteigungsfunktion $\mathbf{f': x \to 2x}$ $(x \in \mathbb{R})$. Damit kann man die Steigung des Graphen von $y = x^2$ in jedem Punkt angeben.
4. Für die kubische Funktion $\mathbf{f: x \to x^3}$ $(x \in \mathbb{R})$ ist die Tangentensteigungsfunktion $\mathbf{f': x \to 3x^2}$ $(x \in \mathbb{R})$.
5. Die Steigung der Tangente in einem Punkt eines Graphen kann man stets als Grenzwert einer Sekantensteigungsfunktion bestimmen. Dadurch ergibt sich ein allgemeines Verfahren zur Bestimmung der **Tangentensteigungsfunktion** zu einer Funktion.
6. Eine **Zusammenfassung** zeigt Ihnen die wichtigsten Ergebnisse und Schreibweisen aus dieser Lektion.

2.1 Das Änderungsverhalten einer Funktion

In Wirtschaftsberichten findet man meistens Angaben über die Veränderung der wirtschaftlichen Situation zum Beispiel gegenüber dem Vorjahr. Wie Sie dem rechts abgebildeten Graphen, der die Preisentwicklung in der Bundesrepublik Deutschland seit Anfang 1979 darstellt*, entnehmen können, ist der Preisindex für die Lebenshaltung der privaten Haushalte von Januar 1980 bis Januar 1981 um 5,8% gestiegen.
Der Preisindex ändert sich mit der Zeit. Mathematisch sagt man dafür: Der Preisindex ist eine Funktion der Zeit.

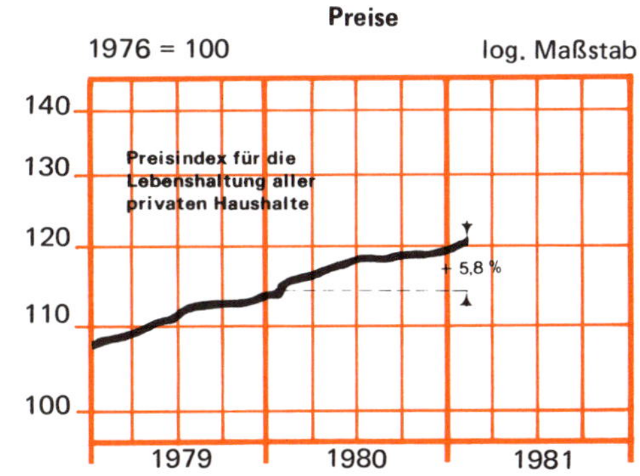

Aus dem Graphen dieser Funktion kann man ablesen, zu welchem Zeitpunkt die Preissteigerung besonders groß war. Man kann das Änderungsverhalten der Funktion anschaulich entnehmen.

Ein weiteres Beispiel finden Sie in der Kurve, die die Zahl der Arbeitslosen und der offenen Stellen darstellt*. Wie hat sich die „Arbeitslosen-Funktion" geändert?
Von Jahresbeginn 1980 bis Jahresbeginn 1981 hat die Arbeitslosenzahl um etwa 200 000 zugenommen. Man kann dafür sagen: Die Änderung der Funktion war in dieser Zeit

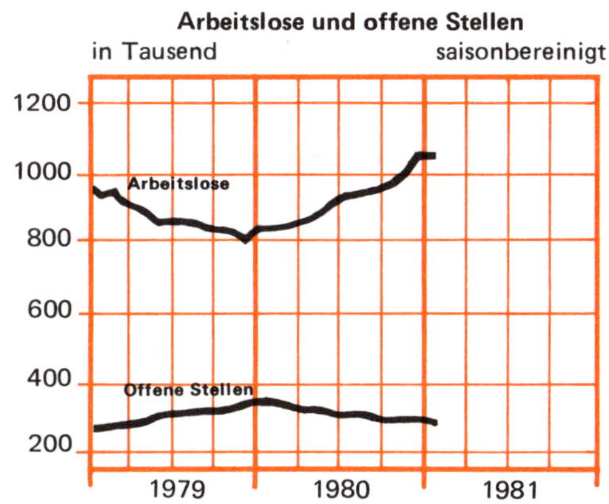

$$+\,200\,000\,\frac{\text{Arbeitslose}}{\text{Jahr}}\,;$$

also pro Monat etwa 17 000.
Trotzdem kann man zum Beispiel mit Recht darauf hinweisen, daß die Änderung der Funktion im Dezember 1980

$$0\,\frac{\text{Arbeitslose}}{\text{Monat}}$$ war, daß also keine Steigerung eingetreten ist.

Sie sehen: Wenn man einen größeren Zeitraum überblickt, erhält man eine globale Aussage über die Änderung. Man gibt die **mittlere Änderung** der Funktion an. Schaut man auf kleinere Zeiträume, können sich ganz andere Werte ergeben. Man muß sich also entscheiden, ob man die Veränderung über einen längeren Zeitraum ermitteln will oder das augenblickliche Änderungsverhalten der Funktion wissen möchte. Im ersten Fall spricht man von der mittleren Änderung, im zweiten von der **momentanen Änderung.**

*) Quelle: Statistisches Bundesamt, Bundesanstalt für Arbeit und Deutsche Bundesbank.

Das Änderungsverhalten einer Funktion läßt sich also am Graphen der Funktion ablesen: Die Funktionswerte ändern sich stark, wenn der Graph der Funktion steil ansteigt oder abfällt. Man kann von der **Steigung des Graphen** sprechen. Dabei unterscheidet man die mittlere Steigung über einem Intervall und die Steigung in einem Punkt des Graphen.

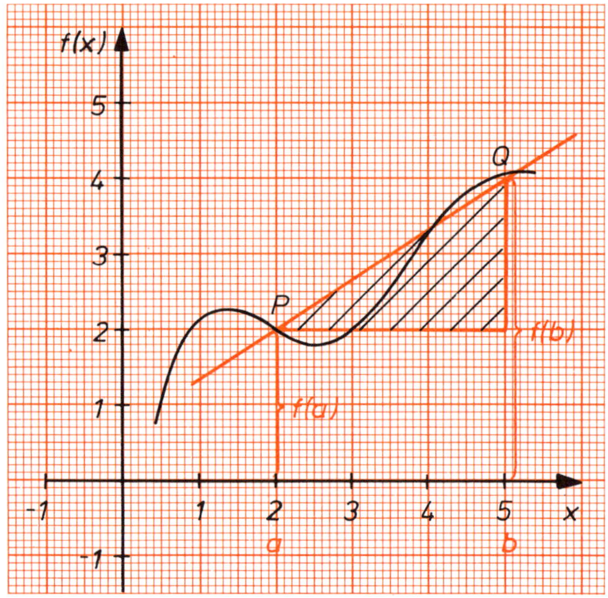

Die **mittlere Steigung** läßt sich leicht errechnen. Um die mittlere Steigung über dem Intervall [2 ; 5] zu bestimmen, zeichnet man eine Gerade durch die Punkte P und Q, sowie eine Parallele zur x-Achse durch P und eine Parallele zur y-Achse durch Q. Aus diesem Dreieck bestimmt man die Steigung, wie Sie es von den linearen Funktionen aus der elementaren Algebra kennen.

Im Steigungsdreieck hat die Kathete in y-Richtung die Länge $f(5) - f(2)$ und die Kathete in x-Richtung die Länge $5 - 2$.

Die Steigung ist also $m = \frac{f(5) - f(2)}{5 - 2} = \frac{4 - 2}{5 - 2} = \frac{2}{3}$.

Die mittlere Steigung ist die Steigung der Geraden durch die Punkte P und Q. Da diese Gerade den Graphen in P und Q schneidet, nennt man sie Sekante*. Man sagt dann auch:

Die Sekantensteigung ist $m_S = \frac{2}{3}$.

Allgemein gilt: Die mittlere Steigung einer Funktion über dem Intervall [a; b] ist die Sekantensteigung

$$m_S = \frac{f(b) - f(a)}{b - a}$$

Die Steigung in einem Punkt des Graphen bestimmt man mit Hilfe der Tangente in diesem Punkt. Dies wird im nächsten Abschnitt ausgeführt.

*) Sekante = Schneidende (von secare [lat.] schneiden)

Aufgaben zu 2.1

1. Bestimmen Sie die mittlere Steigung über dem Intervall

a) [2; 4] b) [0; 2]
c) [0; 4] *d) [−1; 4]

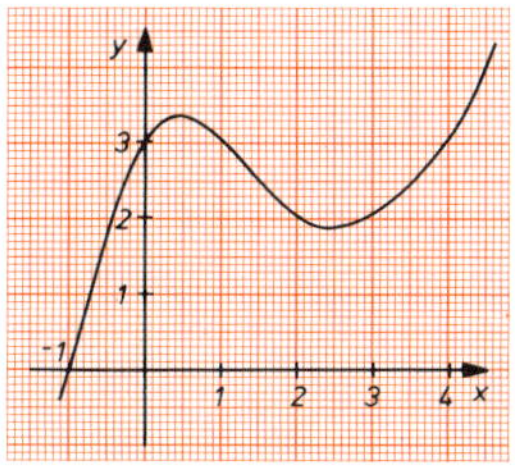

2. Bestimmen Sie die mittlere Steigung über dem Intervall

a) [0; 1] *b) [2; 4]
c) [0; 4] *d) [3; 4]

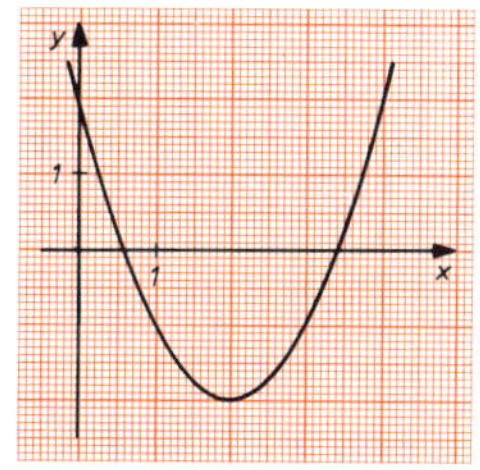

3. Bestimmen Sie die mittlere Steigung über dem Intervall

a) [0; 5] *b) [0; 7]
c) [3; 8] *d) [7; 10]

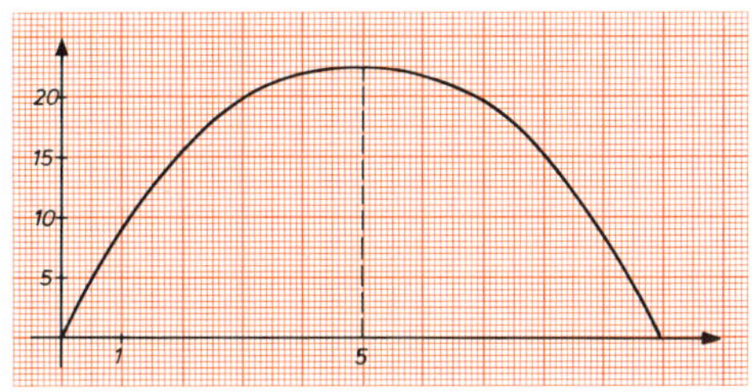

2.2 Die Tangente als Grenzlage der Sekanten

Unter einer Sekante eines Graphen versteht man eine Gerade, die den Graphen in zwei Punkten schneidet. Läßt man diese Punkte immer enger aneinander heranrükken, so nähert sich die Sekante immer mehr der Lage der Tangente.

In der Zeichnung sind mehrere Punkte Q_1, Q_2, Q_3 gewählt, die immer näher an P liegen.

Wenn der Punkt Q auf den Punkt P fiele, wäre natürlich keine Sekante mehr vorhanden: Die Sekante geht in die Tangente* im Punkt P über.

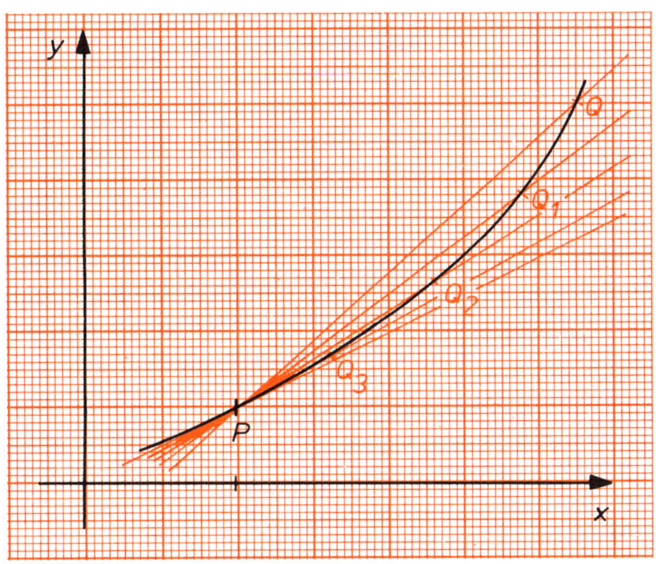

*) Tangente = Berührende (von tangere [lat.] berühren)

Unter der Steigung einer Kurve im Punkt P versteht man die Steigung der Tangente an die Kurve im Punkt P.

Die Frage, ob in einem bestimmten Punkt einer Kurve eine Tangente vorhanden ist und wie groß deren Steigung ist, bezeichnet man als das **Tangentenproblem**. In dieser Lektion wird das Tangentenproblem für einige einfache Funktionen gelöst. Allgemein wird die Frage in der Lektion 5 beantwortet werden.

2.3 Tangentensteigung bei der Funktion $f\colon x \to x^2$ $(x \in \mathbb{R})$

In der Fernsehsendung haben Sie den Versuch mit einem Wagen auf der Luftkissenfahrbahn gesehen. Der Wagen wurde durch ein kleines Gewicht gleichmäßig beschleunigt. Dann wurde gemessen, welchen Weg der Wagen nach 1 Sekunde, 2 Sekunden, 3 Sekunden usw. zurückgelegt hat. Dabei ergaben sich die folgenden Werte:

Zeit x	1	2	3	4	5	6	....
Weg f(x)	1	4	9	16	25	36	....

Der Weg war eine quadratische Funktion der Zeit. Das Weg-Zeit-Gesetz für diesen Wagen konnte durch die Funktion

$$f\colon x \to x^2 \quad (x \geqq 0)$$

beschrieben werden. Für den konkreten Sachverhalt waren dabei nur Werte $x \geqq 0$ interessant. Das Änderungsverhalten der Funktion gibt die Geschwindigkeit des Wagens an. Die mittlere Geschwindigkeit über ein Zeitintervall findet man durch die Sekantensteigung über dem entsprechenden Intervall; die Momentangeschwindigkeit zu einem Zeitpunkt entspricht der Tangentensteigung in einem Punkt.

Es geht also wieder um das Tangentenproblem, die Bestimmung der Tangentensteigung in einem Punkt der quadratischen Normalparabel.

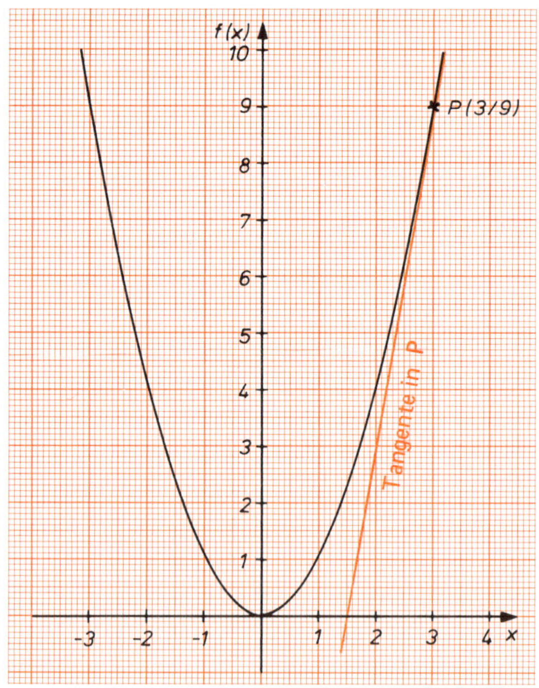

In der Zeichnung ist der Definitionsbereich $D = \mathbb{R}$ gewählt und die gesamte Normalparabel aufgetragen. (Sollten Sie Ihre Kenntnisse über quadratische Funktionen erst nochmals auffrischen wollen, vgl. Sie bitte Algebra Kurzausgabe, Lektion 4, Seite 43 ff.)

a) Steigung der Tangente im Punkt $P(3|9)$

Nach den Überlegungen in Abschnitt 2.2 ist die Tangente die Grenzlage von Sekanten. Um die Tangentensteigung zu bestimmen, geht man also von den Sekantensteigungen aus. Für die Sekanten wählt man als einen Punkt den festen Punkt $P(3|9)$, als zweiten Punkt wählt man den von P verschiedenen Punkt Q, dessen x-Koordinate sich von 3 unterscheidet. Man könnte also etwa die x-Koordinate 4 oder 5 oder 2 wählen. Da man den Punkt Q später auf P zugehen lassen will, schreibt man seine x-Koordinate gleich mit einer Variablen, nämlich $3 + h$. Man hat also den Punkt $Q(3 + h|(3 + h)^2)$. Diese Schreibweise hat den Vorteil, daß der Punkt Q auf den Punkt P zuwandert, wenn die Variable h eine Nullfolge durchläuft.

2

Die Sekantensteigung ist also

$$m_S = \frac{f(3+h) - f(3)}{h} = \frac{(3+h)^2 - 3^2}{h}$$

$$m_S = \frac{9 + 6h + h^2 - 9}{h}$$

$$m_S = \frac{6h + h^2}{h} \qquad \text{für} \quad h \neq 0$$

Durchläuft nun h eine Nullfolge, so kommt Q immer näher an P heran und die Sekantensteigung kommt immer näher an die Tangentensteigung heran, falls es eine Tangentensteigung überhaupt gibt. Die Tangentensteigung existiert dann, wenn der Grenzwert

$$\lim_{h \to 0} m_S = \lim_{h \to 0} \frac{6h + h^2}{h} \quad \text{existiert.}$$

Die Berechnung gelingt mit Hilfe der Grenzwertsätze für Funktionen.

$$\lim_{h \to 0} \frac{6h + h^2}{h} = \lim_{h \to 0} (6 + h) = \lim_{h \to 0} 6 + \lim_{h \to 0} h = 6$$

Der Grenzwert existiert. Die Tangentensteigung im Punkt $P(3|9)$ ist 6.

Man kann auch sagen $m_S = \frac{6h + h^2}{h}$ für $h \neq 0$ stellt die Sekantensteigungsfunktion dar. Die Tangentensteigung existiert, wenn die Lücke bei $h = 0$ hebbar ist. Wie Sie aus der vorhergehenden Lektion wissen, ist dies gleichbedeutend mit der Existenz des Grenzwertes für $h \to 0$.

b) Steigung der Tangente im Punkt $R(-1|1)$

Berechnen Sie nach demselben Verfahren die Steigung der quadratischen Parabel im Punkt $R(-1|1)$.

→ (1)

c) Steigung der Tangente im Punkt $P(x_0|f(x_0))$

Um die Steigung der Funktion $f: x \to x^2$ nicht in jedem Punkt einzeln berechnen zu müssen, führt man das Verfahren allgemein für einen Punkt mit den Koordinaten x_0 und $f(x_0)$ aus.

Es ist $f(x) = x^2$ und $P(x_0|f(x_0))$.

Dann ist die Sekantensteigungsfunktion

$$m_S = \frac{f(x_0 + h) - f(x_0)}{h}$$

$$m_S = \frac{(x_0 + h)^2 - x_0^2}{h}$$

$$m_S = \frac{x_0^2 + 2x_0h + h^2 - x_0^2}{h}$$

$$m_S = \frac{2x_0h + h^2}{h}$$

Die Tangentensteigung ist $m_T = \lim_{h \to 0} m_S = \lim_{h \to 0} \frac{2x_0h + h^2}{h} = \lim_{h \to 0} (2x_0 + h) = 2x_0$

Die Steigung der quadratischen Parabel im Punkt $P(x_0|x_0^2)$ ist $m_T = 2x_0$.

Damit können Sie die folgende Tabelle sofort ausfüllen.

Punkt P	(2|4)	(10|100)	(−3|9)	(0|0)	(−22|484)
Steigung in P					

→ (4)

Sie sehen, daß die Steigung in einem Punkt P nur vom x-Wert des Punktes P abhängt. Daher kann man auch sagen: Für jeden x-Wert wird die Steigung im zugehörigen Punkt der Parabel $y = x^2$ beschrieben durch die lineare Funktion

m_T: $x \to 2x$ $(x \in \mathbb{R})$

Diese Funktion nennt man **Tangentensteigungsfunktion** oder, da sie aus der ursprünglichen Funktion f abgeleitet wurde, die **Ableitung der Funktion** f .
Man schreibt sie kurz als **Ableitungsfunktion f′** (gesprochen: f Strich).

Die Ableitungsfunktion der quadratischen Funktion $f: x \to x^2$ $(x \in \mathbb{R})$ ist die Funktion $f': x \to 2x$ $(x \in \mathbb{R})$.

Aufgaben zu 2.3

1. Welche Steigung hat die Funktion $y = x^2$ im Punkt

a) $P(1{,}5|y)$ *b) $Q(-3{,}2|y)$?

2. An welcher Stelle hat die Funktion $y = x^2$ die Steigung

a) 1,6   *b) −0,5 ?

3. Bestimmen Sie nach dem Verfahren unter 2.3 a) die Tangentensteigung im Punkt $P(2|y)$ an $y = 3x^2$.

4. Bestimmen Sie die Ableitungsfunktion zur Funktion mit der Gleichung

a) $y = 2x^2$ b) $y = x^2 - 3$

*5. Bestimmen Sie die Ableitungsfunktion zur Funktion mit der Gleichung

a) $y = -1{,}5x^2$ b) $y = -x^2 + 2$

2

2.4 Tangentensteigung bei der Funktion $f: x \to x^3$ $(x \in \mathbb{R})$

Den Graphen der Funktion $f: x \to x^3$ $(x \in \mathbb{R})$ finden Sie in der Zeichnung rechts. Für diese Funktion soll die Tangentensteigung in einem Punkt P bestimmt werden.

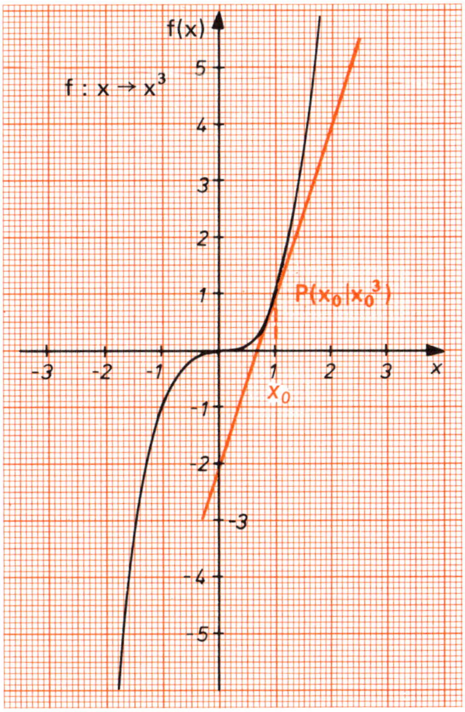

Die Herleitung erfolgt hier gleich allgemein für einen Punkt $P(x_0|x_0^3)$.

Es ist $f(x) = x^3$ und $P(x_0|x_0^3)$.

Dann ist die Sekantensteigung

$$m_S = \frac{f(x_0 + h) - f(x_0)}{h}$$

Führen Sie die weiteren Rechenschritte selbst aus.

$m_S =$ ______________________

$=$ ______________________

$=$ ______________________

Die Tangentensteigung ist der Grenzwert der Sekantensteigungsfunktion für $h \to 0$.

$$m_T = \lim_{h \to 0} \frac{\qquad}{\qquad} = \lim_{h \to 0} (\qquad\qquad) =$$

$$= \lim_{h \to 0} \quad + \lim_{h \to 0} \quad + \lim_{h \to 0} \quad = \qquad$$ → (2)

Zur Funktion $f: x \to x^3$ $(x \in \mathbb{R})$ ist die Ableitungsfunktion

$f': x \to 3x^2$ $(x \in \mathbb{R})$.

Bestimmen Sie die Tangentensteigung in den angegebenen Punkten.

Punkt P	(1|1)	(0|0)	(2|8)	(−1|−1)	(−2|−8)	(0,5|0,625)
Tangentensteigung m_T						

→ 5

Aufgaben zu 2.4

1. Bestimmen Sie die Steigung von $y = x^3$ in den Punkten a) P(1,2|y) *b) Q(−0,8|y)
2. In welchen Punkten der kubischen Parabel $y = x^3$ ist die Steigung a) 12 *b) 3 ?
3. Bestimmen Sie die Ableitungsfunktion von a) $f(x) = 2x^3$ b) $f(x) = x^3 + 1$

2.5 Die allgemeine Bestimmung der Tangentensteigungsfunktion

Nach dem Verfahren, das Sie in den vorausgehenden Abschnitten für spezielle Funktionen benutzt haben, können Sie auch die allgemeine Bestimmung der **Tangentensteigungsfunktion** zu einer Funktion vornehmen.

Ist die x-Koordinate des Punktes P x_0 und bezeichnet man die x-Koordinate des Punktes Q mit $x_0 + h$, dann ist die Steigung der Sekante durch die Punkte P und Q

$$m_S = \frac{f(x_0 + h) - f(x_0)}{(x_0 + h) - x_0}$$

$$m_S = \frac{f(x_0 + h) - f(x_0)}{h}$$

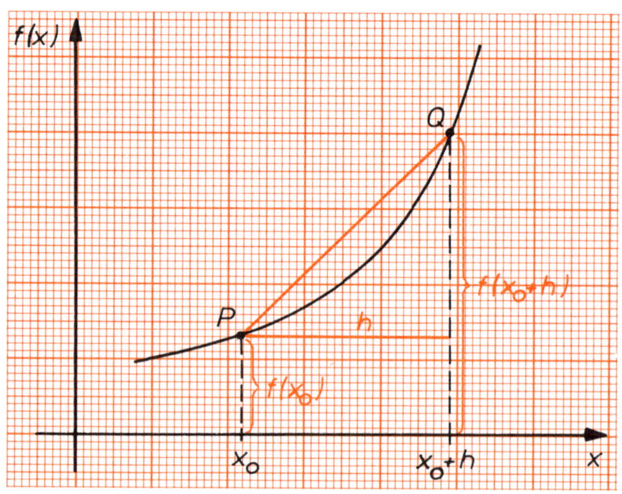

Läßt man nun h eine Nullfolge durchlaufen, dann nähert sich der x-Wert von Q immer mehr dem x-Wert von P und der Punkt Q rückt immer näher an den Punkt P heran.

Die Sekantensteigung nähert sich immer mehr der Tangentensteigung.

Für $h = 0$ ist die Funktion $m_S = m_S(h) = \dfrac{f(x_0 + h) - f(x_0)}{h}$ nicht definiert, sie hat dort eine Lücke. Aus der Lektion 1 wissen Sie, daß es hebbare und nicht-hebbare Lücken gibt. Ist die Lücke bei $h = 0$ hebbar, dann kann man eine Tangentensteigung bestimmen. Eine Lücke bei $h = 0$ ist dann hebbar, wenn der Grenzwert für $h \to 0$ existiert.

> Die Tangentensteigung ist der Grenzwert der Sekantensteigungsfunktion, sofern dieser existiert.
>
> Tangentensteigung $m_T = \lim\limits_{h \to 0} m_S(h) = \lim\limits_{h \to 0} \dfrac{f(x_0 + h) - f(x_0)}{h}$

2.6 Zusammenfassung der Ergebnisse

In dieser Lektion wurden die Steigungsfunktionen der quadratischen Funktion $f\colon x \to x^2$ und der kubischen Funktion $f\colon x \to x^3$ hergeleitet. Die folgende Zusammenstellung gibt Ihnen einen Überblick über die Ergebnisse.

	Funktion ($x \in \mathbb{R}$)	Tangentensteigungsfunktion Ableitungsfunktion ($x \in \mathbb{R}$)
	$f\colon x \to x^2$	$f'\colon x \to 2x$
mit der Funktionsgleichung	$f(x) = x^2$	$f'(x) = 2x$
oder	$y = x^2$	$y' = 2x$
	$f\colon x \to x^3$	$f'\colon x \to 3x^2$
mit der Funktionsgleichung	$f(x) = x^3$	$f'(x) = 3x^2$
oder	$y = x^3$	$y' = 3x^2$
Wenn Sie die Aufgaben zu 2.3 und 2.4 gelöst haben, können Sie für die hier genannten Funktionen die Ableitungsfunktionen vermuten.	$f(x) = ax^2$	$f'(x) =$
	$f(x) = x^2 + c$	$f'(x) =$
	$f(x) = ax^3$	$f'(x) =$
	$f(x) = x^3 + c$	$f'(x) =$
Allgemein	$f(x)$	$f'(x) = \lim\limits_{h \to 0} \dfrac{f(x + h) - f(x)}{h}$ falls der Grenzwert existiert.

→ (3)

Wiederholungsaufgaben zu Lektion 2

1. Bestimmen Sie die Ableitungsfunktion zu a) $f(x) = 7x^2 - 4$ b) $f(x) = -x^3 - 2$

2. Vergleichen Sie die Ableitungsfunktionen von $y_1 = x^2$; $y_2 = x^2 + 2$ und $y_3 = x^2 - 3$
Was fällt dabei auf? Begründung!

3. Wo berührt eine Parallele zur Geraden $y = x$ die Parabel $y = 0{,}5x^2$?

***4.** In welchen Punkten haben die quadratische Parabel $y = x^2$ und die kubische Parabel $y = x^3$ die gleiche Steigung?

***5.** Geben Sie Funktionen $f(x)$ an, für die a) $f'(x) = 4x$ b) $f'(x) = \frac{1}{2}x$ c) $f'(x) = 9x^2$ ist.

3. Ableitungsregeln I

Vor der Sendung

In der vorhergehenden Lektion haben Sie die Tangente als Grenzlage der Sekanten kennengelernt und zu den Funktionen $f\colon x \to x^2$ $(x \in \mathbb{R})$ und $f\colon x \to x^3$ $(x \in \mathbb{R})$ die Tangentensteigungsfunktionen bestimmt. Mit Hilfe der Tangentensteigungsfunktion konnten Sie zu diesen Funktionen in jedem Punkt des Graphen die Tangentensteigung berechnen.

Das Verfahren wird in dieser Lektion allgemein auf Polynomfunktionen, also auf Funktionen wie z. B. $f\colon x \to 3x^5 + 2x^4 - 5x^2 + x - 7$ $(x \in \mathbb{R})$ erweitert. Sie werden dann zu jeder ganz-rationalen Funktion die Ableitungsfunktion bestimmen können.

Einige der Beweise aus den Abschnitten 1 und 2 werden in der Fernsehsendung vorgeführt.

3

Übersicht

1. Der **Graph der linearen Funktion** $f(x) = mx + c$ $(x \in \mathbb{R})$ ist eine **Gerade.** Die Steigung der Geraden wird durch den Steigungsfaktor m angegeben. Natürlich ist auch die Steigung in jedem einzelnen Punkt m, da die Gerade in jedem Punkt Tangente an sich selbst ist. Dies ist auch ohne Differentialrechnung klar und Ihnen aus der elementaren Algebra von den linearen Funktionen bekannt. Mit Hilfe des Differenzierens einer Funktion erhält man natürlich dasselbe Ergebnis.

2. Die **Potenzfunktion** $f(x) = x^n$ $(x \in \mathbb{R})$ mit $n \in \mathbb{N}^*$ hat die Ableitungsfunktion $f'(x) = nx^{n-1}$ $(x \in \mathbb{R})$.

3. Ein **konstanter Faktor** vor der Potenzfunktion bleibt beim Ableiten erhalten. Ist $f(x) = a \cdot x^n$, so ist $f'(x) = n \cdot a \cdot x^{n-1}$.

4. Um **allgemeine Polynomfunktionen** (ganz-rationale Funktionen) differenzieren zu können, muß man Summen (bzw. Differenzen) von Potenzfunktionen ableiten können. Es gilt: Summen und Differenzen von Funktionen werden gliedweise differenziert.
   Ist $f(x) = ax^m + bx^n$, so ist $f'(x) = max^{m-1} + nbx^{n-1}$.

3.1 Konstante und lineare Funktionen

In der letzten Lektion haben Sie die Tangentensteigungsfunktion zur quadratischen Funktion bestimmt. Es war für

$f(x) = x^2 \qquad f'(x) = 2x \quad (x \in \mathbb{R})$

Für jeden Punkt der quadratischen Parabel kann die Tangentensteigung aus f′ berechnet werden.

Zeichnet man den Graphen der Ableitungsfunktion auf, so erhält man eine Gerade. $f'(x) = 2x$ ist eine lineare Funktion.

Die Zeichnung rechts zeigt die Graphen.

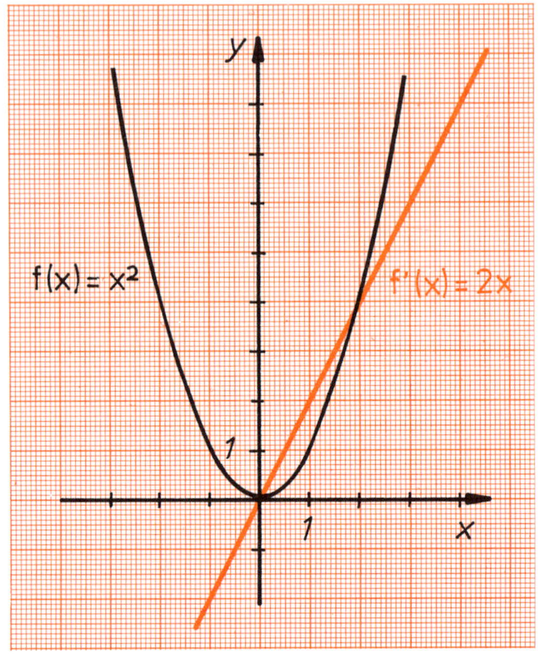

Wie Sie aus der Algebra wissen, haben die **linearen Funktionen** die Funktionsgleichung

$$f(x) = mx + c$$

mit konstanten Werten $m, c \in \mathbb{R}$ und $m \neq 0$. Der Faktor m gibt bekanntlich die Steigung der Geraden an.

Ist $m = 0$, so erhält man die **konstante Funktion** $f(x) = c$

Beispiele für diese Funktionen sind in der Zeichnung rechts zu finden.

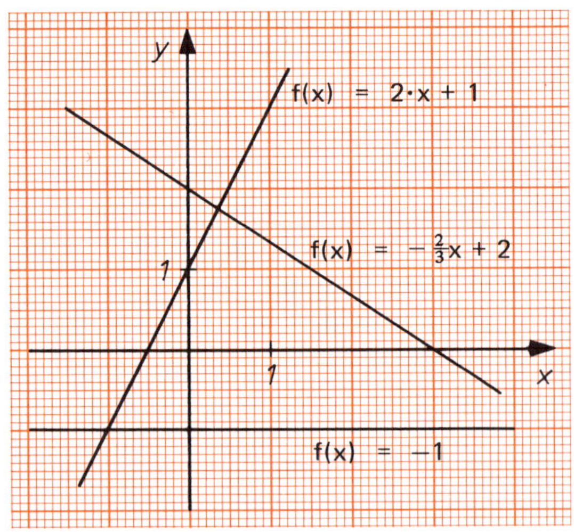

1. Als erstes soll die lineare Funktion mit $m = 1$ und $c = 0$ betrachtet werden. Die Funktionsgleichung lautet dann

$$f(x) = x$$

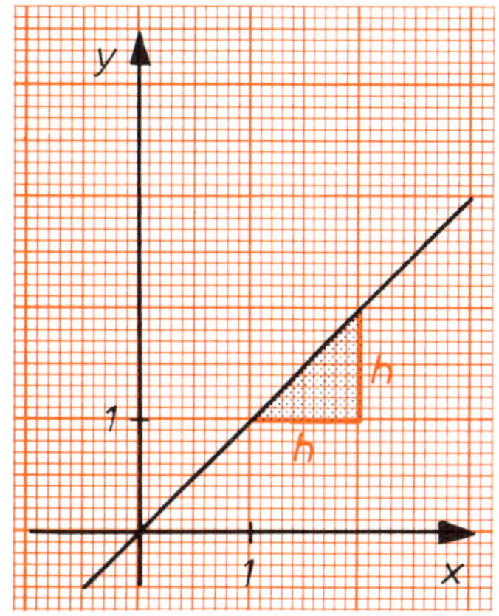

Man wendet das Verfahren an, das Sie aus der letzten Lektion kennen.

Für x_0, $x_0 + h$ $(h \neq 0)$ wird die Sekantensteigung bestimmt:

$$m_S(h) = \frac{(x_0 + h) - x_0}{h}$$

$$m_S(h) = \frac{h}{h}$$

$$m_S(h) = 1$$

Daraus ergibt sich die Tangentensteigung: $m_T(h) = \lim\limits_{h \to 0} m_S(h) = \lim\limits_{h \to 0} 1 = 1$

Da diese Überlegung für jede beliebige Stelle $x_0 \in \mathbb{R}$ gilt, ist die Tangentensteigungsfunktion

$$f'(x) = 1 \quad \text{für alle} \quad x \in \mathbb{R}\,.$$

$f(x) = x$ hat die Ableitungsfunktion $f'(x) = 1$.

2. Wie lautet die Ableitungsfunktion zur linearen Funktion $f(x) = mx$ $(m \neq 0)$?

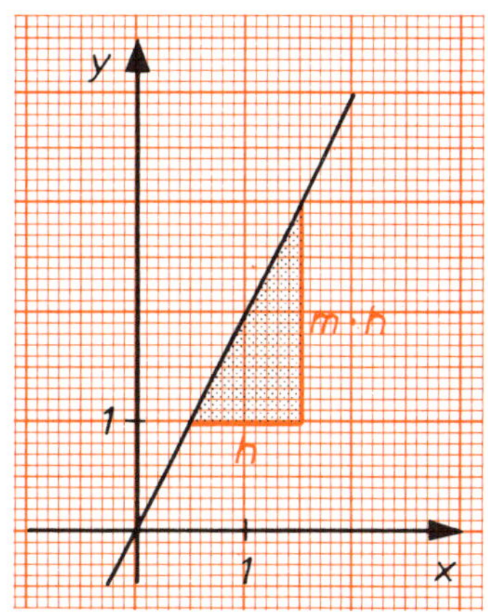

Der Beweis erfolgt ähnlich wie im 1. Schritt. Sie müssen für die Berechnung der Sekantensteigung

$$f(x_0 + h) = m \cdot (x_0 + h) = m \cdot x_0 + m \cdot h$$

einsetzen:

$$m_S(h) = \frac{f(x_0 + h) - f(x_0)}{h} = \underline{\qquad\qquad}$$

$$= \underline{\qquad\qquad} = m$$

→ (3)

Daraus folgt für die Tangentensteigung:

$$m_T(x_0) = \lim\limits_{h \to 0} m = m$$

Und dies gilt für jede Stelle $x_0 \in \mathbb{R}$.

Also gilt

$f(x) = mx$ hat die Ableitungsfunktion $f'(x) = m$.

3. Für die lineare Funktion $f(x) = mx + c \quad (m \neq 0)$ bestimmt man die Ableitungsfunktion folgendermaßen:

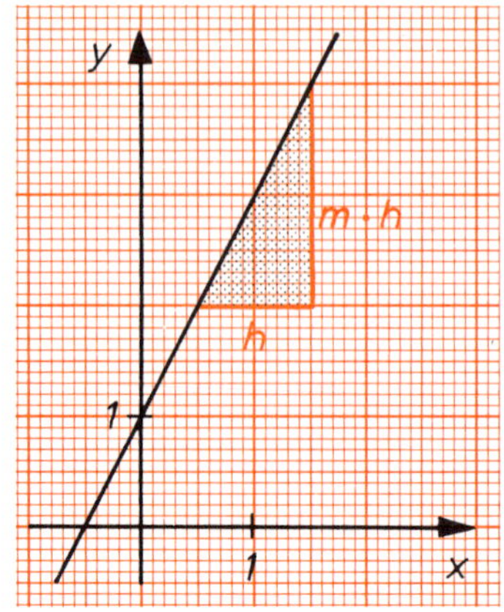

Es ist

$$m_S(h) = \frac{f(x_0 + h) - f(x_0)}{h} = \frac{m(x_0 + h) + c - (mx_0 + c)}{h}$$

$$= \frac{mx_0 + mh + c - mx_0 - c}{h}$$

$$= \frac{mh}{h}$$

$$= m$$

und $m_T(h) = \lim\limits_{h \to 0} m \quad = m$

Es gilt

$f(x) = mx + c$ hat die Ableitungsfunktion $f'(x) = m$.

Die Konstante c spielt also keine Rolle. Das liegt daran, daß eine konstante Funktion die Nullfunktion als Ableitung hat. Ist nämlich $m = 0$, so wird aus $f(x) = mx + c$ die konstante Funktion $f(x) = c$, deren Ableitung nach der eben durchgeführten Rechnung $f'(x) = m = 0$ sein muß.

Jede konstante Funktion **$f(x) = c$** hat als Ableitung die Nullfunktion **$f'(x) = 0$.**

Aufgaben zu 3.1

1. Bestimmen Sie die Gleichung der Ableitungsfunktion von

a) $f(x) = 5 - 2x$ b) $f(x) = 3\left(x - \frac{1}{2}\right)$ c) $f(x) = -\frac{1}{2}x + 3$

d) $f(x) = -(4 - x)$ e) $f(x) = 2(3 - 2x) + 4x$ f) $f(x) = (x + 3)^2 - (x - 3)^2$

2. Für welche Funktion g gilt $g(4) = 4$ und $g'(x) = \frac{1}{2}$ für alle $x \in \mathbb{R}$? Zeichnen Sie ihren Graphen.

3.2 Potenzfunktionen

Eine Funktion **$f(x) = x^n$** (für $x \in \mathbb{R}$) mit einem konstanten Exponenten $n \in \mathbb{N}^*$ heißt **Potenzfunktion**.

Für die ersten drei Potenzfunktionen (d. h. für $n = 1, 2, 3$) kennen Sie bereits die Ableitungsfunktionen (Abschnitt 3.1 und Lektion 2):

	Potenz	Ableitung
$n = 1$	$f(x) = x \quad (= x^1)$	$f'(x) = 1 \quad (= 1 \cdot x^0)$
$n = 2$	$f(x) = x^2$	$f'(x) = 2 \cdot x \quad (= 2 \cdot x^1)$
$n = 3$	$f(x) = x^3$	$f'(x) = 3 \cdot x^2$

Aufgabe: Schreiben Sie auf, wie die Tabelle Ihrer Vermutung nach für $n = 4, 5, 6$ fortzusetzen wäre.

→ 5

Die für $n = 1, 2, 3$ angedeutete Gesetzmäßigkeit läßt sich allgemein beweisen:

Für jedes $n \in \mathbb{N}^*$ hat die Potenzfunktion $f(x) = x^n$
die Ableitungsfunktion: $f'(x) = n \cdot x^{n-1}$ $(x \in \mathbb{R})$

Der Beweis dieses Satzes erfolgt durch vollständige Induktion und wurde in der Fernsehsendung durchgeführt. Die Idee für den Induktionsschritt „von n auf n+1" läßt sich bereits am konkreten Spezialfall erkennen, z. B. am folgenden **Schritt von 3 auf 4**:

Voraussetzung: Für $f(x) = x^3$ gilt: $f'(x) = 3 \cdot x^2$
Behauptung: Für $f(x) = x^4$ gilt dann: $f'(x) = 4 \cdot x^3$

Beweis:

Für $x_0, x_0 + h \ (h \neq 0)$ wird die Sekantensteigung berechnet:

$$m_S(h) = \frac{(x_0 + h)^4 - x_0{}^4}{h}$$

$$= \frac{(x_0 + h)^3 \cdot (x_0 + h) - x_0{}^3 \cdot x_0}{h} \qquad \text{wegen } a^4 = a^3 \cdot a$$

$$= \frac{(x_0 + h)^3 \cdot x_0 + (x_0 + h)^3 \cdot h - x_0{}^3 \cdot x_0}{h} \qquad \text{Ausmultiplizieren}$$

$$= \frac{(x_0 + h)^3 \cdot x_0 - x_0{}^3 \cdot x_0 + (x_0 + h)^3 \cdot h}{h}$$

$$= \frac{(x_0 + h)^3 - x_0{}^3}{h} \cdot x_0 + \frac{(x_0 + h)^3 \cdot \cancel{h}}{\cancel{h}}$$

Mit den Grenzwertsätzen für Summen und Produkte (Lektion 1) folgt dann für die Tangentensteigung:

$$
\begin{aligned}
m_T(h) &= \lim_{h \to 0} \frac{(x_0 + h)^3 - x_0^3}{h} \cdot x_0 + \lim_{h \to 0} (x_0 + h)^3 \\
&= x_0 \cdot \underbrace{\lim_{h \to 0} \frac{(x_0 + h)^3 - x_0^3}{h}}_{} + x_0^3 \qquad \text{nach Voraussetzung} \\
&= x_0 \cdot \quad 3x_0^2 \quad + x_0^3 \\
&= 4 \cdot x_0^3
\end{aligned}
$$

Weil dies für jede Stelle $x_0 \in \mathbb{R}$ gilt, ist damit die spezielle Behauptung für $n = 4$ bewiesen.

Aufgabe: Führen Sie entsprechend den speziellen Schritt von 4 auf 5 durch.

→ (6)

Der **Induktionsbeweis des Satzes** erfolgt dann so:

Ind.-Anfang: Für $n = 1$ wurde in Abschnitt 3.1 bewiesen:
$f'(x) = 1 \cdot x^0$ für $f(x) = x^1$

Ind.-Voraussetzung: $f'(x) = n \cdot x^{n-1}$ für $f(x) = x^n$
für ein beliebiges $n \in \mathbb{N}^*$

Ind.-Behauptung: Dann gilt auch: $f'(x) = (n+1) \cdot x^n$ für $f(x) = x^{n+1}$

Beweis: (Führen Sie die fehlenden Schritte selbst aus.)

Für $x_0, x_0 + h$ $(h \neq 0)$ wird die Sekantensteigung berechnet:

$$
\begin{aligned}
m_S(h) &= \frac{(x_0 + h)^{n+1} - x_0^{n+1}}{h} \\
&= \frac{(x_0 + h)^n \cdot (x_0 + h) - x_0^n \cdot x_0}{h} \\
&\;\;\vdots \\
&= \frac{(x_0 + h)^n - x_0^n}{h} \cdot x_0 + (x_0 + h)^n
\end{aligned}
$$

→ (1)

Für die Tangentensteigung folgt dann mit der Induktionsvoraussetzung und den Grenzwertsätzen

$$
\begin{aligned}
m_T(h) &= x_0 \cdot \lim_{h \to 0} \frac{(x_0 + h)^n - x_0^n}{h} + \lim_{h \to 0} (x_0 + h)^n \\
&= \underline{\qquad\qquad\qquad\qquad} = \underline{\qquad\qquad\qquad} \\
&= (n + 1) \cdot x_0^n
\end{aligned}
$$

→ (4)

Weil dies für jede Stelle $x_0 \in \mathbb{R}$ gilt, ist damit der Satz bewiesen.

Aufgaben zu 3.2

1. Bestimmen Sie die Tangentensteigung an der angegebenen Stelle x_0 :

a) $f(x) = x^5 ; x_0 = 3$ b) $g(x) = x^6 ; x_0 = -1$ c) $h(x) = x^9 ; x_0 = \sqrt{2}$

2. Bestimmen Sie alle Stellen x_0 mit der angegebenen Steigung:

a) $f(x) = x^4 ; f'(x_0) = -32$ b) $g(x) = x^3 ; g'(x_0) = 6$ c) $h(x) = x^7 ; h'(x_0) = 7$

3

3.3 Die Faktorregel

Im vorhergehenden Abschnitt haben Sie bewiesen, daß für die Funktion $\mathbf{f(x) = x^n}$ $(x \in \mathbb{R})$ die Ableitungsfunktion $\mathbf{f'(x) = nx^{n-1}}$ $(x \in \mathbb{R})$ ist. Wie lautet die Ableitungsfunktion, wenn die Potenzfunktion mit einem konstanten Faktor $a \in \mathbb{R}$ multipliziert ist?

Für den Fall $n = 1$ haben Sie diese Frage schon in Abschnitt 3.1 beantwortet. Es gilt ja für $f(x) = ax = ax^1$ $f'(x) = a$.

Jetzt soll die Frage für einen beliebigen Exponenten n untersucht werden. Aus der Fernsehsendung kennen Sie die Antwort:

Faktorregel

Die Funktion $f(x) = a \cdot x^n$ mit $n \in \mathbb{N}^*$ und konstantem Faktor $a \in \mathbb{R}$ hat die Ableitung: $f'(x) = a \cdot (n \cdot x^{n-1})$

Dies läßt sich kurz so formulieren

Ein konstanter Faktor bleibt beim Differenzieren erhalten.

Die Faktorregel können Sie sich an dem Beispiel einer quadratischen Funktion geometrisch erklären.

Ist $f(x) = \frac{1}{4}x^2$, so wird durch den Faktor $\frac{1}{4}$ im Steigungsdreieck für die Sekanten die Gegenkathete immer nur ein Viertel so lang wie bei der quadratischen Funktion $f(x) = x^2$ (bei gleichbleibender Länge der Ankathete).
Also ist die Steigung der Sekante an $f(x) = \frac{1}{4}x^2$ immer ein Viertel der Steigung der Sekante an $f(x) = x^2$.

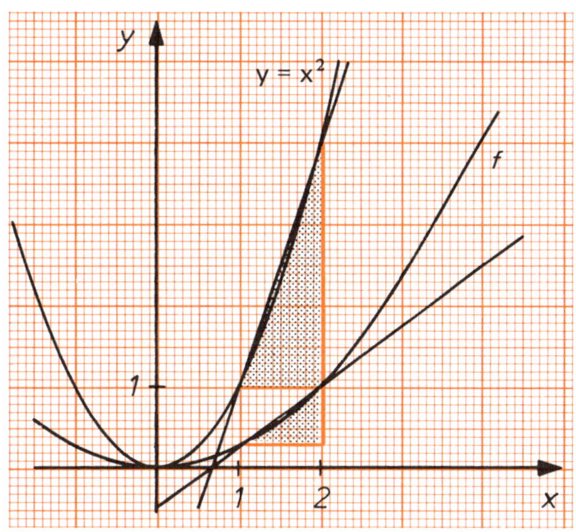

Dies überträgt sich im Grenzfall auf die Tangente, so daß gilt

für $f(x) = \frac{1}{4}x^2$ ist $f'(x) = \frac{1}{4}(2x) = \frac{1}{2}x$.

Den Beweis für die Faktorregel führt man wieder mit dem bekannten Verfahren durch. Für $x_0, x_0 + h \quad (h \neq 0)$ wird die Sekantensteigung bestimmt:

$$m_S(h) = \frac{f(x_0 + h) - f(x_0)}{h} = \frac{a \cdot (x_0 + h)^n - a \cdot x_0^n}{h}$$

$$= a \cdot \frac{(x_0 + h)^n - x_0^n}{h} \qquad \text{Ausklammern von a}$$

Die Tangentensteigung ist der Grenzwert der Sekantensteigung für $h \to 0$.

$$m_T(x_0) = a \cdot \lim_{h \to 0} \frac{(x_0 + h)^n - x_0^n}{h} = a \cdot (n \cdot x_0^{n-1})$$

Diese Überlegung gilt wieder für jede Stelle $x_0 \in \mathbb{R}$, so daß damit die Faktorregel bewiesen ist.

Aufgaben zu 3.3

1. Bestimmen Sie die Ableitungsfunktion von

a) $f(x) = 2 \cdot x^3$ b) $f(x) = -\frac{1}{10}x^7$ c) $f(x) = \frac{5}{3}x^{12}$

2. Berechnen Sie die Tangentensteigung an der Stelle x_0:

a) $f(x) = \frac{1}{3}x^5$; $x_0 = \sqrt{3}$ b) $g(x) = -2x^4$; $x_0 = -1$ c) $h(x) = \frac{1}{4}x^6$; $x_0 = 2$

3.4 Die Summenregel

Ziel dieser Lektion ist es, Polynomfunktionen differenzieren zu können, also Funktionen wie zum Beispiel $f(x) = 3x^5 + 2x^4 - 5x^2 + x - 7 \quad (x \in \mathbb{R})$. Für jeden einzelnen Summanden können Sie nun die Ableitung bilden, aber noch nicht für die Summe.

Für die Ableitung einer Summe von Potenzfunktionen gilt die

Summenregel

Die Funktion $f(x) = a \cdot x^n + b \cdot x^m \quad (x \in \mathbb{R})$
mit $n, m \in \mathbb{N}^*$ und $a, b \in \mathbb{R}$

hat die Ableitung: $f'(x) = a \cdot (nx^{n-1}) + b \cdot (mx^{m-1}) \quad (x \in \mathbb{R})$

Kurz kann man die Summenregel so formulieren:

Summen werden gliedweise differenziert.

Zunächst ein **Beispiel:** Für $f(x) = x^3 + x^2$ gilt: $f'(x) = 3x^2 + 2x$

3

Für $x_0, x_0 + h \ (h \neq 0)$ wird die Sekantensteigung berechnet:

$$m_S(h) = \frac{f(x_0+h) - f(x_0)}{h} = \frac{(x_0+h)^3 + (x_0+h)^2 - (x_0^3 + x_0^2)}{h}$$

$$= \frac{(x_0+h)^3 + (x_0+h)^2 - x_0^3 - x_0^2}{h}$$

$$= \frac{[(x_0+h)^3 - x_0^3] + [(x_0+h)^2 - x_0^2]}{h}$$

$$= \frac{(x_0+h)^3 - x_0^3}{h} + \frac{(x_0+h)^2 - x_0^2}{h}$$

Mit dem Grenzwertsatz für Summen und dem Ergebnis von Abschnitt 3.2 folgt daraus für die Tangentensteigung:

$$m_T(x_0) = \underbrace{\lim_{h \to 0} \frac{(x_0+h)^3 - x_0^3}{h}}_{3x_0^2} + \underbrace{\lim_{h \to 0} \frac{(x_0+h)^2 - x_0^2}{h}}_{2x_0}$$

$$= 3x_0^2 + 2x_0$$

Und dies gilt für jede Stelle $x_0 \in \mathbb{R}$, womit die Behauptung des Beispiels bewiesen ist.

Ein weiteres **Beispiel:** Für $f(x) = 4x^3 + \frac{1}{4}x^2$ gilt: $f'(x) = 12x^2 + \frac{1}{2}x$

Aufgabe: Führen Sie den Beweis für dieses Beispiel selbst aus. Benutzen Sie dabei das Ergebnis aus Abschnitt 3.3

→ (2)

Ganz entsprechend erfolgt der allgemeine **Beweis der Summenregel**:

Für $x_0, x_0 + h \ (h \neq 0)$ wird die Sekantensteigung berechnet:

$$m_S(h) = \frac{f(x_0+h) - f(x_0)}{h}$$

$$= \frac{a \cdot (x_0+h)^n + b \cdot (x_0+h)^m - (ax_0^n + bx_0^m)}{h}$$

$$= \frac{[a(x_0+h)^n - ax_0^n] + [b(x_0+h)^m - bx_0^m]}{h}$$

$$= a \cdot \frac{(x_0+h)^n - x_0^n}{h} + b \cdot \frac{(x_0+h)^m - x_0^m}{h}$$

Und daraus folgt für die Tangentensteigung:

$$m_T(x_0) = a \cdot \underbrace{\lim_{h \to 0} \frac{(x_0 + h)^n - x_0^n}{h}} + b \cdot \underbrace{\lim_{h \to 0} \frac{(x_0 + h)^m - x_0^m}{h}}$$

$$= a \cdot (n \cdot x_0^{n-1}) \qquad + b \cdot (m \cdot x_0^{m-1})$$

Weil dies für jede Stelle $x_0 \in \mathbb{R}$ gilt, ist damit die Summenregel bewiesen.

Ergänzung für Differenzen

Man braucht keine eigene Differenzenregel zu beweisen, weil sich jede Differenz als Summe schreiben läßt.

Dazu ein **Beispiel**:

$$f(x) = 5x^3 - 3x^2$$
$$= 5x^3 + (-3)x^2$$

Daher:

$$f'(x) = 15x^2 + (-6)x$$
$$= 15x^2 - 6x$$

Allgemein formuliert (und kurzgefaßt) gilt also:

Differenzen werden gliedweise differenziert.

Aufgaben zu 3.4

1. Bestimmen Sie die Ableitungsfunktion

a) $f(x) = x^3 + x^4$ b) $f(x) = x^5 - x^3$ c) $f(x) = \frac{1}{2}x^3 - 12$ d) $f(x) = 2x^3 + 5x^2$

e) $f(x) = \frac{1}{3}x^3 + \frac{1}{2}x^2 + x + 1$ f) $f(x) = 7x^5 - 2x^3 + 7$ g) $f(x) = \frac{1}{4}x^6 - 3x^4 + 3x$

2. An welchen Stellen x_0 hat der Graph von f eine waagerechte Tangente? Zeichnen Sie den Kurvenverlauf in einer Umgebung von x_0.

a) $f(x) = (x - 2)^2 + 1$ b) $f(x) = \frac{1}{4}x^4 - \frac{1}{2}x^2 + 1$ c) $f(x) = \frac{1}{30}x^6 - \frac{1}{10}x^5$

Wiederholungsaufgaben

1. Berechnen Sie die Tangentensteigung an der Stelle x_0. Zeichnen Sie den Graphen von f (in einer Umgebung von x_0) und die Tangente.

a) $f(x) = \frac{1}{10}x^4 - 2 \, ; x_0 = -1$

b) $g(x) = x^5 - x^4 \, ; x_0 = 1$

c) $h(x) = \frac{1}{6}x(x^2 - 3) \, ; x_0 = 2$

2. Bestimmen Sie die Ableitungsfunktion:

a) $f(x) = x^6 - 2x^3$

b) $f(x) = \frac{1}{3}x^9 - 7$

c) $f(x) = 3x^5 - 2x^2 - 3$

d) $f(x) = \frac{1}{2}x^8 + 3x^5 - 4x$

e) $f(x) = (x - 2)(x + 1)(x - 3)$

f) $f(x) = x^5 - (x^2 + 1)^2$

3. Bestimmen Sie die Konstanten a, b so, daß die Funktion f die angegebenen Eigenschaften besitzt.

a) $f(x) = ax^3 + b \, ; f(0) = 3 \, ; f'(1) = \frac{1}{2}$

b) $f(x) = x \cdot (ax^2 - b) \, ; f(2) = 2 \, ; f'(2) = 1$

4. a) Beweisen Sie (ohne Zeichnung):
An den Graphen von $f(x) = x^5$ gibt es keine Tangente mit negativer Steigung.

*b) Für welche Potenzen $f(x) = x^n$ mit $n \in \mathbb{N}^*$ gilt dasselbe?

***5.** Führen Sie (ohne im Text nachzulesen) noch einmal selbst den Beweis der Faktorregel.

***6.** Zeigen Sie am Beispiel von $f(x) = x^2 \cdot (x - 2)$: Produkte dürfen **nicht** gliedweise differenziert werden.

3

4. Ableitungsfunktion in Anwendungen

Vor der Sendung

Bisher haben Sie Tangentensteigungen für ganz-rationale Funktionen (Polynomfunktionen) bestimmt. Anders ausgedrückt: Sie haben ganz-rationale Funktionen differenziert. Doch diese Funktionen stellen nur einen kleinen Teil der tatsächlich, zum Beispiel auch in Anwendungsproblemen, auftretenden Funktionen dar: Praktische Probleme lassen sich oft nur durch sogenannte empirische Funktionen beschreiben. In anderen Zusammenhängen treten die Sinusfunktion, die Kosinusfunktion, die Betragsfunktion und die Wurzelfunktion auf. In dieser Lektion sollen Sie sehen, wie man die Tangentensteigung bei diesen Funktionen bestimmen kann.

Dabei werden erstmals auch Funktionen auftreten, die an einer oder mehreren Stellen x_0 gar keine Tangente besitzen, die dort also nicht differenzierbar sind.

In dieser Lektion benötigen Sie Kenntnisse über trigonometrische Funktionen. Falls diese bei Ihnen nicht mehr so ganz frisch sein sollten, lesen Sie bitte in einem Trigonometriebuch nach.

Insbesondere werden Sie die folgenden Kenntnisse brauchen:

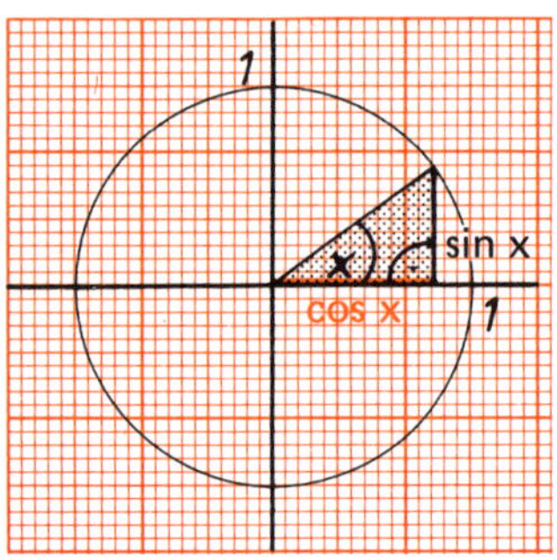

$\sin x$ und $\cos x$ werden als Katheten in dem zum Winkel x gehörenden Dreieck im Kreis mit dem Radius 1 dargestellt (unter Beachtung des Vorzeichens).

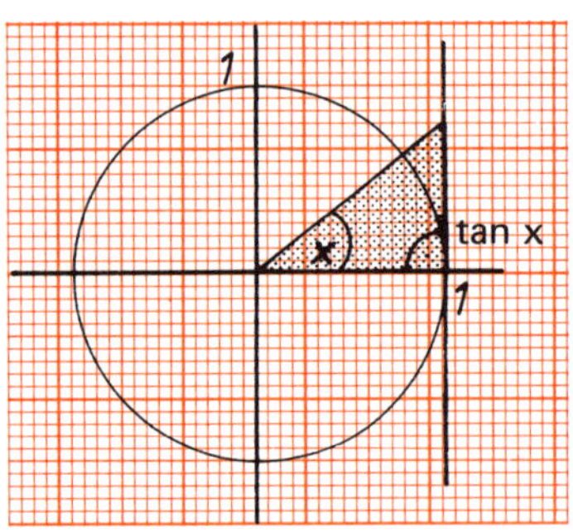

$\tan x = \dfrac{\sin x}{\cos x}$ wird auf der Kreistangente dargestellt (ebenfalls unter Beachtung des Vorzeichens).

Der Winkel x wird (insbesondere im Zusammenhang mit Funktionen) nicht in Grad gemessen, sondern im **Bogenmaß**, d. h. mit der Länge des zugehörigen Kreisbogens auf dem Einheitskreis. Es gilt

$360° = 2\pi$; $180° = \pi$; $90° = \dfrac{\pi}{2}$; .... mit $\pi \approx 3{,}1416$

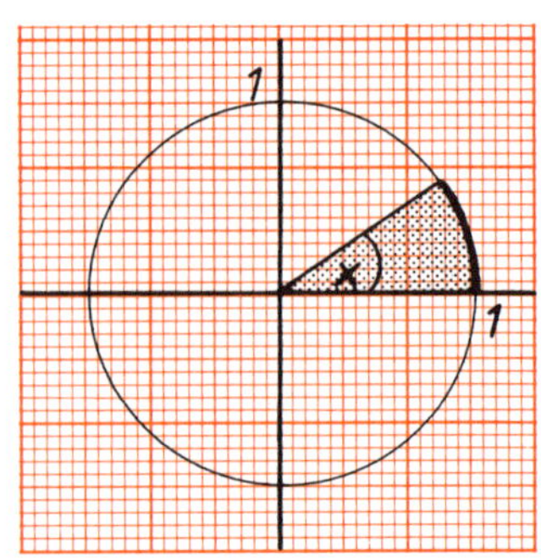

Für die Sinusfunktion und die Kosinusfunktion gelten die folgenden Additionstheoreme

$$\sin(\alpha \pm \beta) = \sin\alpha \cos\beta \pm \cos\alpha \sin\beta$$

$$\cos(\alpha \pm \beta) = \cos\alpha \cos\beta \mp \sin\alpha \sin\beta$$

Übersicht

1. Unter **empirischen Funktionen** werden hier solche Funktionen verstanden, die nicht durch eine Rechenvorschrift sondern durch Meßwerte gegeben sind. Diese Funktionen lassen sich nur näherungsweise differenzieren.

2. Bisher wurden nur ganz-rationale Funktionen differenziert. Auch für die **Sinusfunktion** und die **Kosinusfunktion** lassen sich die Ableitungsfunktionen bestimmen. Es gilt **$\sin' x = \cos x$** und **$\cos' x = -\sin x$** .

3. Die **Betragsfunktion** ist das einfachste Beispiel für Funktionen, die nicht an allen Stellen eine eindeutig bestimmte Tangente besitzen, die daher **nicht überall differenzierbar** sind.

4. Die **Wurzelfunktion $x \to \sqrt{x}$ $(x \geqq 0)$** ist im Nullpunkt ebenfalls nicht differenzierbar, weil die Tangente dort die Steigung „unendlich" hat. Für $x > 0$ ist die Wurzelfunktion stets differenzierbar.

4.1 Empirische Funktionen

Als „empirische Funktionen" sollen hier solche Funktionen bezeichnet werden, die durch Messungen, also durch Meßwerte festgelegt sind, ohne daß man eine Rechenvorschrift durch eine Formel angeben kann. Bisher hatten Sie sich ja nur mit Funktionen beschäftigt, die sich durch eine Funktionsgleichung wie $f(x) = 4x^3 - 3x^2 + 2$ angeben ließen. Aus der Fernsehsendung kennen Sie zwei Beispiele empirischer Funktionen: Eine Verkehrszählung an einer Autobahn ergibt einen funktionalen Zusammenhang zwischen der Zeit und der Anzahl der vorbeigefahrenen Wagen und bei einer Autofahrt läßt sich ein funktionaler Zusammenhang zwischen der Zeit und der Entfernung vom Ausgangsort finden.

Betrachten Sie zunächst das erste Beispiel. Im Koordinatensystem rechts ist der Graph der Funktion K(t) gezeichnet, die die Anzahl der nach t Stunden (bis zum Zeitpunkt t Uhr) insgesamt vorübergefahrenen Wagen angibt. Da K(t) die Anzahl der **insgesamt** bis zum Zeitpunkt t durchgefahrenen Wagen angibt, steigt die Funktion stets (oder bleibt allenfalls zeitweise auf demselben Wert stehen).

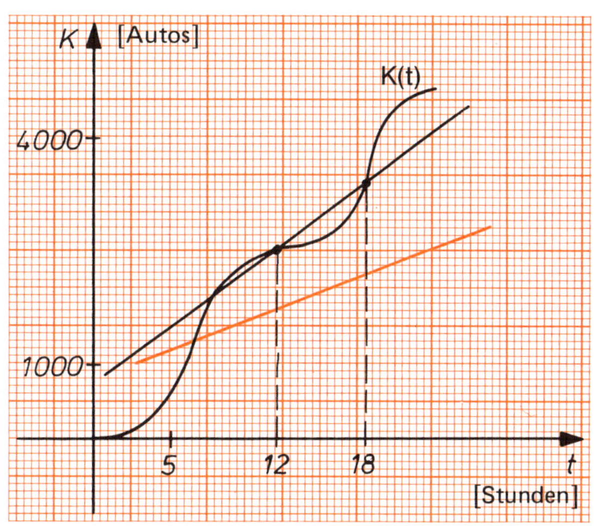

Bei dem zweiten Beispiel gibt die Funktion s(t) die Entfernung des fahrenden Autos vom Ausgangsort nach Ablauf von t Stunden an.

Das gezeichnete Beispiel stellt eine Funktion dar, die nicht ständig steigt, sondern auch fällt. Das Auto ist zeitweise zurückgefahren.

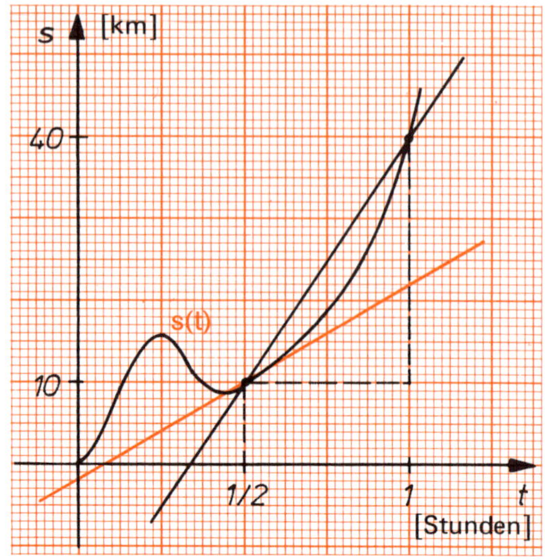

Diese Beobachtungen geben zunächst einmal Anlaß, die Begriffe **monton wachsend** und **monoton fallend**, die Sie für Folgen kennen, für andere Funktionen zu verallgemeinern:

> Eine Funktion f , die in einem Intervall J definiert ist, heißt dort
>
> - **monoton steigend** (oder wachsend), wenn für alle x_1, $x_2 \in J$ mit $x_1 \leqq x_2$ gilt $f(x_1) \leqq f(x_2)$,
> - **monoton fallend,** wenn für alle x_1, $x_2 \in J$ mit $x_1 \leqq x_2$ gilt $f(x_1) \geqq f(x_2)$.
>
> Gilt in allen Beziehungen statt $\leqq$ die Relation $<$ bzw. statt $\geqq$ die Relation $>$, so spricht man von strenger Monotonie, also von **streng monoton steigenden** bzw. **streng monoton fallenden** Funktionen.

Die Funktion K(t) ist also auf ihrem gesamten Definitionsbereich monoton wachsend, während die Funktion s(t) auf Teilintervallen monoton steigend, auf anderen Teilintervallen monoton fallend ist. Mit Hilfe von Sekantensteigungen und Tangentensteigungen sollen nun weitere Aussagen über die Funktionen K(t) und s(t) gemacht werden.

Bei der Funktion K(t) gibt die Sekantensteigung über einem Zeitintervall die durchschnittliche Verkehrsdichte während dieser Zeitspanne an. Aus der Zeichnung auf S. 45 können Sie zum Beispiel ablesen, daß die durchschnittliche Verkehrsdichte zwischen 12 und 18 Uhr

$\frac{3400 - 2500}{18 - 12} = 150$ Autos pro Stunde beträgt (Sekantensteigung).

Die Steigung der Tangente in einem Zeitpunkt gibt die momentane Verkehrsdichte zu diesem Zeitpunkt an. So ist zum Beispiel (vgl. Zeichnung) um 12 Uhr die momentane Verkehrsdichte $\frac{3000 - 2500}{18 - 12} \approx 83$ Autos pro Stunde (Tangentensteigung).

Bestimmen Sie bitte auf diese Weise selbst aus der Zeichnung für die Autofahrt, also aus dem Graphen der Funktion $s(t)$ die Durchschnittsgeschwindigkeit während der zweiten halben Stunde (schwarz eingezeichnete Sekante) und die Momentangeschwindigkeit zu Beginn dieser Zeitspanne (rot eingezeichnete Tangente).

→ (2)

Diese Berechnungen liefern Näherungswerte für die Sekanten- bzw. Tangentensteigung, da man nur ein **graphisches Verfahren** verwenden konnte. Insbesondere die Tangente konnte ja nur „nach Augenmaß" eingezeichnet und die Steigung dann aus der Zeichnung abgelesen werden. Das Verfahren der Differentiation oder Ableitung einer Funktion mit Hilfe der Grenzwertermittlung, das Sie aus den vorhergehenden Lektionen kennen, wurde hier nicht verwendet. Zur Überlegung, warum nicht, soll nochmals an dieses Verfahren erinnert werden.

Differenzieren

1. Für $x_0, x_0 + h \in \mathbb{R}$ mit $h \neq 0$ berechnet man die Sekantensteigung

$$m_S(h) = \frac{f(x_0 + h) - f(x_0)}{h}$$

Im Zähler steht die Differenz der Funktionswerte und im Nenner die Differenz der x-Werte ($h = (x_0 + h) - x_0$). Deshalb nennt man den Bruch auch **Differenzenquotienten.**

2. Die Tangentensteigung für x_0 erhält man als Grenzwert:

$$m_T(x_0) = \lim_{h \to 0} \frac{f(x_0 + h) - f(x_0)}{h} = f'(x_0)$$

Diesen Grenzwert des Differenzenquotienten bezeichnet man auch als **Differentialquotienten.**

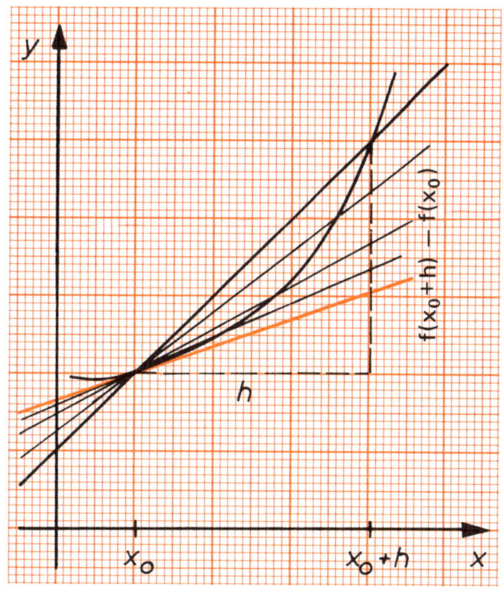

Bei empirischen Funktionen $t \to f(t)$ kann man immer nur „angenähert" differenzieren, denn für den Differenzenquotienten $\frac{f(t_0 + h) - f(t_0)}{h}$ kann man die Differenz $h = (t_0 + h) - t_0$ nicht beliebig klein wählen, weil die Messungen in einem zeitlichen Mindestabstand erfolgen, so daß alle Werte dazwischen Schätzwerte sind, oder weil für zu kleines h Funktionswerte $f(t_0 + h)$, $f(t_0)$ innerhalb der jeweiligen Meßgenauigkeit gleich erscheinen, obwohl sie es in Wirklichkeit nicht sind.

4.2 Ableitung der Sinus- und Kosinusfunktion

In der Fernsehsendung wurde ein Pendel vorgeführt, dessen Weg-Zeit-Diagramm durch eine Sinusfunktion beschrieben wird. Jetzt geht es darum, aus der sinusförmigen Weg-Zeit-Kurve den zugehörigen Geschwindigkeitsverlauf zu bestimmen.

Geht das Pendel durch die Nullage, so ist die Geschwindigkeit am größten. Die Geschwindigkeit wird dann immer kleiner, bis das Pendel am Umkehrpunkt einen Moment stillsteht, die Geschwindigkeit also Null ist, und schließlich wieder schneller wird, nur in umgekehrter Richtung. Der Graph der Geschwindigkeit hat die Form der Kosinuskurve. Da die Momentangeschwindigkeit in jedem Zeitpunkt durch die Tangentensteigung angegeben wird, gibt die Kosinusfunktion das Steigungsverhalten der Sinusfunktion wieder: Die Ableitung der Sinusfunktion ist die Kosinusfunktion.

Entsprechend kann man mit der Beschleunigung (Änderung der Geschwindigkeit) nahelegen, daß die Ableitung des Kosinus die negative Sinusfunktion ist.

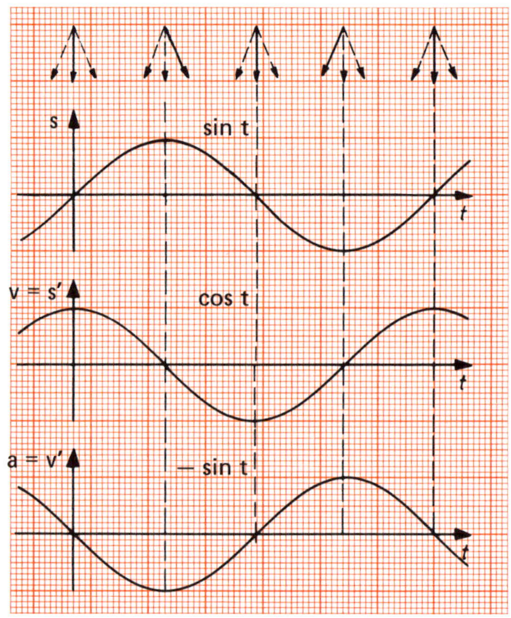

s = s(t) bezeichnet die Abweichung des Pendels von der Gleichgewichtslage; $s > 0$ bedeutet eine Abweichung nach rechts, $s < 0$ eine nach links.

Die Geschwindigkeit **v = s′(t)** ist maximal beim Durchgang durch die Gleichgewichtslage und Null im Augenblick der Richtungsumkehr.

Bei der Richtungsumkehr ändert sich die Geschwindigkeit am meisten, dort ist also die Beschleunigung **a = v′(t)** maximal, minimal ist sie beim Durchgang durch die Gleichgewichtslage.

Damit ist dann der folgende Satz zwar nicht bewiesen, aber doch naheliegend.

Satz: Für die Ableitungsfunktionen von Sinus und Kosinus gilt:

$\sin' x = \cos x \qquad \cos' x = -\sin x \qquad$ für alle $x \in \mathbb{R}$

Der Beweis dieses Satzes ist ziemlich aufwendig und verlangt eine Reihe von zusätzlichen Überlegungen, die im folgenden jeweils eingeschoben werden. Sie können diesen Beweis auch übergehen.

Behauptung: Ist $f(x) = \sin x$, dann ist $f'(x) = \cos x$

Beweis: Nach dem Verfahren des Differenzierens muß zunächst die Sekantensteigung als Differenzenquotient gebildet werden.

$$m_S = \frac{\sin(x_0 + h) - \sin x_0}{h}$$

Um später mit den Grenzwertsätzen arbeiten zu können, muß dieser Ausdruck umgeformt werden. Im Zähler steht die Differenz der Sinuswerte zweier Winkel.

$\sin\alpha - \sin\beta$

Eine Umformung dieser Differenz gelingt, wenn man

$\alpha = x + y$ und

$\beta = x - y$ setzt.

Diese Ersetzung ist stets möglich, da diese Gleichungen eindeutig nach x und y auflösbar sind. Es ist

$$x = \frac{1}{2}(\alpha + \beta)$$
$$y = \frac{1}{2}(\alpha - \beta)$$

$= \sin(x + y) - \sin(x - y)$ Hier lassen sich die Additionstheoreme anwenden.

$= \sin x \cos y + \cos x \sin y - \sin x \cos y + \cos x \sin y$

$= 2 \cos x \sin y$

$= 2 \cos \dfrac{\alpha + \beta}{2} \sin \dfrac{\alpha - \beta}{2}$

Es ist also $\sin(x_0 + h) - \sin x_0 = 2 \cos \dfrac{x_0 + h + x_0}{2} \sin \dfrac{x_0 + h - x_0}{2}$

Oben eingesetzt ergibt sich

$$m_S = \frac{2 \cdot \cos \frac{2x_0 + h}{2} \cdot \sin \frac{h}{2}}{h}$$

$$m_S = \frac{\cos\left(x_0 + \frac{h}{2}\right) \cdot \sin \frac{h}{2}}{\frac{h}{2}}$$

Nun muß die Tangentensteigung als Grenzwert der Sekantensteigung für h gegen Null bestimmt werden.

$$m_T = \lim_{h \to 0} m_S = \lim_{h \to 0} \frac{\cos\left(x_0 + \frac{h}{2}\right) \cdot \sin \frac{h}{2}}{\frac{h}{2}}$$

Mit $h \to 0$ geht auch $\frac{h}{2} \to 0$. Gleichbedeutend mit der obigen Formel ist

$$m_T = \lim_{\frac{h}{2} \to 0} m_S = \lim_{\frac{h}{2} \to 0} \left[\cos\left(x_0 + \frac{h}{2}\right) \cdot \frac{\sin \frac{h}{2}}{\frac{h}{2}}\right]$$

4

Mit den Grenzwertsätzen erhält man

$$m_T = \lim_{\frac{h}{2}\to 0} m_S = \lim_{\frac{h}{2}\to 0} \cos\left(x_0 + \frac{h}{2}\right) \cdot \lim_{\frac{h}{2}\to 0} \frac{\sin\frac{h}{2}}{\frac{h}{2}}$$

↓ 1 ↙ 2

$$m_T = \lim_{\frac{h}{2}\to 0} m_S = \cos x_0 \cdot 1$$

Dazu muß jedoch noch gezeigt werden:

1 $$\lim_{\frac{h}{2}\to 0} \cos\left(x_0 + \frac{h}{2}\right) = \cos\left(\lim_{\frac{h}{2}\to 0}\left(x_0 + \frac{h}{2}\right)\right) = \cos x_0$$

Diese Beziehung wird hier der Anschauung entnommen. Sie erkennen sie an der Kosinuskurve. Die Gültigkeit dieser Beziehung ergibt sich aus der Stetigkeit der Kosinusfunktion. Der Begriff der Stetigkeit wird in der folgenden Lektion erläutert.

2 $$\lim_{\frac{h}{2}\to 0} \frac{\sin\frac{h}{2}}{\frac{h}{2}} = 1$$

Diese Beziehung ist gleichbedeutend mit $\lim_{k\to 0} \frac{\sin k}{k} = 1$.

Zum Beweis benutzt man eine Darstellung am Einheitskreis für Winkel k mit $0 < k < \frac{\pi}{2}$.

Dabei gilt für den Flächeninhalt des

- Dreiecks MAB: $A_1 = \frac{1}{2} \cdot \sin k$
- Kreissektors MAB: $A_2 = \frac{1}{2} \cdot k$
- Dreiecks MAC: $A_3 = \frac{1}{2} \cdot \tan k$

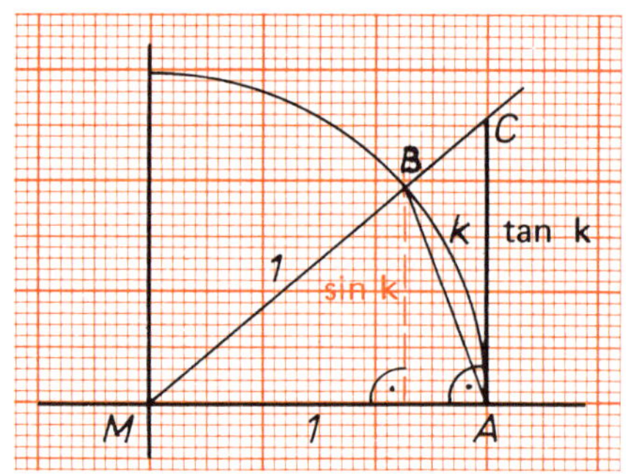

Der geometrischen Anschauung entnimmt man: $A_1 \leqq A_2 \leqq A_3$ und daher

$$\sin k \leqq k \leqq \tan k \quad \text{für} \quad 0 < k < \frac{\pi}{2}$$

Mit $\tan k = \frac{\sin k}{\cos k}$ gilt dann für die Kehrwerte:

$$\frac{1}{\sin k} \geqq \frac{1}{k} \geqq \frac{1}{\tan k} = \frac{\cos k}{\sin k}$$

Durch Multiplikation mit $\sin k$ $\left(\sin k > 0 \text{ für } 0 < k < \frac{\pi}{2}\right)$ folgt dann:

(*) $$1 \geqq \frac{\sin k}{k} \geqq \cos k \quad \text{für} \quad 0 < k < \frac{\pi}{2}$$

Ebenfalls der Anschauung entnimmt man: Wenn k gegen Null strebt, dann streben die zugehörigen Kosinuswerte gegen $\cos 0 = 1$.

Damit folgt dann aus (*):

$$\underbrace{\lim_{k \to 0} 1}_{=1} \geqq \lim_{k \to 0} \frac{\sin k}{k} \geqq \underbrace{\lim_{k \to 0} \cos k}_{=1}$$

und daraus die Behauptung.

Damit ist der Beweis – allerdings unter Rückgriff auf die Anschauung an einigen Stellen – abgeschlossen. Es gilt also

$$\sin' x = \cos x$$

Der Beweis für $\cos' x = -\sin x$ kann in der gleichen Weise geführt werden. Dazu braucht man zusätzlich die beiden Beziehungen

$$\lim_{k \to 0} \sin(x_0 + k) = \sin(\lim_{k \to 0}(x_0 + k)) = \sin x_0 \quad \text{und}$$

$$\cos \alpha - \sin \beta = -2 \sin \frac{\alpha + \beta}{2} \sin \frac{\alpha - \beta}{2} \ ,$$

die man analog zu den obigen Beziehungen gewinnen kann.

Aufgaben zu 4.2

1. Bestimmen Sie die Ableitungsfunktion von $f(x) = a \sin x \ (x \in \mathbb{R})$ mit einem konstanten Faktor $a \in \mathbb{R}$. Orientieren Sie sich an dem Beweis in Abschnitt 3.3.

[2.] Beweisen Sie $\cos' x = -\sin x$. Setzen Sie dazu die oben im Text genannten Beziehungen voraus. Orientieren Sie sich an dem Beweis für $\sin' x = \cos x$.

4.3 Betragsfunktion

Die bisher besprochenen Funktionen besaßen an jeder Stelle x_0 ihres Definitionsbereiches eine eindeutig bestimmte Tangente an ihren Graphen. Aus der Fernsehsendung kennen Sie aber auch eine Funktion, bei der dies anders ist:

Beispiel: $f(x) = |x^2 - 1|$ für $x \in \mathbb{R}$

Wegen $|a| = a$ für $a \geqq 0$

$|a| = -a$ für $a \leqq 0$

gilt für alle $x \in \mathbb{R}$:

$$f(x) = \begin{cases} x^2 - 1 & \text{für } x \leqq -1 \\ 1 - x^2 & \text{für } -1 < x < 1 \\ x^2 - 1 & \text{für } 1 \leqq x \end{cases}$$

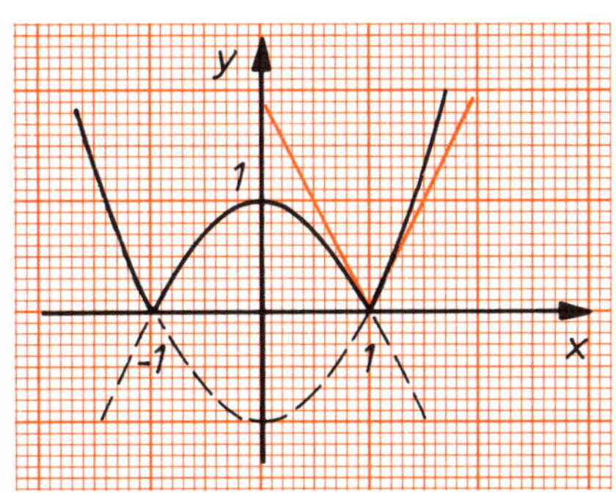

Das heißt: Der Graph von f ist aus verschiedenen Kurvenstücken zusammengesetzt: für $x \leqq -1$ und $x \geqq 1$ aus Teilen einer nach oben geöffneten Normalparabel und zwischen -1 und 1 aus einer nach unten geöffneten Normalparabel. Und dabei gibt es an den „Nahtstellen" bei -1 und 1 jeweils einen „Knick", so daß die Kurve dort keine eindeutigen Tangenten besitzt.

Dies zeigt sich auch in der Rechnung:

Für $-1 < h < 0$, so daß $-1 < 1 + h < 1$, gilt für den Differenzenquotienten:

$$m_S(h) = \frac{f(1+h) - f(1)}{h} = \frac{[1-(1+h)^2] - 0}{h} = \frac{1 - 1 - 2h - h^2}{h} = -2 - h$$

Also für den Grenzwert **„von links"** : $\lim\limits_{h \to 0^-} m_S(h) = -2$

Entsprechend erhält man mit $0 < h$ den Grenzwert **„von rechts"** : (Aufgabe: Führen Sie diese Rechnung aus.) $\lim\limits_{h \to 0^+} m_S(h) = +2$

→ ①

Das heißt: Je nachdem, ob man sich der Stelle $x_0 = 1$ von links oder von rechts nähert, erhält man für den Differenzenquotienten verschiedene Grenzwerte; es gibt also keine eindeutig bestimmte Tangentensteigung, und deshalb ist die Funktion f in $x_0 = 1$ **nicht differenzierbar.**

Aus Symmetrie ist klar, daß f dann auch in $x_0 = -1$ nicht differenzierbar ist.

Das einfachste Beispiel solcher Funktionen (das Sie sich unbedingt merken sollten) ist die Betragsfunktion selbst:

Die Betragsfunktion $f(x) = |x|$ ist für $x_0 = 0$ **nicht** differenzierbar.

Denn je nachdem, ob man sich dem Nullpunkt von links $(h < 0)$ oder von rechts $(h > 0)$ nähert, erhält man **−1 oder +1** als Grenzwerte des Differenzenquotienten, also keinen eindeutig bestimmten Wert.

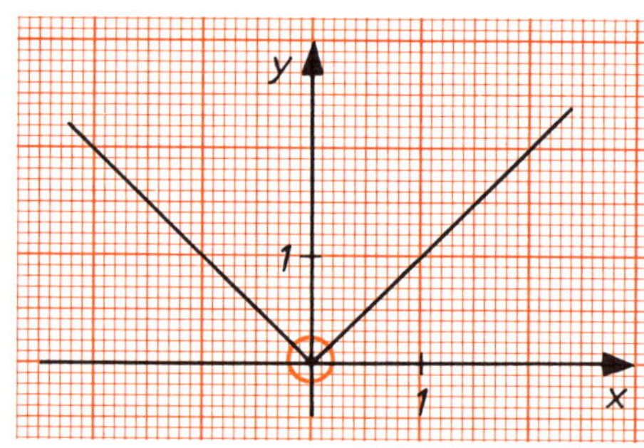

Aufgaben zu 4.3

1. Zeigen Sie, daß die Funktion im Nullpunkt **nicht** differenzierbar ist, skizzieren Sie auch den Verlauf des Funktionsgraphen.

a) $f(x) = x + |x| \quad (x \in \mathbb{R})$ *b) $f(x) = |\sin x| \quad (x \in \mathbb{R})$

2. Zeigen Sie, daß die Funktion $f(x) = |x^3| \quad (x \in \mathbb{R})$ im Nullpunkt differenzierbar ist (trotz des Absolutbetrags) und berechnen Sie $f'(0)$. (auch: Zeichnung)

4.4 Wurzelfunktion

Sie kennen die Quadratfunktion $f(x) = x^2$ mit $x \in \mathbb{R}$. Für $x \geqq 0$ ist diese Funktion umkehrbar. Man erhält dann die

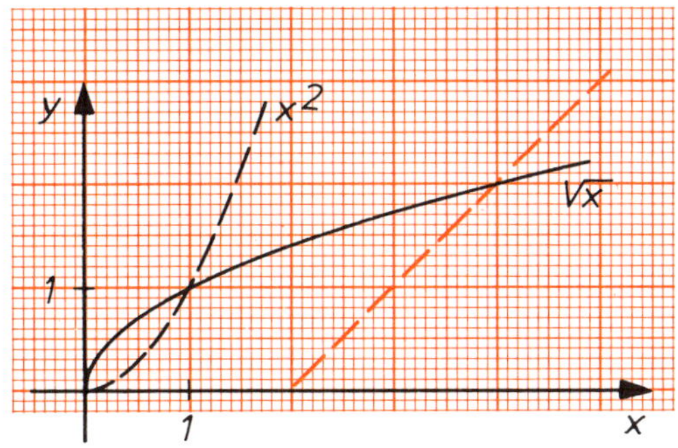

Quadratwurzelfunktion

$$f(x) = \sqrt{x} \quad \text{für} \quad x \geqq 0$$

Der Graph der Wurzelfunktion hat anschaulich-geometrisch auch im Nullpunkt eine Tangente, nämlich die y-Achse, aber ihre **Steigung** ist **„unendlich"** und daher **keine** reelle Zahl.

Dies zeigt sich auch am Differenzenquotienten für $x_0 = 0$ und $h > 0$:

$$\frac{f(0+h) - f(0)}{h} = \frac{\sqrt{h} - 0}{h} = \frac{1}{\sqrt{h}} \qquad (\text{weil } \sqrt{h} \cdot \sqrt{h} = h)$$

Für $h \to 0$ wird dieser unendlich groß, besitzt also keine reelle Zahl als Grenzwert. Auch in diesem Fall sagt man: f ist in $x_0 = 0$ **nicht** differenzierbar.

Aber an allen Stellen $x_0 > 0$ besitzt die Wurzelfunktion eine Tangente mit einer reellen Zahl als Steigung:

Es ist nämlich der Differenzenquotient für x_0, $x_0 + h > 0$ $(h \neq 0)$:

$$\frac{f(x_0+h) - f(x_0)}{h} = \frac{\sqrt{x_0+h} - \sqrt{x_0}}{h}$$

$$= \frac{(\sqrt{x_0+h} - \sqrt{x_0})(\sqrt{x_0+h} + \sqrt{x_0})}{h \cdot (\sqrt{x_0+h} + \sqrt{x_0})} \qquad \text{Erweitern}$$

$$= \frac{(x_0+h) - x_0}{h \cdot (\sqrt{x_0+h} + \sqrt{x_0})} \qquad \text{Binomische Formel und } \sqrt{a} \cdot \sqrt{a} = a$$

$$= \frac{h}{h \cdot (\sqrt{x_0+h} + \sqrt{x_0})} = \frac{1}{\sqrt{x_0+h} + \sqrt{x_0}}$$

Dann wird $f'(x) = \lim\limits_{h \to 0} \frac{1}{\sqrt{x_0+h} + \sqrt{x_0}}$

und mit den Grenzwertsätzen

$$f'(x) = \frac{1}{\lim\limits_{h \to 0} \sqrt{x_0+h} + \lim\limits_{h \to 0} \sqrt{x_0}}$$

$$f'(x) = \frac{1}{2\sqrt{x_0}}$$

Diese Beziehung gilt für jede Stelle x_0. Folglich gilt der Satz

Für $x > 0$ ist die Wurzelfunktion $f(x) = \sqrt{x}$ differenzierbar mit der Ableitung

$$f'(x) = \frac{1}{2\sqrt{x}}$$

Aufgaben zu 4.4

1. Zeigen Sie, daß für die Ableitung der Wurzelfunktion dieselbe Formel gilt wie für Potenzen, wenn man $n = \frac{1}{2}$ statt $n \in \mathbb{N}^*$ einsetzt. (Nach Definition ist $\sqrt{a} = a^{\frac{1}{2}}$.)

2. Zeigen Sie, daß auch für Funktionen $f(x) = a \cdot \sqrt{x}$ $(x \geqq 0)$ mit einem konstanten Faktor die Faktorregel gilt, die in Abschnitt 3.3 für Potenzen x^n mit $n \in \mathbb{N}^*$ bewiesen wurde.

3. Berechnen Sie die Ableitung von f an der Stelle x_0.

   a) $f(x) = \sqrt{x}$; $x_0 = 64$ b) $f(x) = \frac{1}{3}\sqrt{x}$; $x_0 = 4$ c) $f(x) = 6\sqrt{x}$; $x_0 = 9$

Wiederholungsaufgaben

*1. Die Summenregel wurde in Lektion 3 nur für Potenzen bewiesen; zeigen Sie am Beispiel von $f(x) = \sin x + \cos x$, daß sie auch für andere Funktionen gültig ist. (Orientieren Sie sich an dem Beweis in Abschnitt 3.4)

2. Berechnen Sie die Ableitung $f'(x_0)$:

   a) $f(x) = \sqrt{x}$; $x_0 = 25$ b) $f(x) = \cos x$; $x_0 = \frac{\pi}{4}$

   c) $f(x) = -4 \sin x$; $x_0 = 60°$ d) $f(x) = 2x - \sqrt{x}$; $x_0 = \frac{1}{16}$

   *e) $f(x) = x^2 + 2\sqrt{x}$; $x_0 = 3$ *f) $f(x) = x - \cos x$; $x_0 = 270°$

3. Bestimmen Sie die Ableitungsfunktion:

   a) $f(x) = 4\sqrt{x}$ $(x > 0)$ b) $f(x) = \frac{\sqrt{x}}{10} - 2 \cos x$

   c) $f(x) = \frac{1}{2}\cos x - 4 \sin x$ *d) $f(x) = \sqrt{x^4}$

   [e)] $f(x) = \sin^2 x + \cos^2 x$ (Darstellung am Einheitskreis)

4. Begründen Sie anhand einer Zeichnung, daß $f(x) = \sqrt{4 - x^2}$ (für $-2 \leqq x \leqq 2$) an den Stellen -2 und 2 **nicht** differenzierbar ist.

5. Begründen Sie, daß $f(x) = \begin{cases} x^2 & \text{für } 0 \leqq x < 1 \\ \sqrt{x} & \text{für } 1 \leqq x \end{cases}$

   in $x_0 = 1$ **nicht** differenzierbar ist (Zeichnung und Rechnung).

5. Differenzierbare Funktionen – stetige Funktionen

Vor der Sendung

Zur Ermittlung von Ableitungsfunktionen müssen immer wieder Grenzwerte bestimmt werden. Mit Grenzwerten werden Sie jetzt schon recht gut umgehen können. Das Verfahren des Differenzierens wird Ihnen in dieser Lektion nochmals in einer Übersicht dargestellt. Mit diesem Verfahren wird die Funktion $y = \frac{1}{x}$ $(x \in \mathbb{R} \setminus \{0\})$ differenziert werden.

Bei allen Beispielen war man bisher zu einem Ergebnis gekommen. Besitzt also jede beliebige Funktion eine Ableitungsfunktion? Diese Frage ist Hauptgegenstand der Lektion 5. Es läßt sich eine notwendige Bedingung für die Differenzierbarkeit angeben. Achten Sie bitte genau auf die Begriffe „notwendig“ und „hinreichend“. Sie werden in der Mathematik oft benutzt.

5

Übersicht

1. Eine Übersicht zeigt Ihnen nochmals das **Verfahren zur Ermittlung der Ableitungsfunktion**.

2. Zur Funktion $\mathbf{y = \frac{1}{x}}$ $(x \in \mathbb{R} \setminus \{0\})$ ist die Ableitungsfunktion $\mathbf{y' = -\frac{1}{x^2}}$ $(x \in \mathbb{R} \setminus \{0\})$

3. Eine Funktion $f(x)$ ist nur dann differenzierbar, wenn der Zähler des Differenzenquotienten $\Delta y = f(x_0 + \Delta x) - f(x_0)$ gegen Null strebt, wenn Δx gegen Null geht.

4. Eine Funktion $f(x)$ heißt in x_0 stetig, wenn sie dort definiert ist und der Grenzwert $\lim\limits_{x \to x_0} f(x)$ existiert und mit dem Funktionswert $f(x_0)$ übereinstimmt.
   Die **Stetigkeit einer Funktion** entspricht der Bedingung aus Abschnitt 3. Die Stetigkeit einer Funktion ist notwendig für ihre Differenzierbarkeit.

5. Stetige und differenzierbare Funktionen haben eine Reihe von **Eigenschaften**, die in den folgenden Lektionen für einige Beweise gebraucht werden. Insbesondere gilt für differenzierbare Funktionen der **Mittelwertsatz**.

6. Mit Hilfe der Ableitung einer Funktion kann man mit guter Näherung berechnen, wie sich ein **Meßfehler** fortpflanzt, wenn der Meßwert zu einer Berechnung verwendet wird.

7. Ist die Ableitungsfunktion einer Funktion selbst wieder differenzierbar, so kann man die zweite Ableitung einer Funktion bestimmen. So kommt man zum Begriff der **höheren Ableitungen**.

5.1 Das Verfahren zur Bestimmung der Ableitungsfunktion

In der Fernsehsendung wurde Ihnen das Verfahren zur Bestimmung der Ableitungsfunktion, das schon über mehrere Lektionen hin verwendet wurde, nochmals in den einzelnen Schritten zusammengestellt: Von einem Punkt P mit dem x-Wert x_0 ausgehend bestimmt man a) die Sekantensteigungsfunktion und b) die Tangentensteigung als Grenzwert der Sekantensteigungsfunktion. Dazu wird

1. von x_0 aus ein **Intervall** festgelegt:

   Δx *)

2. die **Differenz** der Funktionswerte in x_0 und $(x_0 + \Delta x)$ gebildet:

   $\Delta \mathbf{y} = \mathbf{f(x_0 + \Delta x) - f(x_0)}$

3. der **Quotient** aus dieser Differenz Δy und der Intervallänge Δx gebildet:

   $$\frac{\Delta y}{\Delta x} = \frac{f(x_0 + \Delta x) - f(x_0)}{\Delta x}$$

4. der **Grenzwert** dieses Quotienten für $\Delta x \to 0$ bestimmt:

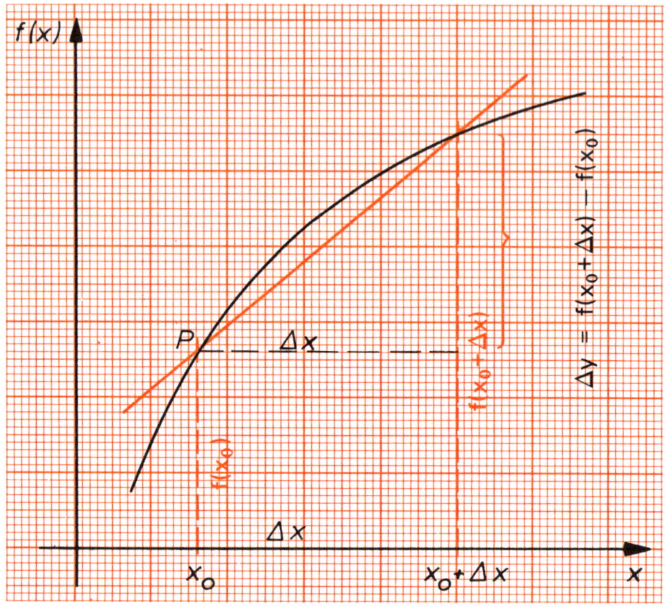

$$\lim_{\Delta x \to 0} \frac{\Delta y}{\Delta x} = \lim_{\Delta x \to 0} \frac{f(x_0 + \Delta x) - f(x_0)}{\Delta x}$$

Nach diesem Verfahren wurden bisher die Ableitungsfunktionen für

- ganze rationale Funktionen $f(x) = ax^m + bx^n$ $f'(x) = max^{m-1} + nbx^{n-1}$
- trigonometrische Funktionen $f(x) = \sin x$ $f'(x) = \cos x$
  $f(x) = \cos x$ $f'(x) = -\sin x$
- die Wurzelfunktion $f(x) = \sqrt{x}$ $f'(x) = \frac{1}{2\sqrt{x}}$

gewonnen und werden auch weiterhin Ableitungsfunktionen ermittelt werden.

5.2 Die Ableitungsfunktion von $\mathbf{f: x \to \frac{1}{x}}$ $(x \in \mathbb{R} \setminus \{0\})$

Sie kennen verschiedene Arten von Funktionen. Darunter ist auch die Funktion, die sich aus folgendem Sachproblem ergibt:
Wie groß sind Länge und Breite eines Rechtecks mit $1\ m^2$ Flächeninhalt?

Legt man die Länge x fest, dann läßt sich die zugehörige Breite y aus der Formel für den Flächeninhalt $A_{\square} = x \cdot y$ berechnen.

---

*) Statt Δx war bisher meistens h geschrieben worden. Beide Schreibweisen sind in der Mathematik üblich.

Stellen Sie eine Wertetabelle auf und zeichnen Sie den Graphen der Funktion $y = \frac{1}{x}$ für $x > 0$.

x	$y = \frac{1}{x}$
0,2	
0,4	
0,5	
0,8	
1,0	
1,6	
2,0	
2,5	
3,0	
4,0	
5,0	

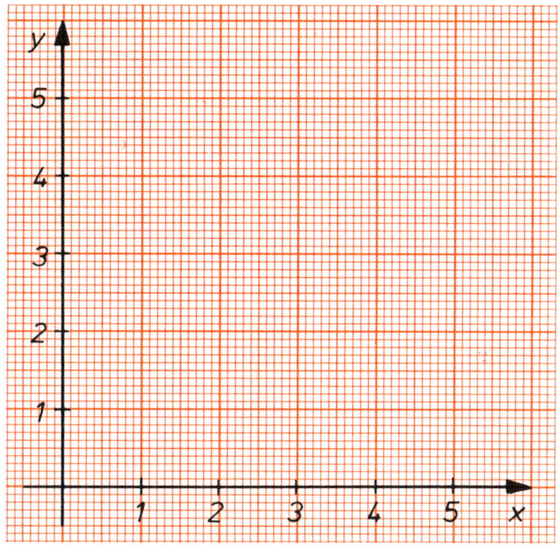

→ ③

Sie wissen aus der Algebra, daß man einen solchen Graphen **Hyperbel** nennt.

Aus dem Graphen sehen Sie, daß sich die Funktion für Werte $x < 1$ sehr stark ändert, für Werte $x > 1$ aber immer weniger. Welche Funktion beschreibt das Änderungsverhalten von $f: x \to \frac{1}{x}$? Man muß die Ableitungsfunktion bestimmen. Dazu verwendet man das bekannte Verfahren, wie es in 5.1 aufgelistet ist.

1. Man geht aus von einer Stelle x_0 $(x_0 \neq 0)$ und wählt ein Intervall Δx.

2. Man bestimmt $f(x_0) = \frac{1}{x_0}$ und $f(x_0 + \Delta x) = \frac{1}{x_0 + \Delta x}$ und bildet die Differenz

   $\Delta y = f(x_0 + \Delta x) - f(x_0) = \frac{1}{x_0 + \Delta x} - \frac{1}{x_0}$

3. Die Sekantensteigungsfunktion ist der Quotient $\frac{\Delta y}{\Delta x} = \frac{\frac{1}{x_0 + \Delta x} - \frac{1}{x_0}}{\Delta x}$

   Diesen Quotienten kann man folgendermaßen umformen:

$$\frac{\frac{1}{x_0 + \Delta x} - \frac{1}{x_0}}{\Delta x} = \frac{\frac{x_0}{x_0(x_0 + \Delta x)} - \frac{x_0 + \Delta x}{x_0(x_0 + \Delta x)}}{\Delta x} = \frac{\frac{x_0 - (x_0 + \Delta x)}{x_0(x_0 + \Delta x)}}{\Delta x} =$$

$$= \frac{\frac{x_0 - x_0 - \Delta x}{x_0(x_0 + \Delta x)}}{\Delta x} = \frac{-\Delta x}{x_0(x_0 + \Delta x) \cdot \Delta x} = -\frac{1}{x_0(x_0 + \Delta x)}$$

und erhält schließlich $\frac{\Delta y}{\Delta x} = -\frac{1}{x_0 \cdot (x_0 + \Delta x)}$

4. Um die Tangentensteigung, d. h. die Ableitungsfunktion zu erhalten, muß man den Grenzwert bilden. Mit Hilfe der Grenzwertsätze läßt er sich berechnen.

$$\lim_{\Delta x \to 0}\left(-\frac{1}{x_0 \cdot (x_0 + \Delta x)}\right) = -\frac{1}{\lim\limits_{\Delta x \to 0} x_0 \cdot (\lim\limits_{\Delta x \to 0} x_0 + \lim\limits_{\Delta x \to 0} \Delta x)} =$$

$$= -\frac{1}{x_0 \cdot (x_0 + 0)} = -\frac{1}{{x_0}^2}$$

Für die Funktion $f(x) = \frac{1}{x}$ ist die Ableitungsfunktion $f'(x) = -\frac{1}{x^2}$ $(x \in \mathbb{R} \setminus \{0\})$

Wie Sie aus der Algebra wissen, kann man die Ausdrücke $\frac{1}{x}$ und $\frac{1}{x^2}$ auch als Potenzen mit negativem Exponenten schreiben.

Dann lautet der obige Satz:

Für die Funktion $f(x) = x^{-1}$ ist die Ableitungsfunktion $f'(x) = -x^{-2}$

Vergleichen Sie dies mit der Ableitungsregel für die Potenzfunktion:

Für die Funktion $f(x) = x^n$ ist die Ableitungsfunktion $f'(x) = n \cdot x^{n-1}$

Sie sehen: Wenden Sie diese Ableitungsregel formal auf $f(x) = x^{-1}$ an, so erhalten Sie $f'(x) = (-1) \cdot x^{-1-1} = -x^{-2}$, also genau die richtige Ableitungsfunktion.

Sie wissen bereits:

Für die Funktion $f(x) = 1$ ist die Ableitungsfunktion $f'(x) = 0$

Anders geschrieben:

Für die Funktion $f(x) = x^0$ ist die Ableitungsfunktion $f'(x) = 0 \cdot x^{0-1} = 0$

Für die Funktion $f(x) = \sqrt{x}$ ist die Ableitungsfunktion $f'(x) = \frac{1}{2\sqrt{x}}$ bzw.

für die Funktion $f(x) = x^{\frac{1}{2}}$ ist die Ableitungsfunktion $f'(x) = \frac{1}{2} \cdot x^{\frac{1}{2}-1} = \frac{1}{2\sqrt{x}}$

Zusammenfassend kann man feststellen:

Die Regel $f(x) = x^n \Rightarrow f'(x) = n \cdot x^{n-1}$ gilt für $n \in \mathbb{N}$ und $n = -1$ und $n = \frac{1}{2}$

Daß diese Regel auch für weitere Werte von n gültig ist, wird in den folgenden Lektionen noch gezeigt werden.

Für die Funktion $f(x) = \frac{1}{x}$ ist der Definitionsbereich $D = \mathbb{R} \setminus \{0\}$. Bei der Herleitung der Ableitungsfunktion war auch nur $x_0 = 0$ ausgenommen worden. $f'(x) = -x^{-2}$ gilt also auch für negative x-Werte. Geben Sie die Tangentensteigung an den folgenden Stellen der Hyperbel $y = \frac{1}{x}$ an:

x	−3	−2	−1
f′(x)			

x	0,2	0,5	1
f′(x)			

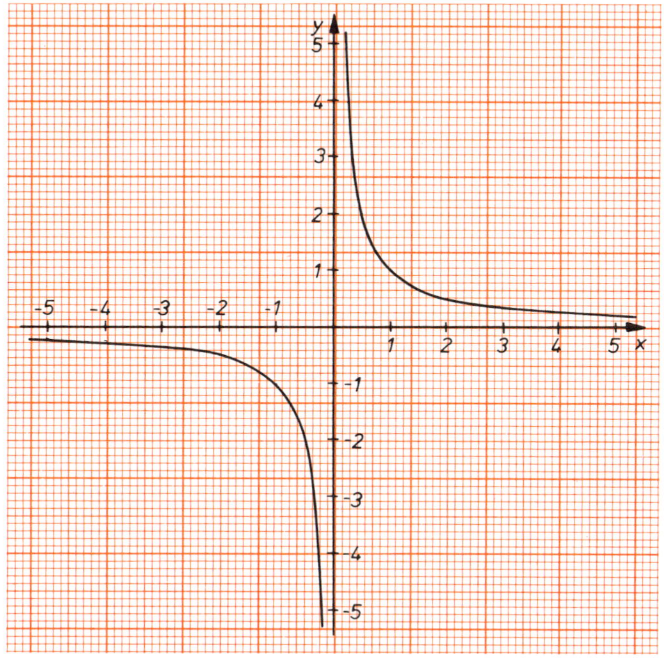

→ 7

5

Aufgaben zu 5.2

1. Bestimmen Sie die Steigung der Tangenten an den Stellen $x_0 = \pm 1, \pm 2, \pm 3, \pm 4$.

a) $f(x) = \frac{12}{x} \quad (x \neq 0)$ *b) $f(x) = \frac{3}{x} + 2 \quad (x \neq 0)$

2. Wie ändert sich bei der Funktion $f(x) = \frac{2}{x} \quad (x \neq 0)$ der Funktionswert und der Wert der Ableitungsfunktion, wenn für x die Zahlen $1, \frac{1}{2}, \frac{1}{4}, \frac{1}{8}, \frac{1}{16}, \ldots$ eingesetzt werden?

Bestimmen Sie $\lim f(x)$ und $\lim f'(x)$ für x gegen 0^+ und gegen 0^-.

***3.** Bestimmen Sie die Ableitung für $f(x) = \frac{1}{x^2} \quad (x \neq 0)$.

5.3 Die Stetigkeit einer Funktion als Bedingung für die Differenzierbarkeit

Der Abschnitt 5.1 hat Ihnen nochmals gezeigt, wie die Ableitungsfunktion zu einer Funktion $f(x)$ bestimmt wird. Letztlich muß jedesmal der Grenzwert

$$\lim_{\Delta x \to 0} \frac{\Delta y}{\Delta x} = \lim_{\Delta x \to 0} \frac{f(x_0 + \Delta x) - f(x_0)}{\Delta x}$$ gebildet werden.

Diesen Grenzwert nennt man auch **Differentialquotienten**. Das Bilden der Ableitungsfunktion heißt auch **Differenzieren der Funktion**.

Bei den bisher betrachteten Funktionen war die Grenzwertbildung immer möglich. Muß das aber stets so sein? Betrachten Sie dazu nochmals die einfache Funktion $f(x) = x^2$ an der Stelle $x_0 = 3$. Der Differentialquotient dafür ist

$$\lim_{\Delta x \to 0} \frac{(3 + \Delta x)^2 - 3^2}{\Delta x}$$

Δx geht gegen 0. Was geschieht dann mit dem Zähler des Differenzenquotienten? Die folgende Tabelle zeigt dies, wenn Δx eine Nullfolge durchläuft.

Δx	0,1	0,01	0,001	0,0001	0,00001	0,000001
$(3+\Delta x)^2-3^2$	0,61	0,0601	0,006001	0,00060001	0,0000600001	0,000006000001

Entsprechendes ergibt sich, wenn Δx andere Nullfolgen durchläuft.
Der Zähler des Differenzenquotienten strebt also ebenfalls gegen 0. Deswegen kann der gesamte Quotient einen endlichen Grenzwert haben. Strebt nämlich der Zähler zum Beispiel gegen eine feste positive Zahl, dann wächst der Quotient über alle Grenzen, wenn Δx die obige Nullfolge durchläuft. Eine solche Beispielrechnung haben Sie in der Fernsehsendung gesehen:

Δx	0,1	0,01	0,001	0,0001	0,00001	0,000001
Zähler konstant 5	5	5	5	5	5	5
Quotient $\frac{5}{\Delta x}$	50	500	5000	50000	500000	5000000

Sie sehen: Der Quotient $\frac{\Delta y}{\Delta x}$ kann also nur gegen einen endlichen Grenzwert streben, wenn mit Δx auch $\Delta y = f(x_0 + \Delta x) - f(x_0)$ gegen 0 strebt. Anders ausgedrückt:

Eine Funktion $f(x)$ ist nur dann differenzierbar, wenn $\lim_{\Delta x \to 0} (f(x_0 + \Delta x) - f(x_0)) = 0$ ist.

Sie werden vielleicht sagen: Dies ist doch selbstverständlich, denn wenn $\Delta x \to 0$ geht, dann geht $f(x_0 + \Delta x) \to f(x_0)$ und die Differenz wird Null. Das ist aber keineswegs immer der Fall, wie Ihnen das Beispiel aus der Fernsehsendung gezeigt hat. Dieses Beispiel soll hier wiederholt werden.

Preise für leichtes Heizöl:

bei einer Abnahme

bis 5000 Liter 0,60 DM/l

über 5000 Liter 0,55 DM/l

Aus dem hier rechts gezeichneten Graphen kann man die Preise für verschiedene Mengen ablesen. Der Funktionsgraph macht an der Stelle $x_0 = 5000$ einen Sprung.

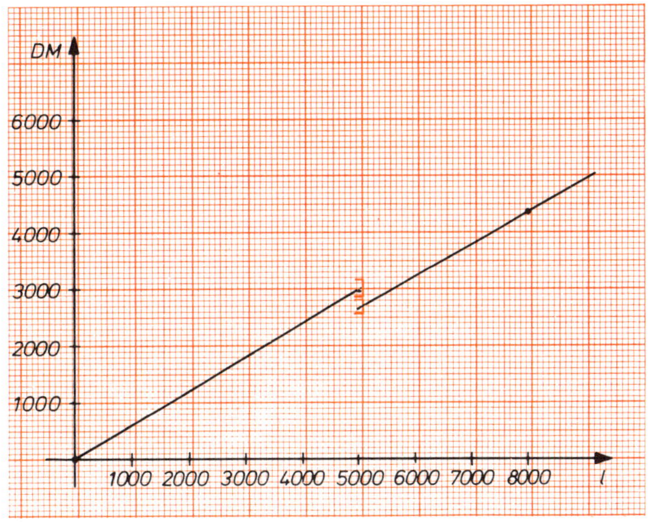

5

Die Funktion läßt sich so definieren:

$$f: x \to f(x) \quad \text{mit} \quad \begin{cases} f(x) = 0{,}60 \cdot x & \text{für } 0 < x \leqq 5000 \\ f(x) = 0{,}55 \cdot x & \text{für } 5000 < x \end{cases}$$

Bestimmen Sie jetzt den Grenzwert $\lim_{\Delta x \to 0} (f(x_0 + \Delta x) - f(x_0))$ an der Stelle $x_0 = 5000$.

Erinnern Sie sich an die Lektion 1 (Grenzwert bei Funktionen): Ein Grenzwert existiert nur, wenn sich für alle Folgen $\Delta x \to 0$ derselbe Wert ergibt, insbesondere also der linksseitige und der rechtsseitige Grenzwert gleich sind.
Rechnen Sie mit dem Taschenrechner.

Δx	−10	−1	−0,1	−0,01	0	0,01	0,1	1	10
$\Delta y = f(x_0 + \Delta x) - f(x_0)$					–				

Es ist demnach $\lim_{\Delta x \to 0^-} (f(5000 + \Delta x) - f(5000)) =$ __________

und $\lim_{\Delta x \to 0^+} (f(5000 + \Delta x) - f(5000)) =$ __________ → ①

Δy geht also mit $\Delta x \to 0^+$ nicht gegen Null. Der Grenzwert existiert gar nicht.

An der Stelle $x_0 = 5000$ kann diese Funktion keine Ableitung haben. Wenn Sie daran denken, daß die Existenz einer Ableitung die Existenz einer Tangente in dem Punkt bedeutet, dann ist auch anschaulich klar, daß die Funktion an dieser Stelle nicht differenzierbar ist: Eine (eindeutig bestimmte) Tangente an den Graphen kann es an der Stelle $x_0 = 5000$ nicht geben.

Eine Funktion, für die an der Stelle x_0 gilt

$$\lim_{\Delta x \to 0} (f(x_0 + \Delta x) - f(x_0)) = 0 \;,$$

nennt man **stetig** in x_0.

Aus dem Beispiel geht hervor: Die Stetigkeit einer Funktion an der Stelle x_0 ist notwendig für die Differenzierbarkeit an dieser Stelle. Man sagt:

Die Stetigkeit ist eine notwendige Bedingung für die Differenzierbarkeit.

5.4 Stetige Funktionen

Das Ergebnis von 5.3 läßt sich noch etwas anders formulieren. Die Bedingung

$$\lim_{\Delta x \to 0} (f(x_0 + \Delta x) - f(x_0)) = 0$$

kann man aufgrund der Grenzwertsätze für Funktionen (Lektion 1.4) umschreiben.

$$\lim_{\Delta x \to 0} f(x_0 + \Delta x) - \lim_{\Delta x \to 0} f(x_0) = 0$$

$$\lim_{\Delta x \to 0} f(x_0 + \Delta x) - \quad f(x_0) \quad = 0$$

$$\lim_{\Delta x \to 0} f(x_0 + \Delta x) = f(x_0)$$

Da Δx jede beliebige Nullfolge durchlaufen kann, ist die letzte Zeile gleichbedeutend mit

$$\lim_{x \to x_0} f(x) = f(x_0)$$

Eine Funktion ist also an der Stelle x_0 stetig, wenn sie dort definiert ist, der Grenzwert an dieser Stelle existiert und dieser gleich dem Funktionswert $f(x_0)$ ist.
Diese Überlegung zieht man zur Definition der Stetigkeit heran.

Eine Funktion $f(x)$, die in $x = x_0$ und einer Umgebung von x_0 definiert ist, heißt an der Stelle $x = x_0$ **stetig,** wenn der Grenzwert von $f(x_0 + \Delta x)$ für Δx gegen Null existiert und mit dem Funktionswert $f(x_0)$ übereinstimmt, das heißt wenn

$$\lim_{\Delta x \to 0} f(x_0 + \Delta x) = f(x_0) \quad \text{bzw.} \quad \lim_{x \to x_0} f(x) = f(x_0) \quad \text{ist.}$$

Andernfalls heißt $f(x)$ an der Stelle x_0 **unstetig.**

Berücksichtigen Sie die Definition der Konvergenz von Funktionen aus 1.2, dann können Sie die Stetigkeit einer Funktion auch so definieren:

Eine Funktion $f(x)$, die in $x = x_0$ und einer Umgebung von x_0 definiert ist, heißt an der Stelle $x = x_0$ stetig, wenn sich zu einem beliebigen $\varepsilon > 0$ ein $\delta > 0$ finden läßt, so daß $|f(x) - f(x_0)| < \varepsilon$ wird, wenn nur $|x - x_0| < \delta$ ist.

Anschaulich bedeutet das: Zu jedem noch so schmalen 2ε-Streifen (parallel zur x-Achse) läßt sich ein 2δ-Streifen wie in nebenstehender Abbildung finden.

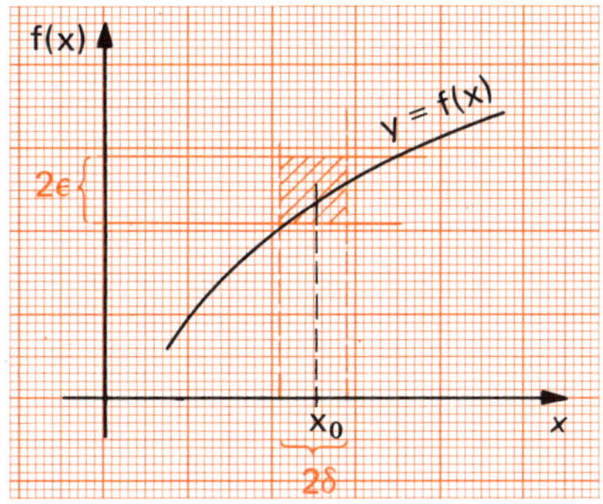

Funktionen, die an einzelnen Stellen nicht stetig sind, haben Sie schon kennengelernt: Die „Heizölkosten"-Funktion in Kapitel 5.3 ist an der Stelle $x_0 = 5000$ nicht stetig.
Es gibt viele andere Beispiele für Funktionen mit **Unstetigkeitsstellen**. Hier rechts sind die **Postgebühren für Briefe** (ohne Standardbriefe, nach dem Stand vom 1. Januar 1981) aufgezeichnet. Geben Sie den Definitionsbereich und die Unstetigkeitsstellen an.

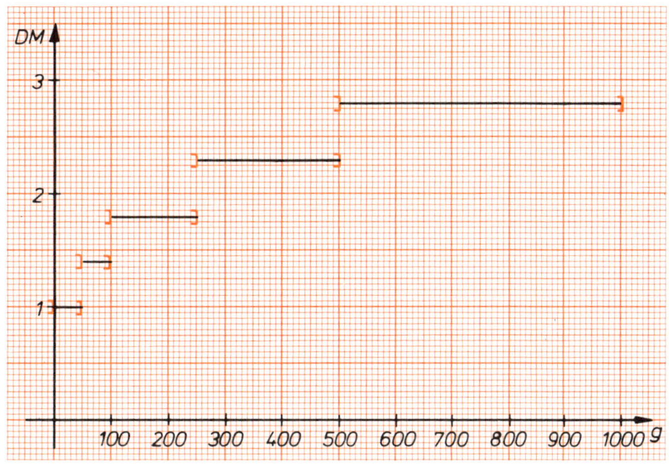

→ 5

Ein weiteres Beispiel:

Die Funktion

$$f(x) = \frac{1}{x-1}$$

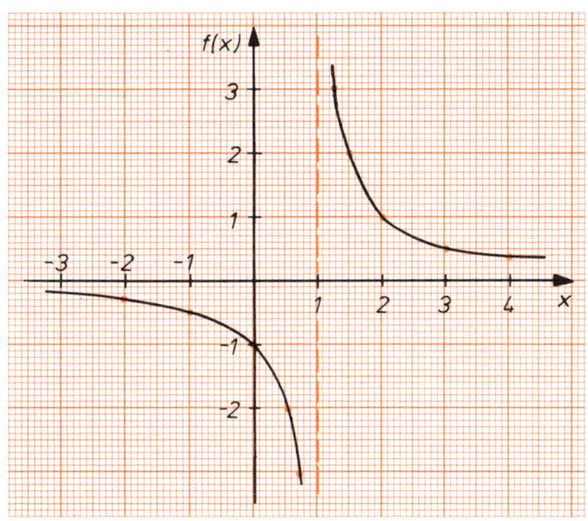

ist an der Stelle $x_0 = 1$ nicht definiert, also an dieser Stelle auch nicht stetig. In Lektion 1 wurde eine solche Stelle eine Lücke genannt. Dies war eine nicht-hebbare Lücke, im Gegensatz zu anderen Lücken, wo man die Funktion stetig ergänzen und damit die Lücke beheben konnte.

Mit dem hier neu eingeführten Begriff der Stetigkeit kann man sagen: Eine Lücke beheben heißt, an der Lücke einen Funktionswert einfügen, so daß die Funktion an dieser Stelle stetig wird.

Wie Sie gesehen haben, ist die Stetigkeit eine Vorbedingung für die Differenzierbarkeit. Dies wird in den folgenden Sätzen ausgesagt:

Die Stetigkeit einer Funktion ist eine notwendige Bedingung für die Differenzierbarkeit der Funktion.

Ist eine Funktion an einer Stelle x_0 unstetig, dann ist sie dort auch nicht differenzierbar.

Ist eine Funktion an einer Stelle x_0 differenzierbar, dann ist sie dort auch stetig.

Es wurde immer wieder betont, daß die Stetigkeit nur **eine notwendige, aber keine hinreichende Bedingung** für die Differenzierbarkeit ist. Ist eine Funktion nicht stets differenzierbar, wenn sie stetig ist? Nein! Dies sehen Sie an dem folgenden Beispiel:

Die Funktion $f: x \to |x| \quad (x \in \mathbb{R})$

hat den rechts gezeichneten Graphen. Der Anschauung entnehmen Sie, daß die Funktion bei $x_0 = 0$ „einen Knick" hat. Ist die Funktion $y = |x|$ bei $x_0 = 0$ stetig?

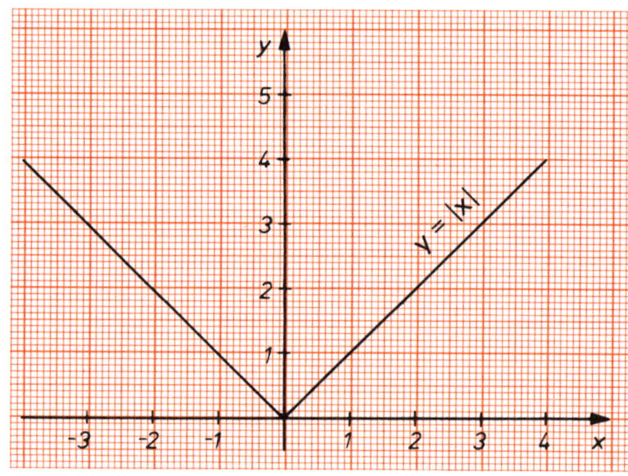

Bestimmen Sie dazu

$\lim\limits_{x \to 0^+} f(x) =$ ____________ und

$\lim\limits_{x \to 0^-} f(x) =$ ____________

⟶ (2)

Sie erhalten beide Male denselben Wert; der Grenzwert der Funktion ist gleich dem Funktionswert an der Stelle 0.

Ist die Funktion an der Stelle $x_0 = 0$ differenzierbar? Dazu betrachten Sie die Grenzwerte

$$\lim_{\Delta x \to 0^-} \frac{f(0+\Delta x) - f(0)}{\Delta x} \quad \text{und} \quad \lim_{\Delta x \to 0^+} \frac{f(0+\Delta x) - f(0)}{\Delta x}$$

Sie erhalten $\lim\limits_{\Delta x \to 0^-} \dfrac{|\Delta x|}{\Delta x} = -1$ und $\lim\limits_{\Delta x \to 0^+} \dfrac{|\Delta x|}{\Delta x} = +1$

Es gibt also keine eindeutig bestimmte Tangente in $x_0 = 0$. Das konnten Sie auch schon der Anschauung entnehmen.

Die Funktion $f: x \to |x|$ ist an der Stelle $x_0 = 0$ zwar stetig, aber nicht differenzierbar.

Ein Beispiel einer Funktion, die überall stetig ist, jedoch an zwei Stellen nicht differenzierbar, haben Sie in Lektion 4.4 kennengelernt. Es war die Funktion $f(x) = |x^2 - 1|$ für $x \in \mathbb{R}$. Bitte lesen Sie dort nach.

Bei der Bestimmung der Ableitung wurde nach Möglichkeit gleich eine Ableitungsfunktion bestimmt, aus der man die Werte der Ableitung an einzelnen Stellen ausrechnen konnte. Eine Ableitungsfunktion kann es in einem Intervall nur geben, wenn die Ausgangsfunktion an allen Stellen des Intervalls stetig ist. Die Stetigkeit einer Funktion in einem Intervall läßt sich so definieren:

> Eine Funktion f(x) heißt in einem Intervall stetig, wenn sie an jeder Stelle des Intervalls stetig ist.

Handelt es sich dabei um ein abgeschlossenes Intervall [a; b], dann genügt für die Randpunkte, wenn $\lim\limits_{x \to a^+} f(x) = f(a)$ und $\lim\limits_{x \to b^-} f(x) = f(b)$ ist.

Man spricht dann von rechtsseitiger bzw. linksseitiger Stetigkeit.

5

Aufgaben zu 5.3 und 5.4

1. Zeigen Sie, daß die Funktion $y = \sqrt{x}$ für alle $x_0 > 0$ stetig ist. Wie ist es in $x_0 = 0$? Ist die Funktion in $x_0 = 0$ differenzierbar?

2. An welchen Stellen sind die folgenden Funktionen nicht stetig, an welchen nicht differenzierbar?

a) $y = |3x|$ b) $y = |x - \frac{1}{4}x^2|$ *c) $y = \frac{1}{|x+2|}$ $(x \neq -2)$

3. Welche der folgenden Sätze sind wahr, welche falsch?

a) Die Differenzierbarkeit einer Funktion an der Stelle x_0 ist notwendig für die Stetigkeit an dieser Stelle.

b) Die Differenzierbarkeit einer Funktion an einer Stelle x_0 ist hinreichend für die Stetigkeit an dieser Stelle.

c) Wenn eine Funktion in einem Intervall [a; b] nicht stetig ist, dann ist sie dort auch nicht differenzierbar.

*d) Wenn eine Funktion in einem Intervall]a; b[nicht differenzierbar ist, dann kann sie dort auch nicht stetig sein.

5.5 Eigenschaften stetiger und differenzierbarer Funktionen

Stetige und differenzierbare Funktionen besitzen einige wichtige Eigenschaften, die in den späteren Lektionen für Beweise benötigt werden:

1. Eine auf einem abgeschlossenen Intervall [a; b] stetige Funktion f(x) nimmt dort ein Maximum (ein Minimum) an.

Ist eine Funktion auf einem offenen Intervall stetig, so muß sie dort kein Maximum (Minimum) annehmen. Sie sehen das an dem Beispiel der Funktion

$$y = \frac{1}{x}$$

auf dem Intervall]0; 3[. Die Funktion ist dort überall stetig, wächst aber gegen 0 hin unbeschränkt (vgl. nebenstehende Zeichnung).

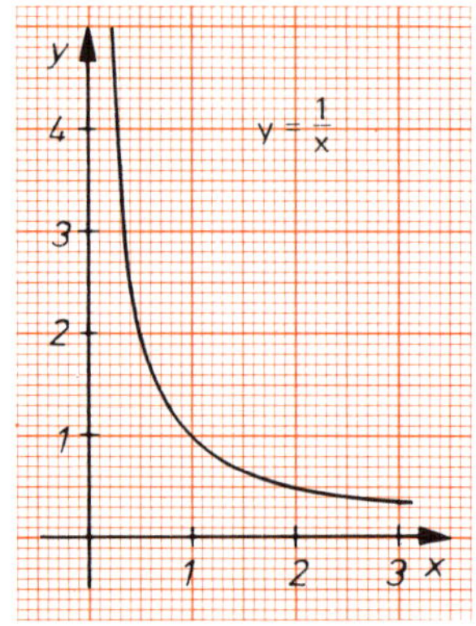

Ist eine Funktion in einem abgeschlossenen Intervall zwar überall definiert, aber nicht überall stetig, braucht sie in diesem Intervall auch kein Maximum (Minimum) zu haben. Ein Beispiel dafür ist die folgendermaßen definierte Funktion:

$$y = \begin{cases} \frac{1}{1-x} & \text{für} \quad x \neq 1 \\ 1 & \text{für} \quad x = 1 \end{cases}$$

auf dem Intervall [0; 3] .

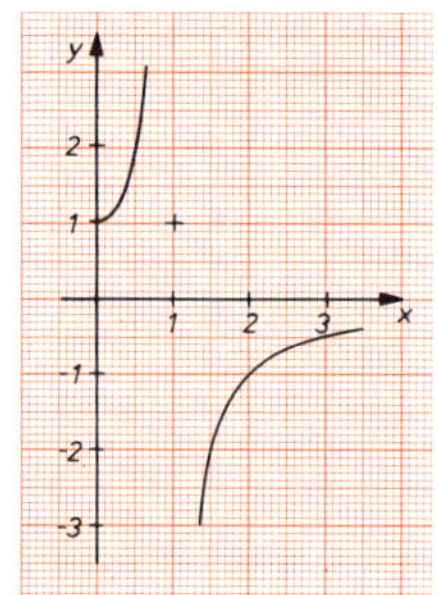

2. Eine weitere wichtige Eigenschaft stetiger Funktionen besteht darin, daß sie auf einem abgeschlossenen Intervall zwischen ihrem Minimum und ihrem Maximum keinen Wert auslassen:

Zwischenwertsatz: Die Funktion f sei auf dem abgeschlossenen Intervall [a; b] stetig mit m als Minimum und M als Maximum. Dann gibt es zu jeder Zahl y_0 zwischen m und M $(m < y_0 < M)$ ein $x_0 \in [a; b]$ mit $y_0 = f(x_0)$.

Aufgabe: Zeigen Sie, daß die Portofunktion für Briefe im Intervall [30; 500] **nicht** jede Zahl zwischen ihrem Minimum und Maximum als Funktionswert annimmt.

→ (8)

Häufig benutzt wird folgender Spezialfall dieses Satzes: Wenn f auf [a; b] stetig ist und die Funktionswerte f(a) und f(b) verschiedene Vorzeichen haben, dann besitzt f zwischen a und b eine Nullstelle. (Der Beweis erfolgt mit einer Intervallschachtelung.)

3. **Satz von Rolle**
Die Funktion f sei differenzierbar auf einem Intervall J . Außerdem sei $f(a) = f(b)$ mit $a, b \in J$, $a < b$.
Dann gibt es ein x_0 zwischen a und b $(a < x_0 < b)$ mit $f'(x_0) = 0$.

Geometrisch besagt dieser Satz folgendes: Zwischen zwei Zahlen $a < b$ mit demselben Funktionswert $f(a) = f(b)$ gibt es unter den angegebenen Voraussetzungen mindestens eine Stelle x_0 mit einer waagerechten Tangente an den Graphen von f .

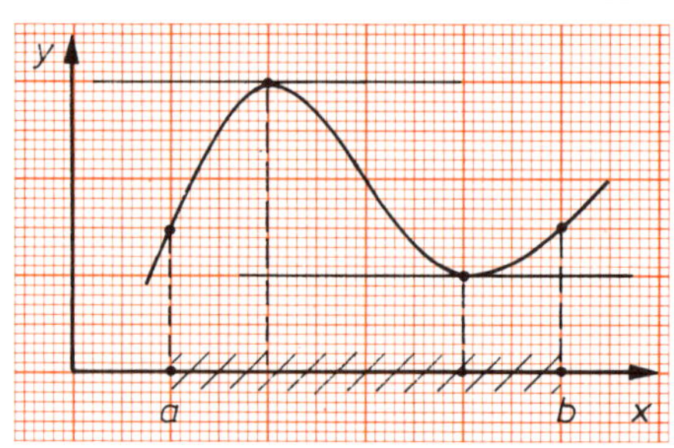

Beweis:

Wenn f in dem Teilintervall $[a; b] \subseteq J$ konstant ist, dann gilt

$f'(x) = 0$ für alle $x \in J$ mit $a < x < b$ (Lektion 3)

Der Satz muß also nur noch für nicht konstante Funktionen bewiesen werden.

1. Fall: Es gibt ein x zwischen a und b $(a < x < b)$ mit $f(x) > f(a) = f(b)$. f ist differenzierbar und daher stetig (Lektion 5.4) und besitzt deshalb für $x \in [a; b]$

ein **Maximum** $f(x_0)$,
in diesem Fall mit $\mathbf{a < x_0 < b}$ (wegen $f(x_0) > f(a) = f(b)$)

d. h. links von x_0 steigt die Funktion, rechts von x_0 fällt sie. Da die Funktion differenzierbar ist, besitzt sie in x_0 eine Tangente, die waagerecht verlaufen muß. Also ist $f'(x_0) = 0$.

2. Fall: Es gibt ein x zwischen a und b $(a < x < b)$ mit $f(x) < f(a) = f(b)$.
Der Beweis verläuft analog.

5

4. **Mittelwertsatz**

Die Funktion f sei auf einem Intervall J differenzierbar; außerdem sei $a, b \in J$ mit $a < b$.
Dann gibt es ein x_0 mit $a < x_0 < b$ und

$$\frac{f(b) - f(a)}{b - a} = f'(x_0)$$

Geometrisch besagt dieser Satz folgendes: Unter den angegebenen Voraussetzungen gibt es zwischen zwei Zahlen $a < b$ des Definitionsintervalls mindestens eine Stelle mit einer Tangente an den Graphen von f, die dieselbe Steigung hat wie die Sekante durch die Punkte $(a|f(a))$ und $(b|f(b))$.

Der Satz von Rolle ist ein Spezialfall: Für $f(a) = f(b)$ ist die Sekante eine Parallele zur x-Achse mit der Steigung 0.

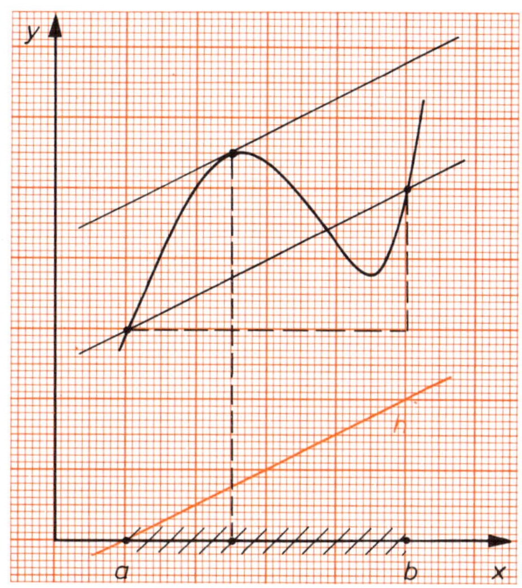

Beweis:

Zunächst definiert man eine Hilfsfunktion für $x \in J$:

$$H(x) = f(x) - \underbrace{\frac{f(b) - f(a)}{b - a}(x - a)}_{= h(x)}$$

Dabei ist der Graph von h die Parallele zur Sekante durch $(a|f(a)), (b|f(b))$, die die x-Achse im Punkt $(a|0)$ schneidet.

Da $f(x)$ und $h(x)$ differenzierbare Funktionen sind, ist auch $H(x)$ auf dem Definitionsintervall J differenzierbar.

Außerdem gilt für H : $H(a) = H(b)$

Daher gibt es nach dem Satz von Rolle ein x_0 mit $a < x_0 < b$ und: $H'(x_0) = f'(x_0) - \frac{f(b) - f(a)}{b - a} = 0$

Und daraus folgt die Behauptung des Satzes.

Anwendungsbeispiel für den Mittelwertsatz

Wenn ein Körper während einer Zeitspanne t frei fällt, dann gilt für die zurückgelegte Fallstrecke s (ohne Berücksichtigung des Luftwiderstands):

$$s = \frac{1}{2} g \cdot t^2$$

Dabei ist g die sogenannte Fallbeschleunigung, auf der Erde: $g \approx 10 \frac{m}{s^2}$, die Zeit t ist in Sekunden und die Fallstrecke s in Metern zu messen.

Danach benötigt ein Körper für **45 m** Fallstrecke eine Zeit von **3 s**, denn:

$$45 = \frac{1}{2} \cdot 10 \cdot t^2 \iff t = \sqrt{9} = 3$$

Frage: Gibt es einen Zeitpunkt, zu dem die Momentangeschwindigkeit genau so groß ist wie die Durchschnittsgeschwindigkeit?

Antwort: Die Weg-Zeit-Funktion $t \to s(t) = \frac{1}{2} g\, t^2$ ist differenzierbar mit $s'(t) = g \cdot t$ als Momentangeschwindigkeit nach t Sekunden (Lektion 3).

Die Durchschnittsgeschwindigkeit v beträgt: $v = \frac{45\text{ m}}{3\text{ s}} = 15 \frac{m}{s}$

Aufgrund des Mittelwertsatzes gibt es ein t_0 mit $0 < t_0 < 3$, so daß

$$15 = \frac{45 - 0}{3 - 0} = \frac{s(3) - s(0)}{3 - 0} = s'(t_0) \iff 15 = g \cdot t_0 = 10 \cdot t_0$$
$$\iff t_0 = 1{,}5$$

Also ist genau nach der halben Fallzeit die Momentangeschwindigkeit gleich der Durchschnittsgeschwindigkeit (vorher ist sie kleiner, danach größer).

Aufgaben zu 5.5

Bestimmen Sie alle x_0 $(a < x_0 < b)$, die die Gleichung des Mittelwertsatzes erfüllen:

a) $f : x \to x^3 - 2x^2$ $(x \in \mathbb{R})$ für $a = -2, b = 2$

b) $f : x \to 2x^2 + 3x$ $(x \in \mathbb{R})$ für beliebige $a, b \in \mathbb{R}$ mit $a < b$

5.6 Die Anwendung der Ableitung zur Fehlerrechnung

In Naturwissenschaft und Technik müssen Größen gemessen werden, zum Beispiel Länge, Volumen, Geschwindigkeit, elektrische Stromstärke usw. Solche Messungen können im allgemeinen nicht „ganz genau" vorgenommen werden, sondern weisen kleinere Fehler auf (zum Beispiel aufgrund der Ungenauigkeiten von Meßgeräten).

Die Abweichung eines „Meßwertes" vom „Sollwert" heißt **absoluter Fehler** Δx der gemessenen Größe x. Der Quotient $\frac{\Delta x}{x}$ heißt **relativer Fehler.** Der relative Fehler kann auch in Prozenten angegeben werden und heißt dann **prozentualer Fehler.**

Ein Beispiel soll Ihnen diese Definition erläutern: Mißt man die Seitenlänge eines Quadrates als 40,0 cm ± 0,1 cm, dann ist $x = 40$ cm, $\Delta x = \pm 0{,}1$ cm und der relative Fehler $\frac{\Delta x}{x} = \pm \frac{0{,}1\text{ cm}}{40\text{ cm}} = \pm \frac{1}{400} = \pm 0{,}0025$ oder in Prozenten ± 0,25 %.

Aus der Seitenlänge des Quadrates wird der Flächeninhalt des Quadrates berechnet.

$$A_{\square} = y = x^2 = (40{,}0 + 0{,}1)^2\text{ cm}^2 = (1600 + 8{,}01)\text{ cm}^2 \quad \text{(für den positiven Fehler)}$$

In diesem Fall beträgt der absolute Fehler $\Delta y = 8{,}01\text{ cm}^2$ und der relative Fehler $\frac{\Delta y}{y} = 0{,}0050062$ oder in Prozenten 0,50062 %.

Sie sehen, daß sich der Meßfehler in die aus den gemessenen Werten berechneten Größen fortpflanzt. Der Fehler aus dem Meßwert Δx bringt bei der berechneten Größe einen Fehler Δy hervor. Hängt y mit x durch die Funktion $y = f(x)$ zusammen, so rechnet man den Fehler Δy aus als

$$\Delta y = f(x + \Delta x) - f(x)$$

Dies ist genau der Zähler des Differenzenquotienten, aus dem durch Grenzwertbildung der Differentialquotient ermittelt wurde.

Ist der Meßfehler Δx hinreichend klein, dann unterscheiden sich Graph der Funktion und Tangente an den Graphen nur wenig. Anders ausgedrückt: dann unterscheidet sich der Differenzenquotient kaum von dem Grenzwert, da man mit Δx schon verhältnismäßig nahe an Null ist.

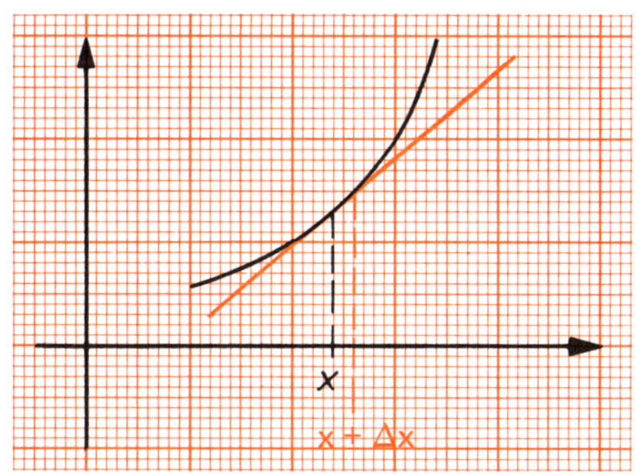

$$\frac{\Delta y}{\Delta x} \approx f'(x) \quad \text{oder} \quad \Delta y \approx f'(x) \cdot \Delta x$$

Für den relativen Fehler ergibt sich entsprechend

$$\frac{\Delta y}{y} \approx \frac{y' \cdot \Delta x}{y}$$

Für das Beispiel der Quadratfläche bedeutet dies:

absoluter Fehler

$$\Delta y \approx 2x \cdot \Delta x$$
$$\Delta y \approx 2 \cdot 40 \cdot 0{,}1\text{ cm}^2$$
$$\Delta y \approx 8\text{ cm}^2$$

relativer Fehler

$$\frac{\Delta y}{y} \approx \frac{2x \cdot \Delta x}{x^2}$$
$$\frac{\Delta y}{y} \approx 2 \cdot \frac{\Delta x}{x}$$
$$\frac{\Delta y}{y} \approx 2 \cdot 0{,}25\% = 0{,}5\%$$

Wenn Sie die Ergebnisse mit den errechneten Werten oben vergleichen, erkennen Sie, daß die Annäherung recht gut ist. Sie reicht für praktische Zwecke fast immer aus.

Aufgaben zu 5.6

1. Die Kantenlänge eines Würfels wurde als $(10 \pm 0{,}1)$ cm gemessen. Daraus wird das Volumen des Würfels berechnet. Bestimmen Sie absoluten und relativen Fehler für das Würfelvolumen näherungsweise mit Hilfe der Ableitung.

2. Der Radius der Erde sei als (6370 ± 5) km gemessen. Wie groß sind (näherungsweise) absoluter und relativer Fehler bei der Berechnung

a) des Erdumfangs b) der Erdoberfläche *c) des Erdvolumens ?

***3.** Vergleichen Sie die relativen Fehler $\frac{\Delta x}{x}$ und $\frac{\Delta y}{y}$ für die Funktionen $y = x$, $y = x^2$, $y = x^3$ und $y = x^n$.

5.7 Höhere Ableitungen

Bisher wurde zu einer gegebenen Funktion die Ableitungsfunktion bestimmt. Für die Ableitungsfunktion haben Sie verschiedene Schreibweisen kennengelernt. Ist die Funktion $y = f(x)$, dann schreibt man für die Ableitungsfunktion $y' = f'(x)$. Für das **Bilden der Ableitungsfunktion** sagt man auch **„ableiten“, „differenzieren“**, die **„Differentiation“** durchführen, den **„Differentialquotienten“** bestimmen. Der Name Differentialquotient erinnert daran, daß man den Grenzwert des Differenzenquotienten bilden muß.

Vom Differenzenquotienten $\frac{\Delta y}{\Delta x}$ kommt noch eine weitere Bezeichnung der Ableitung:

$$\frac{dy}{dx} = \lim_{\Delta x \to 0} \frac{\Delta y}{\Delta x}$$ (gesprochen: dy nach dx)

Der Differentialquotient ist also gar kein „richtiger“ Quotient, er ist der Grenzwert eines Quotienten. Zur Unterscheidung spricht man ihn daher auch nicht als „dy durch dx“ sondern als „dy nach dx“. Dies erinnert daran, daß man die Ableitung nach x vornimmt.
In Lektion 7 werden Sie sehen, daß diese Schreibweise als formaler Quotient einige Vorteile hat. Inhaltlich sind die Schreibweisen alle gleichbedeutend:

$$\frac{dy}{dx} = y' = f'(x)$$

Sie sind im Laufe der Geschichte entstanden und werden heute in der Mathematik nebeneinander benutzt.

Ist eine Funktion in einem Intervall oder gar in ihrem ganzen Definitionsbereich differenzierbar, so kann man durch die Differentiation die Ableitungsfunktion bilden; zum Beispiel

$$y = \frac{1}{4}x^3 - \frac{9}{4}x^2 + \frac{15}{4}x - 1$$

ist in $\mathbb{R}$ definiert und dort überall differenzierbar. Die Ableitungsfunktion

$$y' = \frac{3}{4}x^2 - \frac{9}{2}x + \frac{15}{4}$$

ist wieder eine in ganz $\mathbb{R}$ definierte Funktion. Auch sie ist in $\mathbb{R}$ differenzierbar. Ihre Ableitungsfunktion schreibt man

$$y'' = \frac{3}{2}x - \frac{9}{2}$$

(gesprochen: y zwei Strich) und nennt sie **die zweite Ableitung** von y. Entsprechend kann man **die dritte Ableitung** bilden

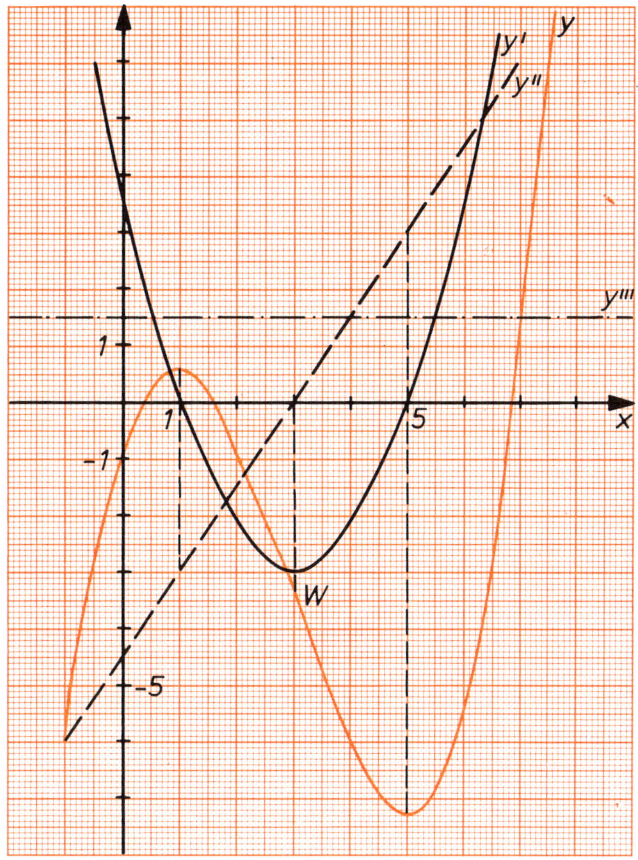

$$y''' = 1{,}5$$

(gesprochen: y drei Strich) usw.

Die Zeichnung zeigt die Graphen von y, y', y'' und y'''.

Auch für die höheren Ableitungen einer Funktion $y = f(x)$ gibt es verschiedene Schreibweisen:

1. Ableitung	$y' = \frac{dy}{dx}$	(gesprochen: dy nach dx)
2. Ableitung	$y'' = \frac{d^2y}{dx^2}$	(gesprochen: d zwei y nach d x Quadrat)
3. Ableitung	$y''' = \frac{d^3y}{dx^3}$	(gesprochen: d drei y nach d x hoch drei)
n-te Ableitung	$y^{(n)} = f^{(n)}(x) = \frac{d^ny}{dx^n}$	(gesprochen: y n Strich; d n y nach d x hoch n)

Bildet man von einer ganzen rationalen Funktion die höheren Ableitungen, so kommt man stets zu einer Ableitung $f^{(n)}(x) = 0$. Zeigen Sie dies am Beispiel der Funktion

$$y = 3x^4 + 7x^3 - 2x^2 + 20x - 34$$

→ 6

Es gibt auch Funktionen, die beliebig oft abgeleitet werden können, ohne daß man dabei zu der konstanten Ableitungsfunktion $f^{(n)}(x) = 0$ kommt. Ein Beispiel dafür ist die Funktion $y = \sin x$. Bilden Sie für diese Funktion die ersten sechs Ableitungsfunktionen.

→ (4)

Aufgaben zu 5.7

1. Leiten Sie zweimal ab a) $y = 1{,}5x^3 - 4{,}5x^2 + 9x$ b) $s = \frac{g}{2} \cdot t^2$ (nach t)

*c) $y = x + \frac{x^2}{2} + \frac{x^3}{3} + \frac{x^4}{4} + \ldots + \frac{x^{n-1}}{n-1} + \frac{x^n}{n}$ d) $y = \cos x$

2. Die wievielte Ableitung ist konstant Null bei a) $y = x^6$ b) $y = x^4 - x^2$

*c) $y = \cos x$

Wiederholungsaufgaben zu Lektion 5

1. Bilden Sie die Ableitungsfunktion von $f(x) = \frac{a}{x}$ $(x \in \mathbb{R} \setminus \{0\})$; $(a \in \mathbb{R})$ durch Bestimmung des Grenzwertes des Differenzenquotienten.

2. Untersuchen Sie die Funktionen auf Stetigkeit

a) $y = |x^2 - 1|$ $(x \in \mathbb{R})$ b) $y = \sqrt{x - 1}$ $(x \geqq 1)$ c) $y = \frac{1}{x^2 - 1}$ $(x^2 \neq 1)$

Gibt es Stellen, wo die Funktion sicher nicht differenzierbar ist?

3. Bilden Sie wahre „Wenn-Dann-Aussagen" mit den Sätzen „$f(x)$ ist in x_0 stetig", „$f(x)$ ist in x_0 differenzierbar", „$f(x)$ ist in x_0 nicht stetig", „$f(x)$ ist in x_0 nicht differenzierbar".

4. Prüfen Sie die folgenden Sätze (wahr oder falsch):

a) Die Teilbarkeit durch 3 ist notwendig für die Teilbarkeit durch 9.

b) Die Teilbarkeit durch 3 ist hinreichend für die Teilbarkeit durch 9.

c) Die Teilbarkeit durch 9 ist hinreichend für die Teilbarkeit durch 3.

[d)] Beschränktheit und Monotonie einer Folge sind hinreichend für die Konvergenz einer Folge.

[e)] Die Konvergenz einer Folge ist notwendig für ihre Beschränktheit.

[f)] Die Beschränktheit einer Folge ist notwendig für ihre Konvergenz.

[5.] Für eine Kreisscheibe wurde der Radius als $(5{,}0 \pm 0{,}2)$ cm bestimmt. Wie groß sind der absolute und der relative Fehler für den Flächeninhalt der Kreisscheibe?

6. Bilden Sie $\frac{d^4y}{dx^4}$ für die Funktionen a) $y = 0{,}5x^4 - 0{,}25x^2$ b) $y = ax^n$ $(n \geqq 3)$

7. Beim Telefonieren an einem öffentlichen Fernsprecher zahlte man 1985 für eine Zeiteinheit von 8 min 0,20 DM. Ist die Funktion Gebühr = f(Zeit) stetig? Geben Sie gegebenenfalls die Unstetigkeitsstellen an.

6. Ableitungsregeln II

Vor der Sendung

Funktionen können aus einfacheren Funktionen zusammengesetzt sein, zum Beispiel als Summe oder Produkt einfacherer Funktionen. Um zusammengesetzte Funktionen ableiten zu können, braucht man Regeln für das Differenzieren von Summen, Differenzen, Produkten und Quotienten. Die Fernsehsendung zeigt Ihnen an Beispielen aus der Physik solche zusammengesetzte Funktionen und deren Ableitungen.
Daraus ergeben sich Vermutungen für die benötigten Ableitungsregeln. Diese werden dann mathematisch im Arbeitsbuch hergeleitet. Besonders wichtig ist es, daß Sie diese Regeln später anwenden können. Daher finden Sie in dieser Lektion viele Übungsaufgaben, die Sie rechnen sollten. Die Sicherheit im Ableiten von Funktionen kommt Ihnen in den folgenden Lektionen bei vielen Aufgaben zugute.

6

Übersicht

1. Die **bisherigen Ergebnisse** für die Bestimmung der Ableitungsfunktion werden zusammengestellt.

2. Ein **konstanter Faktor** vor einer Funktion bleibt beim Ableiten erhalten.

$$y = a \cdot f(x) \quad \Rightarrow \quad y' = a \cdot f'(x)$$

3. Eine **Summe** oder **Differenz** von Funktionen kann gliedweise differenziert werden.

$$y = f(x) \pm g(x) \quad \Rightarrow \quad y' = f'(x) \pm g'(x)$$

4. Ein **Produkt** von Funktionen kann nicht faktorweise differenziert werden. Es gilt vielmehr die Regel

$$y = u \cdot v \quad \Rightarrow \quad y' = u'v + v'u$$

5. Die Regel für das **Ableiten eines Quotienten** aus zwei Funktionen kann aus der Produktregel und einer Regel für die Ableitung des Kehrwertes einer Funktion gefunden werden:

$$y = \frac{u}{v} \quad \Rightarrow \quad y' = \frac{u'v - uv'}{v^2} \qquad \text{für} \quad v \neq 0$$

6. Mit Hilfe der Kehrwertregel kann gezeigt werden, daß die Regel

$$y = x^n \quad \Rightarrow \quad y' = nx^{n-1}$$

für alle $n \in \mathbb{Z}$ gilt.

7. Eine Zusammenstellung der neu gefundenen **Ableitungsregeln** zeigt Ihnen das Ergebnis dieser Lektion.

6.1 Zusammenstellung der bisherigen Ergebnisse

Von einer ganzen Reihe von Funktionen kennen Sie unterdessen schon die Ableitungsfunktion:

Funktion	Ableitungsfunktion
$y = x^n$	$y' = nx^{n-1}$
$y = ax^n$	$y' = n \cdot a \cdot x^{n-1}$
$y = ax^m \pm bx^n$	$y' = max^{m-1} \pm nbx^{n-1}$
$y = \sin x$	$y' = \cos x$
$y = \cos x$	$y' = -\sin x$
$y = \sqrt{x}$	$y' = \frac{1}{2\sqrt{x}}$
$y = \frac{1}{x}$	$y' = -\frac{1}{x^2}$

Bei ganz-rationalen Funktionen wurde bereits gezeigt, daß ein konstanter Faktor erhalten bleibt. Ebenso haben Sie gesehen, daß man Summen von Potenzfunktionen gliedweise ableiten darf; daß also die Ableitung der Summe von Potenzfunktionen gleich der Summe der Ableitungen der Potenzfunktionen ist. Doch darf man auch Summen anderer Funktionen gliedweise ableiten? Bleibt auch bei anderen Funktionen ein konstanter Faktor beim Ableiten erhalten? Und wie läßt sich ein Produkt von Funktionen ableiten? Oder ein Quotient von Funktionen?
Die folgenden Abschnitte werden die Regeln für das Differenzieren von Summen, Differenzen, Produkten und Quotienten zeigen.

6.2 Die Ableitung von $y = a \cdot f(x)$

Nicht nur für ganz-rationale, sondern für beliebige Funktionen gilt:

Ein **konstanter Faktor** bleibt bei der Ableitung erhalten.

$$y = a \cdot f(x) \Rightarrow y' = a \cdot f'(x) .$$

Man kann dafür auch sagen: Ein konstanter Faktor tritt unverändert vor die Ableitungsfunktion. Oder genauer:

Ist $f(x)$ eine differenzierbare Funktion mit der Ableitung $f'(x)$, dann ist auch das a-fache, d. h. die Funktion $a \cdot f(x)$ differenzierbar und hat die Ableitung $a \cdot f'(x)$.

Den **Beweis** erbringt man nach der altbekannten Methode mit Hilfe des Grenzwertes des Differenzenquotienten.

$$y = a \cdot f(x)$$

$$y' = \lim_{\Delta x \to 0} \frac{a \cdot f(x_0 + \Delta x) - a \cdot f(x_0)}{\Delta x} \qquad \text{Ausklammern von a}$$

$$y' = \lim_{\Delta x \to 0} a \cdot \frac{f(x_0 + \Delta x) - f(x_0)}{\Delta x}$$

$$y' = \lim_{\Delta x \to 0} a \cdot \lim_{\Delta x \to 0} \frac{f(x_0 + \Delta x) - f(x_0)}{\Delta x} \qquad \text{wegen Grenzwertsatz (c) aus 1.4}$$

$$y' = a \cdot f'(x)$$

Ein Beispiel: Die Ableitung von $y = 4 \cdot \sin x$ ist demnach $y' = 4 \cdot \cos x$.

6

Aufgaben zu 6.2

Bestimmen Sie jeweils die Gleichung der Ableitungsfunktion:

a) $y = \frac{7}{x}$ b) $y = 25\sqrt{x}$ c) $y = 1{,}5 \cdot \cos x$ d) $y = -0{,}5 \cdot x^{-1}$

6.3 Die Ableitung der Summe zweier Funktionen

Eine Summe von Funktionen kann man gliedweise ableiten. Für Potenzfunktionen ist dies schon in Lektion 3.4 gezeigt worden. In der Fernsehsendung haben Sie gesehen, daß diese Regel auch bei der Funktion $y = x + \sin x$ angewendet werden darf. Man geht dabei wieder auf den Differenzenquotienten und seinen Grenzwert für $\Delta x \to 0$ zurück.

$$y = x + \sin x$$

$$y' = \lim_{\Delta x \to 0} \frac{(x_0 + \Delta x + \sin(x_0 + \Delta x)) - (x_0 + \sin x_0)}{\Delta x} \qquad \text{Umformen liefert:}$$

$$y' = \lim_{\Delta x \to 0} \frac{(x_0 + \Delta x) - x_0 + \sin(x_0 + \Delta x) - \sin x_0}{\Delta x}$$

$$y' = \lim_{\Delta x \to 0} \frac{(x_0 + \Delta x) - x_0}{\Delta x} + \lim_{\Delta x \to 0} \frac{\sin(x_0 + \Delta x) - \sin x_0}{\Delta x} \qquad \text{wegen des Grenzwertsatzes (a) aus 1.4}$$

$$y' = 1 + \cos x$$

Allgemein gilt:

Sind $f(x)$ und $g(x)$ differenzierbare Funktionen mit den Ableitungen $f'(x)$ bzw. $g'(x)$, dann ist auch $f(x) + g(x)$ eine differenzierbare Funktion und besitzt die Ableitung $f'(x) + g'(x)$.

$$y = f(x) + g(x) \quad \Rightarrow \quad y' = f'(x) + g'(x)$$

Beweis:

$$y = f(x) + g(x)$$

$$y' = \lim_{\Delta x \to 0} \frac{[f(x_0 + \Delta x) + g(x_0 + \Delta x)] - [f(x_0) + g(x_0)]}{\Delta x}$$ Umformen

$$y' = \lim_{\Delta x \to 0} \frac{[f(x_0 + \Delta x) - f(x_0)] + [g(x_0 + \Delta x) - g(x_0)]}{\Delta x}$$ Grenzwertsatz (a) aus 1.4 anwenden

$$y' = \lim_{\Delta x \to 0} \frac{f(x_0 + \Delta x) - f(x_0)}{\Delta x} + \lim_{\Delta x \to 0} \frac{g(x_0 + \Delta x) - g(x_0)}{\Delta x}$$

$$y' = f'(x) + g'(x)$$

Entsprechend kann man auch beweisen:

$$y = f(x) - g(x) \Rightarrow y' = f'(x) - g'(x)$$

Führen Sie bitte den Beweis selbständig durch. → (4)

Aufgaben zu 6.3

1. Bilden Sie jeweils die erste und zweite Ableitung von

a) $y = x^2 + \cos x$ *b) $y = 3x^3 - 0{,}2 \cdot \sin x$ c) $y = x + \frac{1}{x}$

2. Leiten Sie ab a) $y = x + \sqrt{x}$ b) $y = \sin x + \sqrt{x}$ *c) $y = \sqrt{x} + \frac{1}{x}$

6.4 Die Ableitung des Produktes zweier Funktionen

Man könnte zunächst vermuten, daß sich auch ein Produkt von Funktionen – ähnlich wie die Summe – gliedweise ableiten ließe. An Beispielen können Sie jedoch sehr schnell erkennen, daß dies nicht richtig sein kann.

Betrachten Sie $y = x^3$. Sie wissen $y' = 3x^2$.
Schreibt man $y = x^2 \cdot x$ als Produkt und leitet faktorweise ab, so erhält man $y' = 2x \cdot 1 = 2x$ und nicht $3x^2$. Man erhält also nicht das richtige Ergebnis.

Prüfen Sie das selbst an einem anderen Beispiel nach: Leiten Sie $y = x^2(x^3 - 1)$ einmal faktorweise ab und dann – wie es richtig sein muß – nachdem Sie die Klammer ausmultipliziert haben.

→ (1)

Um die richtige Regel für Produktfunktionen zu finden, wird zunächst ein Beispiel ausführlich gerechnet. Sie kennen es bereits aus der Fernsehsendung.

$$y = x \cdot \sin x$$

$$\frac{\Delta y}{\Delta x} = \frac{(x_0 + \Delta x) \cdot \sin(x_0 + \Delta x) - x_0 \sin x_0}{\Delta x}$$

Im Zähler wird die erste Klammer ausmultipliziert.

$$= \frac{x_0 \sin(x_0 + \Delta x) + \Delta x \sin(x_0 + \Delta x) - x_0 \sin x_0}{\Delta x}$$

Die Summe im Zähler wird umgeordnet.

$$= \frac{x_0 \sin(x_0 + \Delta x) - x_0 \sin x_0 + \Delta x \sin(x_0 + \Delta x)}{\Delta x}$$

x_0 wird ausgeklammert.

$$= \frac{x_0[\sin(x_0 + \Delta x) - \sin x_0] + \Delta x \sin(x_0 + \Delta x)}{\Delta x}$$

Der Quotient wird als Summe zweier Brüche geschrieben.

$$= \frac{x_0[\sin(x_0 + \Delta x) - \sin x_0]}{\Delta x} + \frac{\Delta x \sin(x_0 + \Delta x)}{\Delta x}$$

Im ersten Bruch kann x_0 vorgezogen werden; im zweiten Bruch wird Δx gekürzt.

$$= x_0 \cdot \frac{\sin(x_0 + \Delta x) - \sin x_0}{\Delta x} + \sin(x_0 + \Delta x)$$

Dann ist

$$\lim_{\Delta x \to 0} \frac{\Delta y}{\Delta x} = x_0 \cdot \lim_{\Delta x \to 0} \frac{\sin(x_0 + \Delta x) - \sin x_0}{\Delta x} + \lim_{\Delta x \to 0} \sin(x_0 + \Delta x)$$

nach den Grenzwertsätzen für Funktionen aus 1.4

Dies ist aber gerade die Ableitung der sin-Funktion, also gleich $\cos x_0$.

$$\lim_{\Delta x \to 0} \frac{\Delta y}{\Delta x} = x_0 \cdot \cos x_0 + \sin x_0$$

Es ergibt sich für $y = x \cdot \sin x$ die Ableitungsfunktion $y' = x \cdot \cos x + \sin x$.

Kann man daraus eine allgemeine Gesetzmäßigkeit für die Ableitung von Produktfunktionen erkennen? Zunächst wahrscheinlich noch nicht. Schauen Sie sich die Einzelteile der Produktfunktion genauer an:

y ist das Produkt zweier Funktionen u und v. Es gilt

$u = x$	und somit	$u' = 1$
$v = \sin x$	und somit	$v' = \cos x$

Da die Produktbildung kommutativ ist (Sie können die Faktoren vertauschen!), muß die Ableitung aus u, v, u' und v' symmetrisch aufgebaut sein. Schreiben Sie

$$y' = x \cdot \cos x + 1 \cdot \sin x \,,$$

so sehen Sie

$$y' = u \cdot v' + u' \cdot v \,.$$

Für $y = u \cdot v = f(x) \cdot g(x)$

läßt sich vermuten $y' = uv' + u'v = f(x) \cdot g'(x) + f'(x) \cdot g(x)$.

Berechnen Sie mit dieser Formel die Ableitungen von $y = x \cdot x^2$ und $y = x^2(x^3 - 1)$ und vergleichen Sie das Ergebnis mit $y' = 3x^2$ bzw. $y' = 5x^4 - 2x$.

→ 3

Aus dem Beispiel erkennen Sie noch etwas anderes: Bei der Umformung des Differenzenquotienten der Produktfunktion muß man so vorgehen, daß möglichst Differenzenquotienten der einzelnen Faktoren auftreten. In dem Beispiel war die Umformung so durchgeführt worden, daß der Differenzenquotient für die Sinusfunktion entstand. Bei der Herleitung der Ableitungsregel für die allgemeine Produktfunktion $y = f(x) \cdot g(x)$ wird man also so umformen, daß Differenzenquotienten für $f(x)$ und $g(x)$ einzeln auftreten.

Die **Produktregel** lautet:

Sind $u = f(x)$ und $v = g(x)$ differenzierbare Funktionen mit den Ableitungen $u' = f'(x)$ und $v' = g'(x)$, dann ist das Produkt $y = u \cdot v = f(x) \cdot g(x)$ ebenfalls eine differenzierbare Funktion und für die Ableitung gilt

$$y' = \frac{dy}{dx} = u' \cdot v + u \cdot v' = \frac{du}{dx} \cdot v + u \cdot \frac{dv}{dx} = f'(x) \cdot g(x) + f(x) \cdot g'(x) \,.$$

Oder in Kurzform:

Die Ableitung von $y = u \cdot v$ ist $y' = u' \cdot v + u \cdot v'$

Beweis: Es ist $y = u \cdot v = f(x) \cdot g(x)$ mit $u = f(x)$ und $v = g(x)$.
u und v sind differenzierbare Funktionen.

$$\frac{\Delta y}{\Delta x} = \frac{f(x_0 + \Delta x) \cdot g(x_0 + \Delta x) - f(x_0) \cdot g(x_0)}{\Delta x}$$

Im Zähler wird $-f(x_0) \cdot g(x_0 + \Delta x) + f(x_0) \cdot g(x_0 + \Delta x)$ addiert. Dadurch bleibt der Wert des Zählers unverändert, da Null addiert wird.

$$\frac{\Delta y}{\Delta x} = \frac{f(x_0 + \Delta x) \cdot g(x_0 + \Delta x) - f(x_0) \cdot g(x_0 + \Delta x) + f(x_0) \cdot g(x_0 + \Delta x) - f(x_0) \cdot g(x_0)}{\Delta x}$$

Aus den ersten beiden Summanden wird $g(x_0 + \Delta x)$ ausgeklammert, aus den letzten beiden Summanden wird $f(x_0)$ ausgeklammert. Der Quotient wird als Summe zweier Brüche geschrieben.

$$\frac{\Delta y}{\Delta x} = \frac{f(x_0 + \Delta x) - f(x_0)}{\Delta x} \cdot g(x_0 + \Delta x) + f(x_0) \cdot \frac{g(x_0 + \Delta x) - g(x_0)}{\Delta x}$$

Nun wird der Differentialquotient bestimmt. Mit den Grenzwertsätzen für Funktionen aus Lektion 1.4 ergibt sich:

$$\frac{dy}{dx} = \lim_{\Delta x \to 0} \frac{\Delta y}{\Delta x} = \lim_{\Delta x \to 0} \frac{f(x_0 + \Delta x) - f(x_0)}{\Delta x} \cdot \lim_{\Delta x \to 0} g(x_0 + \Delta x) + \lim_{\Delta x \to 0} f(x_0) \cdot \lim_{\Delta x \to 0} \frac{g(x_0 + \Delta x) - g(x_0)}{\Delta x}$$

Dies ist gerade die Ableitung der Funktion $u = f(x)$, also $f'(x_0)$.

Dies ist gerade die Ableitung der Funktion $v = g(x)$, also $g'(x_0)$.

Folglich ist

$$y' = \frac{dy}{dx} = f'(x_0) \cdot g(x_0) + f(x_0) \cdot g'(x_0)$$

Damit ist die Produktregel bewiesen.

Beispiel: Mit Hilfe der Produktregel läßt sich die Ableitung von $y = \sqrt{x^3}$ bestimmen.

Man schreibt $y = x \cdot \sqrt{x}$ mit $u = x$ und $v = \sqrt{x}$.

$u' = 1$ und $v' = \frac{1}{2\sqrt{x}}$

und schließlich $y' = u'v + uv' = 1 \cdot \sqrt{x} + x \cdot \frac{1}{2\sqrt{x}} = \sqrt{x} + \frac{1}{2}\sqrt{x} = \frac{3}{2}\sqrt{x} = \frac{3}{2}x^{\frac{1}{2}}$.

Schreibt man $y = \sqrt{x^3}$ mit gebrochenem Exponenten als $y = x^{\frac{3}{2}}$ und leitet formal mit der Potenzregel $(y = x^n \Rightarrow y' = n \cdot x^{n-1})$ ab, so erhält man ebenfalls $y' = \frac{3}{2}x^{\frac{1}{2}}$.

Damit ist gezeigt, daß die Potenzregel auch für $n = \frac{3}{2}$ gilt.

Aufgaben zu 6.4

1. Leiten Sie mit der Produktregel ab und machen Sie durch Ausmultiplizieren eine Probe:

a) $y = (x - 4)(x + 2)$ b) $y = (1 - x)(20 + 24x)$ c) $y = (3x^2 + 2)(x^3 - 10x)$

d) $y = (x + 2)^2$ *e) $y = (x + 1)(x - 1)$ *f) $y = (x^2 - 4)^2$

*g) $y = (2x - 3)(x^2 + 4x + 4)$

2. Bilden Sie mit der Produktregel die Ableitung.

a) $y = x^2 \cdot \sin x$ b) $y = \frac{1}{x} \cdot \frac{1}{x}$ c) $y = x^2 \cdot \sqrt{x}$

d) $y = \sin x \cdot \cos x$ e) $y = \frac{1}{x} \cdot \sin x$ *f) $y = \sin x \cdot \sin x$

*g) $y = \sqrt{x} \cdot \sin x$ *h) $y = (x - 2)^3$

3. Differenzieren Sie a) $y = \sqrt{x} + x^3 \cdot \sin x$ *b) $y = \cos^2 x - \frac{1}{x} \cdot \sqrt{x}$

6.5 Die Ableitung des Quotienten zweier Funktionen

Als erster Schritt für die Herleitung einer Quotientenregel wird die Ableitung der Funktion

$$y = \frac{1}{v} = \frac{1}{g(x)} \qquad \text{mit} \quad v = g(x) \neq 0$$

für eine differenzierbare Funktion $v = g(x)$ bestimmt.

Es gilt die **Kehrwertregel:** Die Ableitung von $y = \frac{1}{v}$ ist $y' = -\frac{v'}{v^2}$.

Beweis:

Man bildet den Differenzenquotienten $\frac{\Delta y}{\Delta x}$ und formt ihn so um, daß der Differenzenquotient von $g(x)$ auftritt.

$$\frac{\Delta y}{\Delta x} = \frac{\frac{1}{g(x_0 + \Delta x)} - \frac{1}{g(x_0)}}{\Delta x}$$

Erweitern mit $g(x_0) \cdot g(x_0 + \Delta x)$ liefert

$$\frac{\Delta y}{\Delta x} = \frac{g(x_0) - g(x_0 + \Delta x)}{\Delta x \cdot g(x_0) \cdot g(x_0 + \Delta x)}$$

Umordnen ergibt

$$\frac{\Delta y}{\Delta x} = \frac{-1}{g(x_0) \cdot g(x_0 + \Delta x)} \cdot \frac{g(x_0 + \Delta x) - g(x_0)}{\Delta x}$$

Durch Grenzwertbildung erhält man mit den Grenzwertsätzen

$$y' = \frac{dy}{dx} = \lim_{\Delta x \to 0} \frac{\Delta y}{\Delta x} = \frac{-1}{\lim\limits_{\Delta x \to 0} g(x_0) \cdot \lim\limits_{\Delta x \to 0} g(x_0 + \Delta x)} \cdot \underbrace{\lim_{\Delta x \to 0} \frac{g(x_0 + x) - g(x_0)}{\Delta x}}$$

Dies ist gerade $g'(x_0)$

Also ergibt sich

$$y' = \frac{-1}{g(x_0) \cdot g(x_0)} \cdot g'(x_0)$$

und damit

$$y' = -\frac{g'(x)}{[g(x)]^2}$$

1. Beispiel: $y = \frac{1}{x^2 - 1}$

Hier ist $g(x) = x^2 - 1$ und $g'(x) = 2x$

Folglich wird $y' = -\frac{g'(x)}{[g(x)]^2} = \frac{-2x}{(x^2-1)^2} = \frac{-2x}{x^4 - 2x^2 + 1}$

2. Beispiel: $y = \frac{1}{\sin x}$

Es ist $g(x) = \sin x$ und $g'(x) = \cos x$

und damit $y' = -\frac{\cos x}{\sin^2 x} = -\frac{1}{\sin x \cdot \tan x}$

Mit Hilfe der Kehrwertregel läßt sich die **Quotientenregel** herleiten. Sie lautet:

Sind $u = f(x)$ und $v = g(x)$ differenzierbare Funktionen mit $u' = f'(x)$, $v' = g'(x)$ und $g(x) \neq 0$, dann ist auch $y = \frac{u}{v} = \frac{f(x)}{g(x)}$ eine differenzierbare Funktion und $y' = \frac{u'v - uv'}{v^2}$

oder in Kurzform:

Die Ableitung von $y = \frac{u}{v}$ ist $y' = \frac{u'v - uv'}{v^2}$ für $v \neq 0$

6

Beweis: Ist $y = \frac{u}{v} = u \cdot \frac{1}{v}$ (u und v differenzierbare Funktionen und $v \neq 0$), so ergibt sich zunächst mit der Produktregel

$$y' = u' \cdot \frac{1}{v} + u \cdot \left(\frac{1}{v}\right)'$$

Da nach der Kehrwertregel $\left(\frac{1}{v}\right)' = -\frac{v'}{v^2}$ ist, kann man diesen Wert oben einsetzen und erhält

$$y' = u' \cdot \frac{1}{v} + u \cdot \left(-\frac{v'}{v^2}\right) = \frac{u'}{v} - \frac{u \cdot v'}{v^2} = \frac{u'v}{v^2} - \frac{uv'}{v^2} = \frac{u'v - uv'}{v^2}$$

Zwei Beispiele zeigen Ihnen die Anwendung der Quotientenregel.

1. Beispiel: $y = \frac{2x^3}{x^2 - 4}$ für $x \neq \pm 2$.

Es ist $u = 2x^3$ $\quad u' = 6x^2$

$v = x^2 - 4$ $\quad v' = 2x$ $\quad v^2 = (x^2 - 4)^2$

und damit $y' = \frac{6x^2 \cdot (x^2 - 4) - 2x^3 \cdot 2x}{(x^2 - 4)^2}$

$$y' = \frac{6x^4 - 24x^2 - 4x^4}{(x^2 - 4)^2}$$

$$y' = \frac{2x^2(x^2 - 12)}{(x^2 - 4)^2}$$

2. Beispiel: $y = \dfrac{\sqrt{x}}{\sin x}$ für $x > 0$ und $\sin x \neq 0$

Es ist $u = \sqrt{x}$ $\quad u' = \dfrac{1}{2\sqrt{x}}$

$v = \sin x \quad v' = \cos x \quad v^2 = \sin^2 x$

und damit $$y' = \frac{\frac{1}{2\sqrt{x}} \cdot \sin x - \sqrt{x} \cdot \cos x}{\sin^2 x}$$

$$y' = \frac{\sin x - 2x \cos x}{2\sqrt{x}\,\sin^2 x}$$

Aufgaben zu 6.5

1. Bilden Sie die Ableitung von $y = \tan x$. Berücksichtigen Sie, daß $\tan x = \dfrac{\sin x}{\cos x}$ ist, und wenden Sie die Quotientenregel an (für $\cos x \neq 0$).

2. Stellen Sie den Definitionsbereich der Funktionen fest und bilden Sie die Ableitung.

   a) $y = \dfrac{x}{x-2}$ b) $y = \dfrac{x+1}{x+4}$ c) $y = \dfrac{3x-7}{4x+8}$ d) $y = \dfrac{4+10x^2}{2-3x^2}$

   e) $y = \dfrac{x^2}{3-x^2}$ *f) $y = \dfrac{0{,}04x^4-1}{x^4}$ *g) $y = \dfrac{x^2-ax+b^2}{abx}$ *h) $y = \dfrac{c}{x^{2n-1}}$

3. Leiten Sie ab (für Nenner $\neq 0$)

   a) $y = \dfrac{1}{1+x} - \dfrac{1}{1-x}$ b) $y = \dfrac{\sin x}{x} + \dfrac{x}{\sin x}$ *c) $y = \dfrac{x^2-1}{\sqrt{x}} - \dfrac{\sqrt{x}}{x-1}$

6.6 Die Ableitung von $f(x) = \dfrac{1}{x^m}$ $(m \in \mathbb{N}^*)$

Die Ableitung von $y = \dfrac{1}{x}$ und $y = \dfrac{1}{x^2}$ $(x \neq 0)$ kennen Sie bereits aus der Lektion 5.2.

Leiten Sie diese beiden Funktionen mit der Kehrwertregel ab und zeigen Sie, daß sich die schon bekannte Ableitungsfunktion ergibt. → (2)

Mit Hilfe der Kehrwertregel kann man jetzt auch die Funktion $y = \dfrac{1}{x^3}$ $(x \neq 0)$ ableiten.

Es ist $v = x^3$ und damit $v' = 3x^2$ und $v^2 = x^6$.

Also ist $y' = -\dfrac{3x^2}{x^6} = -\dfrac{3}{x^4} = -3 \cdot x^{-4}$.

Die Ableitung von $y = x^{-3}$ ist $y' = -3x^{-4}$. Wieder einmal erweist sich die Potenzregel für ein weiteres n, nämlich $n = -3$ gültig. Gilt die Potenzregel vielleicht für alle negativen ganzen Zahlen?

$$y = x^{-m} \quad \Rightarrow \quad y' = -m \cdot x^{-m-1} \quad \text{mit } m \in \mathbb{N}^*, \ (x \neq 0)$$

Mit der Kehrwertregel läßt sich dies nachweisen. Ist $y = x^{-m} = \frac{1}{x^m}$, dann ist $v = x^m$ und damit $v' = mx^{m-1}$ und $v^2 = x^{2m}$

Also $y' = -\frac{mx^{m-1}}{x^{2m}} = -m \cdot x^{m-1-2m} = -m \cdot x^{-m-1}$

(Für diese Umformungen benötigen Sie die Rechenregeln für Potenzen mit ganzen Hochzahlen, hier insbesondere die Regel

$$\frac{x^a}{x^b} = x^{a-b} \text{ .)}$$

Damit ist bewiesen:

Die Regel: $y = x^n \Rightarrow y' = n \cdot x^{n-1}$ gilt für alle $n \in \mathbb{Z}$.

Aufgaben zu 6.6

Bilden Sie die Ableitungen der folgenden Funktionen: $(x \neq 0)$

a) $y = x^{-3}$ b) $y = x^{-10}$ c) $y = \frac{1}{2}x^{-8}$ d) $y = \frac{1}{4x^5}$ e) $\frac{7}{x^{4711}}$

6

6.7 Zusammenstellung der Ableitungsregeln

$u = f(x)$ und $v = g(x)$ seien in einem Intervall differenzierbare Funktionen mit den Ableitungsfunktionen $u' = f'(x)$ und $v' = g'(x)$, a sei eine Konstante. Dann sind auch $a \cdot u$, $u + v$, $u - v$, $u \cdot v$ und (für $v \neq 0$) $\frac{1}{v}$ und $\frac{u}{v}$ differenzierbar in diesem Intervall und es gelten die folgenden Ableitungsregeln:

Funktion	Ableitungsfunktion
$y = a \cdot u$	$y' = a \cdot u'$
$y = u + v$	$y' = u' + v'$
$y = u - v$	$y' = u' - v'$
$y = u \cdot v$	$y' = u'v + uv'$
$y = \frac{1}{v}$	$y' = -\frac{v'}{v^2}$
$y = \frac{u}{v}$	$y' = \frac{u'v - uv'}{v^2}$

Wiederholungsaufgaben zu Lektion 6

1. Differenzieren Sie mit der Produktregel.

a) $y = \frac{1}{5}(x-4)(x^2+1)$ b) $y = x^5 \cdot \sqrt{x}$ *c) $y = \sqrt{x}\,(x^2+5)$ d) $y = \cos^2 x$

2. Differenzieren Sie mit der Quotientenregel (Probe durch Ausdividieren!).

a) $y = \frac{x-5}{x}$ b) $y = \frac{2-x^2}{4x^2}$ *c) $y = \frac{1-x^2\cos x}{x^2}$ *d) $y = \frac{x-1}{\sqrt{x}}$

3. Bilden Sie die erste und zweite Ableitung.

a) $y = \frac{4}{5x^2}$ b) $y = \sqrt{x} \cdot \sin x$ *c) $y = \frac{x-1}{x^2}$ *d) $y = \frac{\sin x}{x}$

4. Bilden Sie die erste Ableitung von

a) $y = \frac{x^3}{(x-c)^2}$ b) $y = \frac{ax+b}{\cos x}$ *c) $y = \frac{\sin x}{1+\cos x}$ *d) $y = \frac{1}{\sqrt{x}} - \frac{\sin x + x}{\cos x}$

5. Suchen Sie durch Probieren und Nachprüfen Funktionen („Stammfunktionen"), welche die folgende Ableitung haben (für Nenner $\neq 0$).

a) $y' = \frac{1}{x^2}$ *b) $y' = \frac{3}{x^4}$ c) $y' = \sin x$ *d) $y' = -\frac{\cos x}{\sin^2 x}$

[6.] Es seien $u = f(x)$ und $v = g(x)$ zweimal differenzierbare Funktionen. Geben Sie die zweite Ableitung von $y = u \cdot v$ an.

[7.] Es seien $u = f(x)$, $v = g(x)$ und $w = h(x)$ differenzierbare Funktionen. Geben Sie eine Formel an für die Ableitung von $y = u \cdot v \cdot w$ an.

7. Kettenregel

Vor der Sendung

In den bisherigen Lektionen haben Sie gelernt, wie man Funktionen differenziert, die sich als Summe $(f + g)$, Differenz $(f - g)$, Produkt $(f \cdot g)$ oder Quotient $\left(\frac{f}{g}\right)$ von Funktionen f, g darstellen lassen, deren Ableitungen bereits bekannt sind. Auf diese Weise läßt sich z. B. die Funktion $x \to \sin^2 x$ $(= \sin x \cdot \sin x)$ differenzieren, wenn man die Ableitung der Sinusfunktion bereits kennt:

$$(\sin^2)'(x) = \cos x \cdot \sin x + \sin x \cdot \cos x = 2 \sin x \cos x$$

Hier geht es um eine weitere Verknüpfung von Funktionen, der sog. **Verkettung** oder Hintereinanderausführung $f \circ g$ („f **nach** g"), die dadurch definiert ist, daß auf eine Zahl x zuerst die Funktion g und anschließend auf den Wert $g(x)$ die Funktion f angewandt wird: $f(g(x))$. Zum Beispiel für $f(x) = \sin x$ und $g(x) = x^2$ ist $f \circ g : x \to \sin(x^2)$.
Die bisherigen Regeln sagen nicht, wie $f \circ g$ zu differenzieren ist, dazu bedarf es einer neuen Regel, der sog. **Kettenregel**.

Übersicht

7

1. Wendet man zwei Funktionen f und g nacheinander an, bildet also zum Beispiel erst $g(x)$ und dann $f(g(x))$, so spricht man von einer **Verkettung von Funktionen**. Dadurch entstehen neue Funktionen. Beispiele zeigen, wie Funktionen verkettet werden und wie man Funktionen durch Verkettung entstanden denken kann.

2. Funktionen, die durch Verkettung (Hintereinanderausführung) anderer entstanden sind, lassen sich häufig nicht mit den bekannten Ableitungsregeln differenzieren. Dafür braucht man eine weitere Regel, die sogenannte **Kettenregel**.

3. Mit Hilfe der Kettenregel gelingt es, Ableitungsregeln für die **n-te Wurzelfunktion** und für die **Potenzfunktion mit rationalem Exponenten** zu finden. Die bekannte Ableitungsregel für die Potenzfunktion $f(x) = x^n$ erweist sich auch für $n \in \mathbb{Q}$ als gültig.

7.1 Verketten von Funktionen

In der Fernsehsendung haben Sie ein Beispiel aus der Physik betrachtet: Es wurde Wasser in ein Gefäß geschüttet; den Wasserstand zeigte ein Spannungsmesser an. Die angezeigte Spannung U ist eine Funktion des Wasserstandes im Glas, der Wasserhöhe h .

$$U = f(h)$$

In dem Beispiel war U eine quadratische Funktion der Wasserhöhe h :

$$U = h^2$$

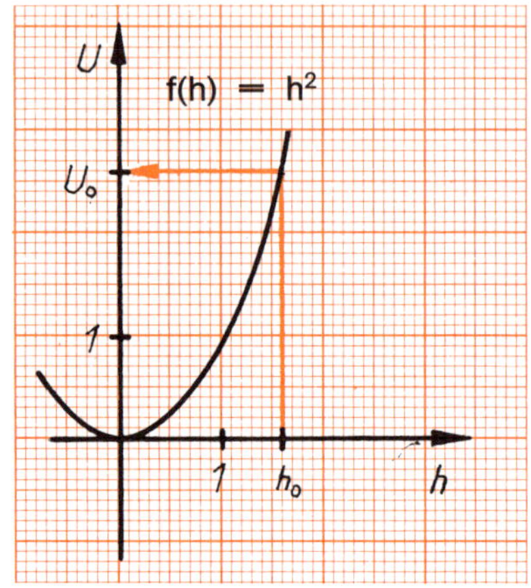

Andererseits ist die Wasserhöhe im Glas eine Funktion der Wassermenge V , die in das Glas geschüttet wurde.

$$h = g(V)$$

Eine Wertetabelle und der zugehörige Graph zeigten den Zusammenhang zwischen h und V .

Volumen V	l	1	2	3	4	5
Wasserstand h	dm	1,1	1,6	1,9	2,3	2,5

$$h = \sqrt{1{,}31\,V}$$

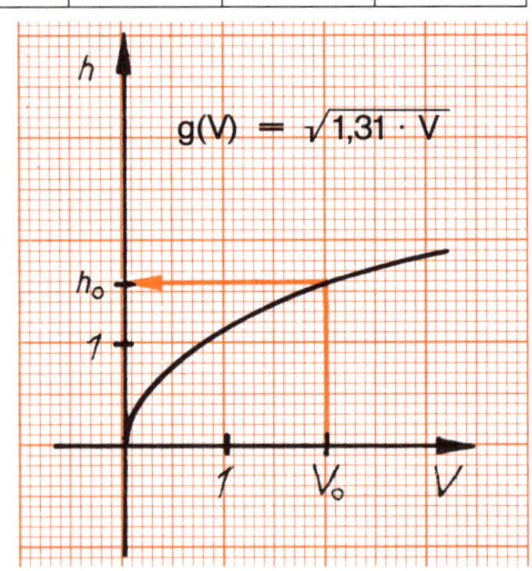

Führt man jetzt die beiden Funktionen hintereinander aus, wendet also zuerst die Funktion g an und danach die Funktion f , so erhält man

$$V \xrightarrow{g} h \xrightarrow{f} U \qquad (f \circ g)$$

also $U = f(g(V)) = (f \circ g)(V)$ „f nach g“

In der Fernsehsendung haben Sie die Verkettung der Graphen in einer räumlichen Darstellung gesehen. Auch das oben gezeichnete Pfeildiagramm ist sicher anschaulich und einprägsam. Der Graph der Verkettung $(f \circ g)$ ist hier rechts gezeichnet. Es handelt sich um die Funktion

$$U = (f \circ g)(V) = \sqrt{1{,}31 \cdot V}^{\,2} = 1{,}31 \cdot V$$

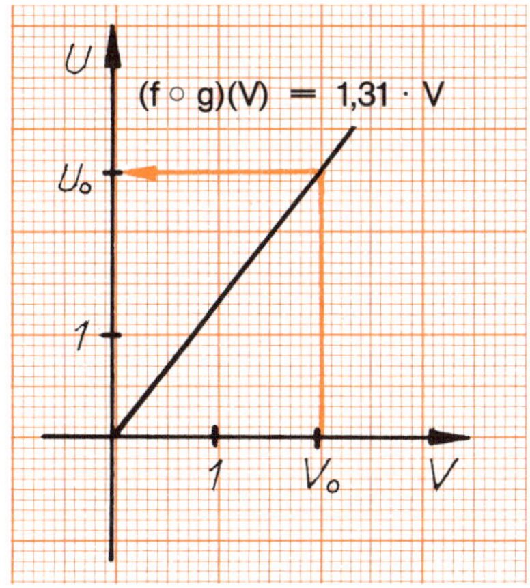

Für die Verkettung f nach g ist es wichtig, daß die Werte der Funktion g im Definitionsbereich der Funktion f liegen. Andernfalls wäre eine Verkettung nicht möglich, da man dann zwar auf einen Wert x_0 die Funktion g anwenden könnte, nicht mehr jedoch auf $g(x_0)$ die Funktion f. In dem Beispiel ist der Definitionsbereich der Funktion g der Bereich der nicht negativen reellen Zahlen, da g ja eine Wurzelfunktion ist. Der Wertebereich von g ist ebenfalls die Menge der nicht negativen reellen Zahlen. Die quadratische Funktion f hat die Menge aller reellen Zahlen als Definitionsbereich. Also liegt der Wertebereich der Funktion g im Definitionsbereich von f. Die Verkettung ist möglich. Der Definitionsbereich von $f \circ g$ ist wieder die Menge der nicht negativen reellen Zahlen.

Ein zweites Beispiel: Ist $g(x) = x - 2$ für $x \in \mathbb{R}$

und $f(y) = \sqrt{y}$ für $y \geqq 0$,

dann ist eine Verkettung nicht auf der gesamten Menge der reellen Zahlen erklärt. Der Definitionsbereich von g ist ja die Menge aller reellen Zahlen. Für die negativen Werte ist aber f nicht definiert. Schränkt man den Definitionsbereich von g ein auf $x \geqq 2$, so ist die Wertemenge von g im Definitionsbereich von f. Für $x \geqq 2$ ist also die Verkettung durchführbar und es gilt

$$(f \circ g)(x) = f(g(x)) = f(x-2) = \sqrt{x-2} \quad \text{für} \quad x \geqq 2$$

Für die Verkettung zweier Funktionen läßt sich also die folgende Definition geben:

Verketten (Hintereinanderausführen) zweier Funktionen f und g:
Für alle $x \in \mathbb{R}$, für die $g(x)$ im Definitionsbereich von f liegt, ist die Verkettung $f \circ g$ („f nach g") so definiert: $\mathbf{(f \circ g)(x) = f(g(x))}$
Dabei wird f als äußere und g als innere Funktion bezeichnet.

An dem letzten Beispiel können Sie leicht erkennen, daß die **Vertauschbarkeit** von f und g nicht zu den Eigenschaften der Verkettung gehört.

Es ist ja $(f \circ g)(x) = \sqrt{x-2}$ für $x \geqq 2$.
Für $g \circ f$ gilt $(g \circ f)(x) = g(\sqrt{x}) = \sqrt{x} - 2$ für alle $x \geqq 0$.

Die Funktionen sind also nicht gleich. Dies sehen Sie insbesondere auch an einem einzelnen Wert, zum Beispiel für $x_0 = 2$.

Bestimmen Sie $(f \circ g)(2) =$ ____________ und $(g \circ f)(2) =$ ____________.

→ 4

Die Fernsehsendung hat Ihnen dies an den beiden Funktionen

$g(x) = \sin x$ und $f(y) = y^2$ gezeigt.

Betrachtet man g als die innere und f als die äußere Funktion, so führt man die Verkettung so durch:

$$x \xrightarrow{g} \sin x \xrightarrow{f} \sin^2 x$$

$$(f \circ g)(x) = f(\sin x) = \sin^2 x$$

Ist f die innere und g die äußere Funktion, so ergibt sich die Verkettung als

$$x \xrightarrow{f} x^2 \xrightarrow{g} \sin(x^2)$$

$$(g \circ f)(x) = g(x^2) = \sin(x^2)$$

Daß $f \circ g \neq g \circ f$ gilt, erkennen Sie zum Beispiel an den Graphen. Bitte zeichnen Sie die beiden Graphen.

→ 14

Als Ergebnis läßt sich festhalten:

Für das Verketten von Funktionen gilt im allgemeinen $f \circ g \neq g \circ f$.

Betrachten Sie die Verkettung und ihre Nicht-Vertauschbarkeit noch an einem weiteren Beispiel:

$g(x) = \frac{1}{x} \quad (x \neq 0)$ und $f(y) = 2y - 3 \quad (y \in \mathbb{R})$

Betrachtet man g als die innere und f als die äußere Funktion, so ergibt sich die folgende Verkettung.

$$(f \circ g)(x) = f(g(x)) = 2 \cdot g(x) - 3 = 2 \cdot \frac{1}{x} - 3 \quad (x \neq 0)$$

Die gesamte Wertemenge von g liegt im Definitionsbereich von f, also ist der Definitionsbereich der Verkettungsfunktion gleich dem Definitionsbereich von g.

Verketten Sie nun die beiden Funktionen, indem Sie f als die innere und g als die äußere Funktion ansehen.

$$(g \circ f)(y) = g(f(y)) = \_\_\_\_\_\_ = \_\_\_\_\_\_ \quad (y \neq \_\_\_\_)$$

→ (11)

f ist hier für alle reellen Zahlen y definiert. Jedoch liegt nicht der gesamte Wertebereich von f im Definitionsbereich von g. Man muß den Wert 0 ausnehmen.

Null ist aber $f\left(\frac{3}{2}\right)$.

Bisher haben Sie gesehen, wie man aus zwei vorgegebenen Funktionen g und f die Verkettung $(f \circ g)$ oder auch die Verkettung $(g \circ f)$ bestimmt. Oft kommt es aber umgekehrt darauf an, bei einer vorgegebenen Funktion h festzustellen, aus welchen Funktionen f und g die Funktion h als Verkettung entstanden sein könnte.

7

Beispiel: $h(x) = (2x - 5)^6$

Diese Funktion kann als Verkettung $h = f \circ g$ der Funktionen

$g(x) = 2x - 5$ als innerer Funktion und

$f(y) = y^6$ als äußerer Funktion entstanden sein.

Dabei sind die drei Funktionen f, g und h für alle reellen Zahlen definiert.
(Natürlich ist diese „Zerlegung" der Verkettung in Funktionen f und g nicht eindeutig. Es könnte hier auch $g(x) = (2x - 5)^2$ die innere Funktion und $f(y) = y^3$ die äußere Funktion gewesen sein. Die oben angegebene Zerlegung erscheint aber als die einfachere.)

Lösen Sie selbst ein weiteres Beispiel: $h(x) = \sin\frac{1}{x} \quad (x \neq 0)$

h(x) kann als Verkettung aus $g(x) = \_\_\_\_\_\_$ $(x \neq \_\_\_)$ als innerer Funktion und $f(y) = \_\_\_\_\_\_$ $(y \in \_\_\_)$ als äußerer Funktion entstanden sein. Die Definitionsbereiche für g, f und h sind

$D_g = \_\_\_\_\_\_$ $D_f = \_\_\_\_\_\_$ $D_h = \_\_\_\_\_\_$

→ (13)

Dieses „Zerlegen“ einer Funktion in Funktionen, aus denen sie durch Verkettung entstanden gedacht werden kann, ist bei einigen Funktionen nötig, damit man ihre Ableitung bilden kann. Dies werden Sie gleich in Kapitel 7.2 sehen.

Bisher wurden zur besseren Unterscheidung die Variablen in den Funktionen g und f unterschiedlich, nämlich mit x bzw. mit y bezeichnet. Dies ist natürlich nicht notwendig. Man kann die Variable in jeder Funktion mit x bezeichnen, da sie ja immer für die jeweilige Funktion gilt. An der Verkettung ändert sich dadurch nichts. Bei den folgenden Aufgaben ist die Bezeichnung so gewählt.

Aufgaben zu 7.1

1. Bestimmen Sie jeweils die Funktionswerte $(f \circ g)(x_0)$ und $(g \circ f)(x_0)$.

a) $g(x) = 2x \quad f(x) = \sin x \quad x_0 = \frac{\pi}{2}$

b) $g(x) = 1 - x \quad f(x) = \frac{1}{1 - x} \quad x_0 = 2$

2. Bestimmen Sie die Funktionen $f \circ g$ und $g \circ f$ und ihre Definitionsbereiche.

a) $g(x) = \sqrt{x} \quad f(x) = x^4 + 1$

b) $g(x) = \frac{1}{x} \quad f(x) = \frac{1}{x^2 + 1}$

3. Aus welchen Funktionen f und g ist $h = f \circ g$ durch Verkettung entstanden?

a) $h(x) = \sin\sqrt{x}$ für $x \geqq 0$

b) $h(x) = \frac{1}{(x + 2)^2}$ für $x \neq -2$

7.2 Die Kettenregel

Aus der Fernsehsendung und dem Abschnitt 7.1 kennen Sie die Verkettung der beiden Funktionen

$$g(x) = \sin x \text{ und } f(x) = x^2 \text{ zu } h(x) = (f \circ g)(x) = \sin^2 x$$
$$\text{bzw. zu } k(x) = (g \circ f)(x) = \sin(x^2)$$

Die Funktion $h(x)$ können Sie bereits differenzieren, denn es ist

$$h(x) = \sin^2 x = \sin x \cdot \sin x$$

Mit der Produktregel bilden Sie $u = \sin x \quad u' = \cos x$

$v = \sin x \quad v' = \cos x$, also

$$h'(x) = u \cdot v' + v \cdot u' = \sin x \cos x + \sin x \cos x = 2 \sin x \cos x$$

Für die Funktion $k(x) = \sin(x^2)$ kann jedoch die Produktregel nicht weiterhelfen, da sich $\sin(x^2)$ nicht in Faktoren zerlegen läßt. Man braucht deshalb eine neue Regel. Es ist dies die Kettenregel. Sie erlaubt die Bestimmung der Ableitungsfunktion aufgrund der „Zerlegung" einer Funktion in zwei Funktionen, aus denen sie durch Verkettung entsteht.

Zur besseren Unterscheidung werden die Funktionen mit unterschiedlichen Variablenbezeichnungen geschrieben.

$$z = g(y) = \sin y \qquad \text{und} \qquad y = f(x) = x^2$$

Dann ist $$z' = g'(y) = \cos y \qquad \text{und} \qquad y' = f'(x) = 2x$$

oder anders geschrieben

$$\frac{dz}{dy} = \cos y \qquad \text{und} \qquad \frac{dy}{dx} = 2x$$

Gesucht wird jedoch die Ableitung von $z = k(x) = \sin(x^2)$, also

$$z' = \frac{dz}{dx} = k'(x)$$

Wenn man für die Differentialquotienten die Regeln der Bruchrechnung anwenden dürfte, so ließe sich z' einfach berechnen:

$$z' = \frac{dz}{dx} = \frac{dz}{dy} \cdot \frac{dy}{dx}$$

Tatsächlich ist dies die Kettenregel, die Sie auch schon in der Fernsehsendung kennengelernt haben. Ausführlich lautet sie:

Kettenregel:

Ist die Funktion g in x_0 differenzierbar und ist die Funktion f in $y_0 = g(x_0)$ differenzierbar, dann ist auch die Verkettung $h = f \circ g$ in x_0 differenzierbar und es gilt

$$h'(x_0) = (f \circ g)'(x_0) = f'(g(x_0)) \cdot g'(x_0)$$

Für die Verkettung $f \circ g$ wurde f als äußere und g als innere Funktion bezeichnet. Daher kann man sich die Kettenregel unter folgender Abkürzung merken:

„äußere Ableitung mal innere Ableitung"

Ebenfalls einprägsam ist die oben schon benutzte Form der Kettenregel in der Schreibweise aus Abschnitt 5.7

$$\frac{dz}{dx} = \frac{dz}{dy} \cdot \frac{dy}{dx} \quad \text{mit} \quad z = f(y) \quad \text{und} \quad y = g(x)$$

7

Mit der Kettenregel lassen sich jetzt Funktionen, die man als Verkettung einfacherer Funktionen auffassen kann, differenzieren.

Betrachten Sie dafür das Beispiel aus Abschnitt 7.1

$$h(x) = (2x - 5)^6$$

Wie in 7.1 bereits durchgeführt, muß man die Funktion zerlegen in eine Verkettung zweier einfacherer Funktionen.

$$h(x) = (f \circ g)(x) \quad \text{mit} \quad f(y) = y^6 \quad \text{und} \quad g(x) = 2x - 5$$

Für jedes $x_0 \in \mathbb{R}$ und $y_0 = g(x_0)$ gilt:

$$f'(y_0) = 6\,y_0^5 \quad \text{und} \quad g'(x_0) = 2$$

Nach der Kettenregel folgt dann mit $y_0 = 2x_0 - 5$

$$h'(x_0) = 6 \cdot y_0^5 \cdot 2 = 6\,(2x_0 - 5)^5 \cdot 2 = 12(2x_0 - 5)^5$$

Da dies für jedes $x_0 \in \mathbb{R}$ gilt, erhält man die Ableitungsfunktion

$$h'(x) = 6\,(2x - 5)^5 \cdot 2 = 12(2x - 5)^5 \quad \text{für} \quad x \in \mathbb{R}\,.$$

Für die Anwendung der Kettenregel sind immer die folgenden drei Schritte notwendig:

1. Die gegebene Funktion $h(x)$ wird als Verkettung $(f \circ g)(x)$ zweier einfacherer Funktionen $f(y)$ und $g(x)$ dargestellt.
2. Man bildet $f'(y) = f'(g(x))$ und $g'(x)$.
3. Nach der Kettenregel ist $h'(x) = f'(g(x)) \cdot g'(x)$.

Nun können Sie selbst die Aufgabenstellung aus der Fernsehsendung zu Ende führen und $h(x) = \sin(x^2)$ für $x \in \mathbb{R}$ ableiten.

Auch hier kennen Sie äußere und innere Funktion bereits aus dem vorigen Abschnitt:

$h(x) = (f \circ g)(x)$ mit $f(y) =$ __________ $g(x) =$ __________

Für jedes $x_0 \in \mathbb{R}$ und $y_0 = g(x_0)$ gilt:

$f'(y_0) =$ __________ $g'(x_0) =$ __________

Mit der Kettenregel folgt dann

$h'(x_0) =$ ______________________

und damit für die Ableitungsfunktion:

$h'(x) =$ ____________ für $x \in \mathbb{R}$ → ②

Bestimmen Sie als weiteres Beispiel die Ableitungsfunktion h' für $h(x) = \sqrt{x^2 + 1}$ $(x \in \mathbb{R})$ und berechnen Sie den speziellen Wert $h'(2)$. → ⑦

Nun zur **Begründung** der Kettenregel: In der Fernsehsendung wurde sie durch eine **Näherungsformel** plausibel gemacht (vgl. auch Abschnitt 5.6):

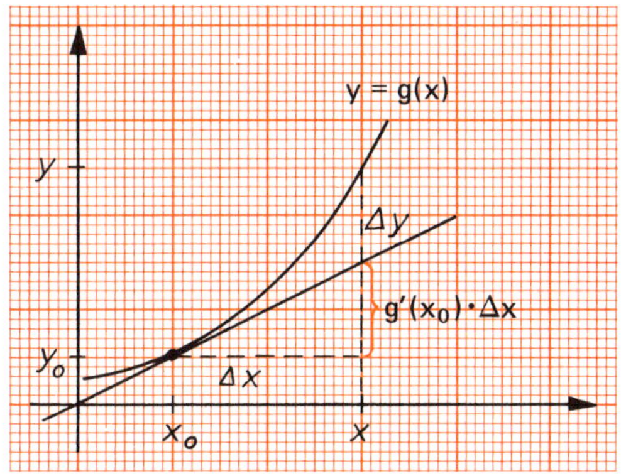

Für die innere Funktion $y = g(x)$ gilt danach für „genügend kleine" Abweichungen $\Delta x = x - x_0$ und die zugehörigen Funktionswerte $\Delta y = y - y_0$:

$$\Delta y \approx g'(x_0) \cdot \Delta x$$

Und entsprechend für die äußere Funktion $z = f(y)$:

$$\Delta z \approx f'(y_0) \cdot \Delta y$$

Wenn mit Δx auch Δy „genügend klein" ist, ergibt beides zusammen:

$$\Delta z \approx f'(y_0) \cdot g'(x_0) \cdot \Delta x$$

Andererseits gilt für die Verkettung $z = (f \circ g)(x)$ ähnlich wie für die einzelnen Funktionen g und f:

$$\Delta z \approx (f \circ g)'(x_0) \cdot \Delta x$$

Dies legt dann die Formel der Kettenregel nahe (mit $y_0 = g(x_0)$):

$$(f \circ g)'(x_0) = f'(g(x_0)) \cdot g'(x_0)$$

vorausgesetzt, die Funktion $f \circ g$ ist in x_0 überhaupt differenzierbar.

Der **Beweis** der Kettenregel soll hier nur für Funktionen g geführt werden, die folgende **zusätzliche Voraussetzung** erfüllen:

In einer Umgebung U von x_0 gilt: $g(x) \neq g(x_0)$ für alle $x \in U, x \neq x_0$

Für solche Funktionen gelingt der Beweis dann so:

Es geht zunächst um den Differenzenquotienten von $f \circ g$ für $x - x_0 = \Delta x \neq 0$.

Da später der Grenzwert für $x \to x_0$ gebildet wird, kann man sich von Anfang an auf $x \in U$ beschränken, so daß für $x - x_0 \neq 0$ nach der Zusatzvoraussetzung auch $g(x) - g(x_0) \neq 0$ gilt.

7

Daher folgt für $x \in U$, $x \neq x_0$:

$$\frac{(f \circ g)(x) - (f \circ g)(x_0)}{x - x_0} = \frac{f(g(x)) - f(g(x_0))}{x - x_0} \quad \text{nach Definition von } f \circ g$$

$$= \frac{f(g(x)) - f(g(x_0))}{g(x) - g(x_0)} \cdot \frac{g(x) - g(x_0)}{x - x_0} \quad \text{Erweitern mit } g(x) - g(x_0) \neq 0$$

Weil g in x_0 differenzierbar ist, ist g dort auch stetig (Lektion 5); für $x \to x_0$ strebt also auch $g(x)$ gegen $g(x_0)$. Da auch f differenzierbar ist, folgt dann mit dem Grenzwertsatz für Produkte (Lektion 1):

$$(f \circ g)'(x_0) = \lim_{x \to x_0} \frac{(f \circ g)(x) - (f \circ g)(x_0)}{x - x_0}$$

$$= \underbrace{\lim_{x \to x_0} \frac{f(g(x)) - f(g(x_0))}{g(x) - g(x_0)}} \cdot \underbrace{\lim_{x \to x_0} \frac{g(x) - g(x_0)}{x - x_0}}$$

$$= f'(g(x_0)) \cdot g'(x_0)$$

Und dies war zu beweisen.

Die Kettenregel läßt sich auch ohne die obige Zusatzvoraussetzung beweisen. Doch darauf soll hier verzichtet werden, da die Funktionen, mit denen Sie es hier zu tun haben, alle diese zusätzliche Bedingung erfüllen.

In vielen Fällen ist die Kettenregel in Verbindung mit anderen Differentiationsregeln (für Summen, Produkte, etc.) anzuwenden. Dazu ein Beispiel, dessen fehlende Schritte Sie bitte selbst ausführen.

Beispiel: $h(x) = (x^2 - 1) \cdot \sqrt{\frac{x}{x^2 + 1}}$ für $x > 0$

h ist das Produkt zweier Funktionen:

$h(x) = h_1(x) \cdot h_2(x)$ mit $h_1(x) =$ ____________ $h_2(x) =$ ____________

→ 9

Nach der Produktregel gilt für die Ableitungsfunktion

$$h'(x) = h_1'(x) \cdot h_2(x) + h_1(x) \cdot h_2'(x)$$

Dabei gilt für die Ableitung des ersten Faktors: $h_1'(x) =$ ____________ → 3

Der zweite Faktor h_2 ist die Verkettung zweier Funktionen: $h_2 = f \circ g$

mit: $f(y) =$ ____________ $g(x) =$ ____________ → 8

Nach der Kettenregel gilt für die Ableitung: $h_2'(x) = f'(y) \cdot g'(x)$ mit $y = g(x)$

Die Ableitungsfunktion f' ist aus Abschnitt 4.4 bekannt, und g' wird nach der Quotientenregel ermittelt:

$f'(y) =$ ____________ $g'(x) =$ ____________ ⟶ (5)

Aus den beiden grau unterlegten Gleichungen ergibt sich für die Ableitung von h:

$$h'(x) = h_1'(x) \cdot h_2(x) + h_1(x) \cdot (f'(g(x)) \cdot g'(x))$$

Indem man die bisher bestimmten Ableitungen einsetzt, erhält man:

$h'(x) =$ ____ ⟶ (10)

Aufgabe: Welche Steigung hat der Graph von h in $x_0 = 2$? ⟶ (1)

Aufgaben zu 7.2

1. Bestimmen Sie die Gleichung der Ableitungsfunktion:

a) $h(x) = \sqrt{x^3+1}$ $(x > 0)$ b) $h(x) = \frac{1}{4}\sin 2x$ $(x \in \mathbb{R})$ c) $h(x) = x^2 \cdot \cos x^2$ $(x \in \mathbb{R})$

2. Bestimmen Sie die Steigung in x_0:

a) $h(x) = \sqrt{\frac{x^2}{x-2}}$ $(x > 2)$, $x_0 = 3$ b) $h(x) = \sqrt{x^2+1} \cdot (x-3)^5$ $(x \in \mathbb{R})$, $x_0 = 2$

7

7.3 Ableitung der n-ten Wurzelfunktion $f(x) = \sqrt[n]{x}$ und der Potenzfunktion $f(x) = x^r$ mit rationalem Exponenten r

Für die Funktion $f(x) = x^n$ kennen Sie die Ableitungsregel $f'(x) = nx^{n-1}$ und Sie wissen aus Lektion 6.6, daß diese Regel für alle ganzen Zahlen n Gültigkeit besitzt:

$$f(x) = x^n \quad \Rightarrow \quad f'(x) = n\,x^{n-1} \quad \text{mit} \quad n \in \mathbb{Z}$$

Aus Lektion 5.2 wissen Sie, daß die obige Regel auch für $n = \frac{1}{2}$ und aus Lektion 6.4, daß sie auch für $n = \frac{3}{2}$ gilt. Das heißt:

$$f(x) = \sqrt{x} = x^{\frac{1}{2}} \qquad f'(x) = \frac{1}{2}x^{-\frac{1}{2}} = \frac{1}{2\sqrt{x}} \qquad \text{und}$$

$$f(x) = \sqrt{x^3} = x^{\frac{3}{2}} \qquad f'(x) = \frac{3}{2}x^{\frac{1}{2}} = \frac{3}{2}\sqrt{x}$$

Wenn man schon weiß, daß die Wurzelfunktion $f(x) = \sqrt{x}$ differenzierbar ist, läßt sich das Ergebnis auch mit Hilfe der Kettenregel bestimmen. Es ist ja die Quadratfunktion die Umkehrung der Wurzelfunktion. Setzt man daher

$f(y) = y^2$ und $g(x) = \sqrt{x}$ dann ist $f'(y) = 2y$.

Bildet man $h(x) = (f \circ g)(x) = f(\sqrt{x}) = (\sqrt{x})^2 = x$, so ist $h'(x) = 1$. Wendet man darauf die Kettenregel zur Bildung der Ableitung von $h(x)$ an, so erhält man

$$h'(x) = f'(g(x)) \cdot g'(x) = 1$$

und damit

$$g'(x) = \frac{1}{f'(g(x))} = \frac{1}{2\,g(x)} = \frac{1}{2\sqrt{x}} = \frac{1}{2}x^{-\frac{1}{2}}.$$

Das gleiche Verfahren läßt sich jetzt für die n-te Wurzelfunktion verwenden. Es muß jedoch ausdrücklich betont werden, daß diese Berechnung nur unter der Annahme möglich ist, daß die n-te Wurzelfunktion differenzierbar ist. (Der genaue Beweis für die Differenzierbarkeit der n-ten Wurzelfunktion muß also auf andere Weise geführt werden, nämlich über die Grenzwertbestimmung beim Differenzenquotienten, was hier nicht ausgeführt wird.)

Vorausgesetzt $f(y) = y^n$ $(n \in \mathbb{N}^*)$ mit $f'(y) = ny^{n-1}$

und $g(x) = \sqrt[n]{x}$ $(n \in \mathbb{N}^*)$ und $x > 0$

und $g(x)$ sei differenzierbar.

Dann ist f die Umkehrfunktion zu g . Es gilt daher

$$h(x) = (f \circ g)(x) = f(\sqrt[n]{x}) = (\sqrt[n]{x})^n = x$$

Mit der Kettenregel erhält man $h'(x) = f'(g(x)) \cdot g'(x)$

Aus $h(x) = x$ erhält man $h'(x) = 1$

Folglich gilt $f'(g(x)) \cdot g'(x) = 1$

und

$$g'(x) = \frac{1}{f'(g(x))} = \frac{1}{ny^{n-1}} = \frac{1}{n\sqrt[n]{x^{n-1}}} = \frac{1}{n \cdot x^{\frac{n-1}{n}}} = \frac{1}{n} \cdot x^{\frac{1}{n}-1}$$

Unter der Voraussetzung, daß die n-te Wurzelfunktion differenzierbar ist, ist damit der folgende Satz bewiesen:

Für jedes $n \in \mathbb{N}^*$, $n \geqq 2$ ist die Wurzelfunktion $x \to \sqrt[n]{x}$ für alle $x > 0$ differenzierbar mit der Ableitung: $(\sqrt[n]{x})' = \dfrac{1}{n \cdot \sqrt[n]{x^{n-1}}}$

Dazu zwei Anwendungsbeispiele, das zweite mit zusätzlicher Verwendung der Kettenregel. Die fehlenden Rechnungen führen Sie bitte selbst aus.

Beispiel für $n = 3$: $g(x) = \sqrt[3]{x}$ für $x \geqq 0$

Die Ableitungsfunktion ist nach dem Satz: $g'(x) = \dfrac{1}{3 \cdot \sqrt[3]{x^2}}$ für $x > 0$

Und speziell für $x_0 = 2$: $g'(2) = \_\_\_\_\_\_\_\_$ → (6)

Beispiel für $n = 3$: $h(x) = \sqrt[3]{x^2+1}$ für $x \in \mathbb{R}$

h ist die Verkettung zweier Funktionen: $h = f \circ g$ mit:

$f(y) = \_\_\_\_$ für $y \geqq 0$ $\quad g(x) = \_\_\_\_$ für $x \in \mathbb{R}$

und den Ableitungen $f'(y) = \_\_\_\_$ für $y > 0$ $\quad g'(x) = \_\_\_\_$ für $x \in \mathbb{R}$

Wegen $y > 0$ für $y = x^2+1$ und alle $x \in \mathbb{R}$ ist dann auch h differenzierbar, und nach der Kettenregel gilt: $h'(x) = f'(g(x)) \cdot g'(x)$

$= \_\_\_\_\_\_\_\_\_\_\_\_$ für $x \in \mathbb{R}$

→ (12)

Auch für die Potenzfunktion mit einem rationalen Exponenten gilt die gleiche Ableitungsregel, nämlich:

> Jede Potenzfunktion $f(x) = x^r$ mit einer rationalen Zahl r als Exponenten ist für $x > 0$ differenzierbar und ihre Ableitung ist $f'(x) = r\,x^{r-1}$

Den Beweis dafür finden Sie wieder mit Hilfe der Kettenregel.

Da r eine rationale Zahl ist, läßt sie sich schreiben als $r = \dfrac{m}{n}$ mit $m \in \mathbb{Z}$ und $n \in \mathbb{N}^*$.
(Die rationalen Zahlen sind ja alle Bruchzahlen. Um alle negativen Bruchzahlen zu erhalten, genügt es, für die Zähler negative Zahlen zuzulassen.)

Ist also $h(x) = x^{\frac{m}{n}}$,
so kann man sich die Funktion h als Verkettung der beiden Funktionen $f(y) = y^m \; (m \in \mathbb{Z})$ und $g(x) = x^{\frac{1}{n}} \; (n \in \mathbb{N}^*)$
vorstellen, deren Ableitungen $f'(y) = my^{m-1}$ und $g'(x) = \dfrac{1}{n} x^{\frac{1}{n}-1}$ sind.

Dann ist $\quad h(x) = (f \circ g)(x) = f\left(x^{\frac{1}{n}}\right) = \left(x^{\frac{1}{n}}\right)^m$

und $\quad h'(x) = f'(g(x)) \cdot g'(x) \quad$ nach der Kettenregel

$$= m \cdot y^{m-1} \cdot \frac{1}{n} \cdot x^{\frac{1}{n}-1}$$

$$= \frac{m}{n} \left(x^{\frac{1}{n}}\right)^{m-1} \cdot x^{\frac{1}{n}-1}$$

$$= \frac{m}{n} \cdot x^{\frac{m}{n}-\frac{1}{n}} \cdot x^{\frac{1}{n}-1}$$

$$= \frac{m}{n} \cdot x^{\frac{m}{n}-1}$$

Ist $h(x) = x^{\frac{m}{n}}$ mit $m \in \mathbb{Z}$ und $n \in \mathbb{N}^*$, dann ist $h'(x) = \frac{m}{n} x^{\frac{m}{n}-1}$.

Anders geschrieben:

Ist $h(x) = x^r$ mit $r \in \mathbb{Q}$, dann ist $h'(x) = r\,x^{r-1}$.

Aufgaben zu 7.3

1. Bestimmen Sie die Gleichung der Ableitungsfunktion $f'(x)$ für $x > 0$:

a) $f(x) = \sqrt[4]{x}$ b) $f(x) = 3{,}5 \cdot \sqrt[7]{x}$ c) $f(x) = \sqrt{x} + \sqrt[3]{x}$

2. Bestimmen Sie die Ableitung $f'(x_0)$ an der angegebenen Stelle x_0:

a) $f(x) = \sqrt[5]{x}$, $x_0 = \frac{1}{2}$ b) $f(x) = \sqrt[3]{x^3 + 1}$, $x_0 = 2$

3. Bestimmen Sie die Gleichung der Ableitungsfunktion f' für $x > 0$:

a) $f(x) = \sqrt[3]{x^2}$ b) $f(x) = (\sqrt[4]{x})^3$ c) $f(x) = \frac{1}{\sqrt[4]{x^3}}$

4. Bestimmen Sie die Ableitung $f'(x_0)$ an der Stelle x_0:

a) $f(x) = \sqrt[4]{(x-4)^3}$, $x_0 = 5$ b) $f(x) = \sqrt[3]{x} \cdot \sqrt[2]{x}$, $x_0 = 64$

Wiederholungsaufgaben

1. Für welche $x \in \mathbb{R}$ ist f differenzierbar? Bestimmen Sie die Gleichung der Ableitungsfunktion.

a) $f(x) = \sqrt{x^3}$ b) $f(x) = \sqrt[3]{4 - x^2}$ c) $f(x) = \frac{1}{(2x-3)^5}$

[2.] $s(x) = \sin\sqrt{x^2+1}$ ist die Verkettung von drei Funktionen: $s = h \circ f \circ g$. Geben Sie die drei Funktionen an und bestimmen Sie s' mit der Kettenregel.

Bestimmen Sie jeweils die Gleichung der Ableitungsfunktion f':

3. $f(x) = \cos\sqrt{x}$

4. $f(x) = (x^3 - 2x^2 + 1)^4$

5. $f(x) = (4x^2 - 3)^3$

6. $f(x) = \frac{1}{(2x^2+5)^3}$

7. $f(x) = \frac{1}{\sqrt{x^3+2}}$

8. $f(x) = \sqrt{x + \sqrt{x}}$

9. $f(x) = \sqrt{1 + \sin^2 x}$

***10.** $f(x) = \sin(x^2 + \pi)^3$

***11.** $f(x) = \left(1 + \sqrt{1 + \sqrt[3]{x}}\right)^2$

***12.** $f(x) = (\cos x^3 + 1)^4$

13. $f(x) = (\sqrt[4]{x})^5$

14. $f(x) = x \cdot \sqrt[3]{x}$

15. $f(x) = \frac{x^2-1}{\sqrt{x^2+1}}$

16. $f(x) = \frac{1}{x} \cdot \sin x^2$

[17.] $f(x) = \sin\frac{1}{x} + \frac{1}{\sqrt{x}}$

[18.] $f(x) = \sqrt{\frac{x^2+2}{3x+1}}$

[19.] $f(x) = \frac{x^2-1}{\sqrt{x^3-2}}$

[20.] $f(x) = (x^2-2)^3 \cdot \left(\frac{1}{x} + 1\right)^4$

7

8. Kurvendiskussion I

Vor der Sendung

Viele Probleme in Naturwissenschaft, Technik oder Wirtschaftswissenschaft lassen sich mit Hilfe von Funktionen beschreiben. Die Eigenschaften dieser Funktionen zeigen Lösungen für die gestellten Probleme. So ist zum Beispiel oft zu untersuchen:

- In welchen Bereichen ist die Funktion monoton steigend oder monoton fallend?
- An welchen Stellen wird der Funktionswert Null (Nullstellen)?
- An welchen Stellen hat die Funktion ein Minimum oder ein Maximum?

Wenn die jeweilige Funktion differenzierbar ist, lassen sich solche Fragen mit den Mitteln der Differentialrechnung beantworten. Mit solchen Problemen werden sich die nächsten vier Lektionen beschäftigen. In den Lektionen 8 und 9 stehen Erklärung und Begründung der Lösungsverfahren im Vordergrund. Die Lektionen 10 und 11 sind dann vorrangig den Anwendungen gewidmet.

Übersicht

1. Über das **Monotonieverhalten einer Funktion** lassen sich mit Hilfe der Ableitungsfunktion einige Aussagen machen. Eine Funktion f ist monoton steigend, wenn ihre Ableitungsfunktion f' positive Werte annimmt, sie ist monoton fallend, wenn f' negative Werte hat.

2. Unter **Extremwerten einer Funktion** versteht man solche, die in einer bestimmten Umgebung die höchsten oder tiefsten Funktionswerte sind. Man spricht vom relativen oder lokalen Maximum bzw. Minimum. Eine notwendige, aber nicht hinreichende Bedingung für einen Extremwert einer Funktion ist, daß die Ableitungsfunktion an dieser Stelle den Wert Null hat. Eine hinreichende Bedingung für Extremwerte wird in Lektion 9 angegeben.

8.1 Das Monotonieverhalten einer Funktion

In der Fernsehsendung haben Sie folgendes Beispiel kennengelernt: Der Chef eines Wirtschaftsunternehmens möchte wissen, bei welchen Produktionsmengen der Gewinn des Unternehmens steigt bzw. fällt. Man weiß, daß die Kosten K nicht gleichmäßig mit den Produktionsmengen x wachsen, sondern der Kostenfunktion

$$K(x) = \frac{1}{8}x^3 - \frac{3}{2}x^2 + 6x + 12 \qquad x \in [0; 11]$$

folgen. Der Umsatz U ist natürlich proportional zur Anzahl der verkauften Produkte. Wenn nicht mehr produziert wird als verkäuflich ist, dann ist der Umsatz auch proportional zur Produktionsmenge x. Hier gilt

$$U(x) = 5x$$

Den Graphen der Kostenfunktion K(x) und den Graphen der Umsatzfunktion U(x) finden Sie für das Intervall [0; 11] hier rechts gezeichnet. Dieses Intervall gibt den Definitionsbereich D an. Zum Beispiel sind die Fabrikanlagen nur für höchstens 11 Produktionseinheiten ausgelegt, so daß nicht mehr produziert werden kann.

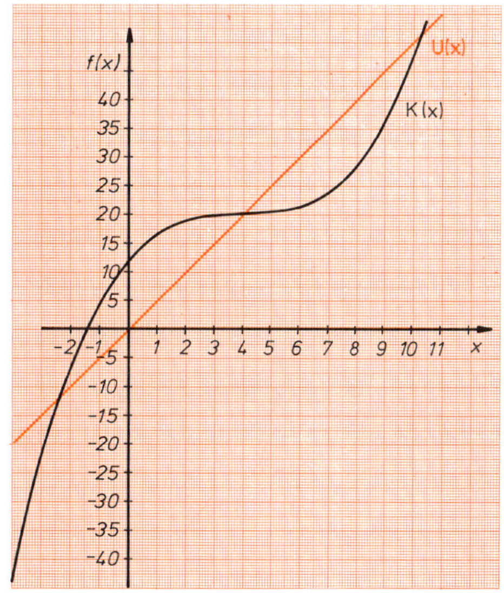

Die Gewinnfunktion G(x) ergibt sich aus der Differenz der Umsatzfunktion und der Kostenfunktion

$$G(x) = U(x) - K(x)$$

$$G(x) = -\frac{1}{8}x^3 + \frac{3}{2}x^2 - x - 12$$

Der Graph der Gewinnfunktion G(x) hat da Nullstellen, wo die Werte der Umsatzfunktion U(x) und der Kostenfunktion K(x) gleich sind.

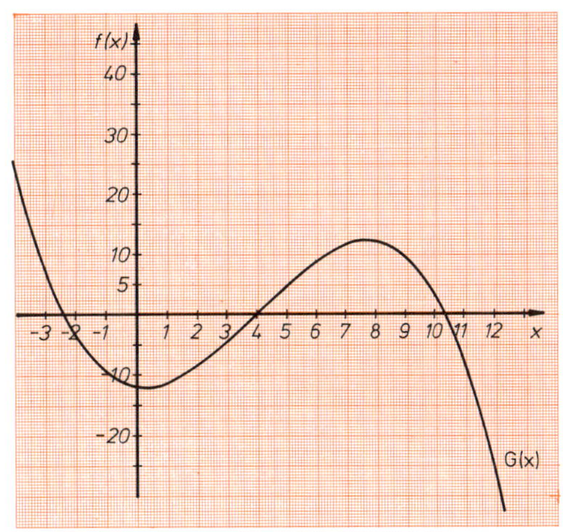

Der Unternehmer möchte wissen, in welchem Bereich die Gewinnfunktion G(x) monoton steigend bzw. monoton fallend ist. Eine Wertetabelle kann eine erste Übersicht geben:

x	0	2	4	6	8	10
G(x)	–12	–9	0	9	12	3

Eine genaue Aussage ist aufgrund der Wertetabelle noch nicht möglich. Die Gewinnfunktion scheint bis etwa 8 zu steigen und danach zu fallen.

Am Graphen der Gewinnfunktion finden Sie jedoch einen Zusammenhang zwischen dem Monotonieverhalten der Funktion und der Steigung der Tangente an den Graphen: Solange die Funktion streng monoton steigt, hat die Tangente eine positive Steigung (oder allenfalls an einzelnen, voneinander getrennten Punkten die Steigung 0); solange die Funktion streng monoton fällt, hat die Tangente eine negative Steigung (oder allenfalls an einzelnen, voneinander getrennten Punkten die Steigung 0).

Wie Sie wissen, gibt die Ableitungsfunktion an jeder Stelle die Tangentensteigung an.

Offensichtlich gilt also

$f(x)$ ist monoton steigend. $\Leftrightarrow$ $f'(x) \geqq 0$

$f(x)$ ist monoton fallend. $\Leftrightarrow$ $f'(x) \leqq 0$

Betrachten Sie diesen Zusammenhang zunächst an dem Beispiel. Es ist

$$G(x) = -\frac{1}{8}x^3 + \frac{3}{2}x^2 - x - 12$$

$$G'(x) = -\frac{3}{8}x^2 + 3x - 1$$

Hier rechts ist der Graph von $G(x)$ und von $G'(x)$ gezeichnet. In der Sendung haben Sie gesehen, daß $G(x)$ zwischen 0 und 0,35 fällt, dann von 0,35 bis 7,65 steigt und schließlich ab 7,65 wieder fällt.

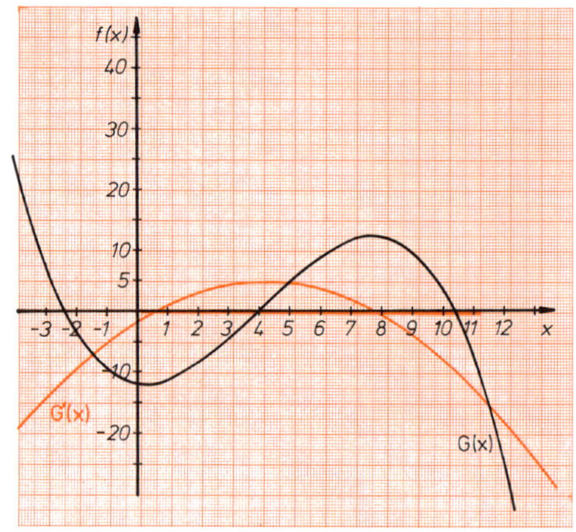

Die oben angegebene Beziehung zwischen dem Monotonieverhalten einer Funktion und ihrer ersten Ableitung muß natürlich noch bewiesen werden. Genau formuliert lautet sie:

Ist f eine in einem Intervall $J = [a, b]$ differenzierbare Funktion und f' ihre Ableitungsfunktion, so gilt

a) $f(x)$ ist in J monoton steigend. $\Leftrightarrow$ $f'(x) \geqq 0$ für alle $x \in J$.

b) $f(x)$ ist in J monoton fallend. $\Leftrightarrow$ $f'(x) \leqq 0$ für alle $x \in J$.

Für die strenge Monotonie gilt allerdings nur eine Richtung:

c) $f'(x) > 0$ für alle $x \in J$ $\Rightarrow$ $f(x)$ ist in J streng monoton steigend.

d) $f'(x) < 0$ für alle $x \in J$ $\Rightarrow$ $f(x)$ ist in J streng monoton fallend.

Beweis zu a)

($\Rightarrow$) Voraussetzung: f ist in J monoton steigend.

Für x_0, $x_0 + h \in J$ mit $h \neq 0$ gilt dann:

$x_0 < x_0 + h$ und daher $f(x_0) \leqq f(x_0 + h)$ für $h > 0$

$x_0 > x_0 + h$ und daher $f(x_0) \geqq f(x_0 + h)$ für $h < 0$

Für jedes solches h gilt also für den Differenzenquotienten

$$\frac{f(x_0 + h) - f(x_0)}{h} \geqq 0$$

denn Zähler und Nenner haben beide dasselbe Vorzeichen oder der Bruch ist Null.

Daraus folgt für den Grenzwert:

$$f'(x_0) = \lim_{h \to 0} \frac{f(x_0 + h) - f(x_0)}{h} \geqq 0$$

($\Leftarrow$) Voraussetzung: $f'(x) \geqq 0$ für alle $x \in J = [a, b]$

Die Aussage, daß dann f in J monoton steigt, wird indirekt bewiesen: Angenommen f sei in J nicht monoton steigend, dann gibt es Zahlen $y, z \in J$ mit

$$y < z \quad \text{und} \quad f(y) > f(z)$$

Daraus folgt $\frac{f(z) - f(y)}{z - y} < 0$ (Zähler negativ, Nenner positiv)

Aufgrund des Mittelwertsatzes (vgl. Lektion 5.5) gibt es dann aber ein x_0 mit $a \leqq y < x_0 < z \leqq b$, so daß:

$$f'(x_0) = \frac{f(z) - f(y)}{z - y} < 0$$

im Widerspruch zur Voraussetzung $f'(x) \geqq 0$ für alle $x \in J$.

Die Beweise für b), c) und d) verlaufen in derselben Art. Führen Sie bitte den Beweis für den Teil b) selbst durch.

→ (9)

8

Das folgende Beispiel kennen Sie auch bereits aus der Fernsehsendung.

1. Beispiel: In welchem Bereich ist die Funktion

$$f(x) = x^3 - 12x \quad (x \in \mathbb{R})$$

streng monoton steigend, in welchem streng monoton fallend?

Zur Beantwortung dieser Frage muß die Ableitungsfunktion zu f bestimmt und geprüft werden, in welchem Bereich sie größer bzw. kleiner als Null ist.

Es gilt
$$\begin{aligned} f(x) &= x^3 - 12\,x \\ f'(x) &= 3x^2 - 12 \\ &= 3\,(x^2 - 4) \end{aligned}$$

Also $f'(x) > 0$, wenn $x^2 > 4$, das heißt $x > 2$ oder $x < -2$,

und $f'(x) < 0$, wenn $x^2 < 4$, das heißt $-2 < x < 2$ ist.

Im Koordinatensystem eingetragen, bedeutet das Ergebnis:

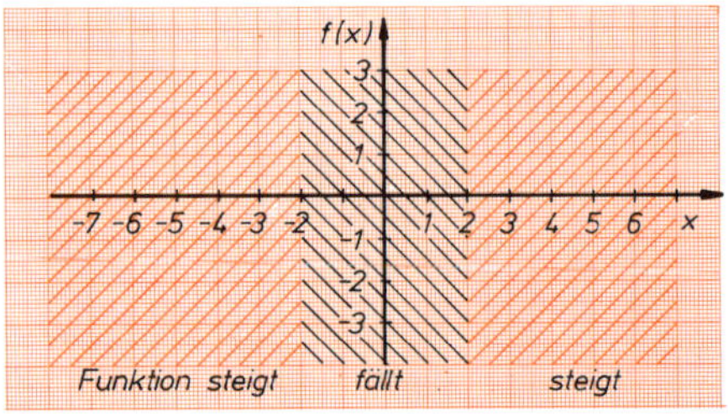

Der Graph insgesamt ist:

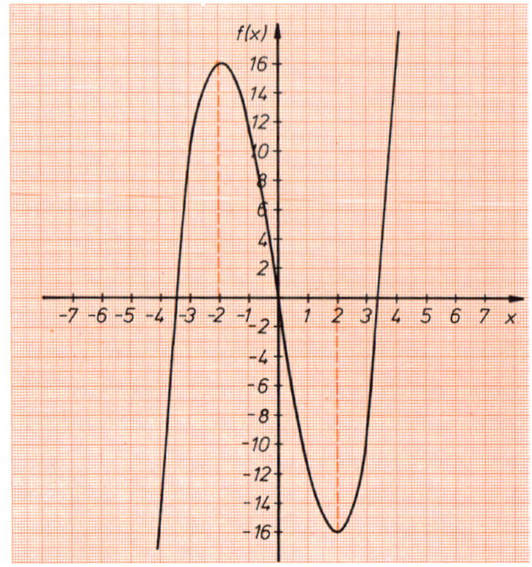

2. Beispiel

$f(x) = \frac{1}{3}x^3 - 2x^2 + 3x + 4$ für $x \in \mathbb{R}$

Wo ist f monoton wachsend oder fallend?

Lösung: f ist überall differenzierbar mit:

$$f'(x) = x^2 - 4x + 3 = x^2 - 4x + 4 - 1 = (x-2)^2 - 1$$

Daher gilt:

$$f'(x) \geqq 0 \iff (x-2)^2 \geqq 1$$
$$\iff x - 2 \geqq 1 \quad \text{oder} \quad -(x-2) \geqq 1$$
$$\iff x \geqq 3 \quad \text{oder} \quad x \leqq 1$$

Daraus folgt:

- Für $x \leqq 1$ und für $x \geqq 3$ ist f monoton wachsend (sogar streng monoton, denn für $x < 1$ und für $x > 3$ gilt sogar $f'(x) > 0$)
- Für $1 \leqq x \leqq 3$ gilt $f'(x) \leqq 0$, dort ist f also monoton fallend (sogar streng monoton).

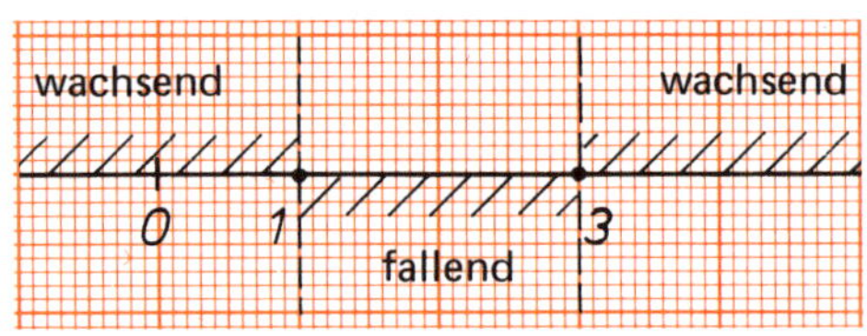

Aufgabe: Veranschaulichen Sie dieses Ergebnis, indem Sie die Graphen von f und f' mit Hilfe einer Wertetabelle zeichnen.

→ 7

3. Beispiel: Beweisen Sie:

$$\text{Für alle } x \geqq 0 \text{ gilt: } 1 - \frac{x^2}{2} \leqq \cos x$$

Zu beweisen ist also:
(Dabei definiert die Differenz auf der rechten Seite eine Funktion f)

$$0 \leqq \underbrace{\cos x - \left(1 - \frac{x^2}{2}\right)}_{f(x)} \quad \text{für} \quad x \geqq 0$$

Für $x = 0$ gilt: $f(0) = \cos 0 - 1 = 0$

Zum Beweis von $f(x) \geqq 0$ muß man daher nur noch zeigen, daß die Funktion f für $x > 0$ **monoton wächst.**

Dazu nimmt man die 1. Ableitung: $f'(x) = -\sin x + x$

Aus der Trigonometrie wissen Sie: $\sin x \leqq x$ für $x > 0$

Daraus folgt: $f'(x) = -\sin x + x \geqq 0$ für $x > 0$

f ist also monoton wachsend, und das war noch zu beweisen.

8

Aufgaben zu 8.1

1. In welchen Intervallen ist die Funktion f monoton steigend oder fallend?

a) $f(x) = 4 + 3x - x^2 - \frac{1}{3}x^3$ für $x \in \mathbb{R}$

b) $f(x) = \frac{x}{1 - x^2}$ für $x \in \mathbb{R}$, $x^2 \neq 1$

[2.] Beweisen Sie: $x^3 > 3(x+1)^2$ für alle $x \geqq 5$

8.2 Extremwerte

Die Fernsehsendung zeigte Ihnen ein mathematisches Modellbeispiel für die **Ausbreitung von Erkältungskrankheiten:** Wenn eine Grippe ausbricht, kann man damit rechnen, daß nach t Tagen ein gewisser Prozentsatz p(t) der Bevölkerung erkrankt ist. Für p(t) gilt erfahrungsgemäß die Funktionsgleichung

$$p(t) = 0{,}005\,(15t^2 - t^3) \quad \text{für} \quad 1 \leqq t \leqq 15$$

Aus einer Wertetabelle kann man in etwa entnehmen, wann die Ausbreitung der Krankheit ihren Höhepunkt erreicht.

t	1	3	5	8	11	13	15
p(t)	0,07	0,54	1,25	2,24	2,42	1,67	0

Es läßt sich also vermuten, daß der Höhepunkt zwischen 8 und 11 liegt. Auch der Graph gibt keine genauere Auskunft, da er gerade in dem Bereich des Hochpunktes sehr flach verläuft.
Eine anschaulich-geometrische Überlegung kann hier weiterführen.

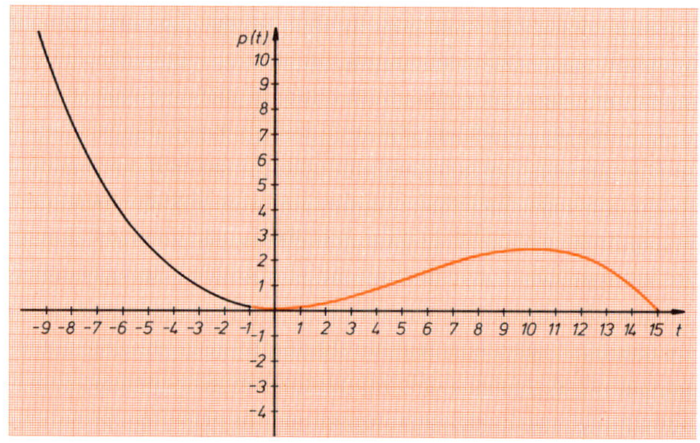

Wenn es einen eindeutig bestimmten Hochpunkt gibt, muß in einem (hinreichend kleinen) Intervall um diesen Punkt gelten:

Vor dem Hochpunkt muß die Funktion (streng monoton) steigen: $p'(t) > 0$
Nach dem Hochpunkt fällt die Funktion (streng monoton): $p'(t) < 0$

Das bedeutet: An der Stelle des **Hochpunktes** des Graphen selbst muß $p'(t) = 0$ sein.
Anders ausgedrückt: An der Stelle des **Maximums** der Funktion muß $p'(t) = 0$ sein.

Eine solche Stelle läßt sich dann berechnen, wenn man $p'(t)$ Null setzt.

$$\begin{aligned} p(t) &= 0{,}005\,(15t^2 - t^3) \\ p'(t) &= 0{,}005\,(30t - 3t^2) \\ &= 0{,}015 \cdot t \cdot (10 - t) \end{aligned}$$

Setzt man $p'(t)$ Null, so erhält man die Gleichung $0{,}015 \cdot t \cdot (10 - t) = 0$, also $t = 0$ oder $t = 10$.

$t = 0$ kann keine Lösung darstellen, da 0 nicht zum Definitionsbereich gehört; es galt ja $1 \leqq t \leqq 15$. Also muß bei $t = 10$ der Hochpunkt der Funktion liegen. Es ist $p(10) = 2{,}5$.

Ein weiteres Beispiel: **Fahrtkosten**

Vereinfachend kann man annehmen, daß sich die Betriebskosten eines Eisenbahnzugs, Schiffs oder Flugzeugs im wesentlichen aus drei Anteilen zusammensetzen:

- feste Kosten, unabhängig davon, ob gefahren wird oder nicht (z. B. Versicherungen, Abschreibungen, festes Personal, etc.)
- Kosten proportional zur gefahrenen Zeit t (z. B. Heizung, Verschleiß, etc.):

  $k_1 = a \cdot t$ mit einer Konstanten $a > 0$

- Energiekosten proportional zur gefahrenen Zeit **und** zur Bewegungsenergie und damit zum Quadrat der gefahrenen Geschwindigkeit v:

$$k_2 = b \cdot v^2 \cdot t \quad \text{mit einer Konstanten} \quad b > 0$$

Die beiden letzten Anteile zusammen sind die „echten" Fahrtkosten, die nur dann entstehen, wenn tatsächlich gefahren wird:

$$k_1 + k_2 = a \cdot t + b \cdot v^2 \cdot t$$

Bei gegebener Fahrtstrecke s gilt für die Geschwindigkeit:

$$v = \frac{s}{t} \quad \Leftrightarrow \quad t = \frac{s}{v}$$

Dies in die Formel für $k_1 + k_2$ eingesetzt ergibt:

$$k_1 + k_2 = a \cdot \frac{s}{v} + b \cdot v^2 \cdot \frac{s}{v}$$

Dividiert man durch s [gemessen in Kilometer], erhält man die echten **Fahrtkosten pro Kilometer:**

$$k = \frac{a}{v} + b \cdot v \quad \text{mit Konstanten} \quad a, b > 0$$

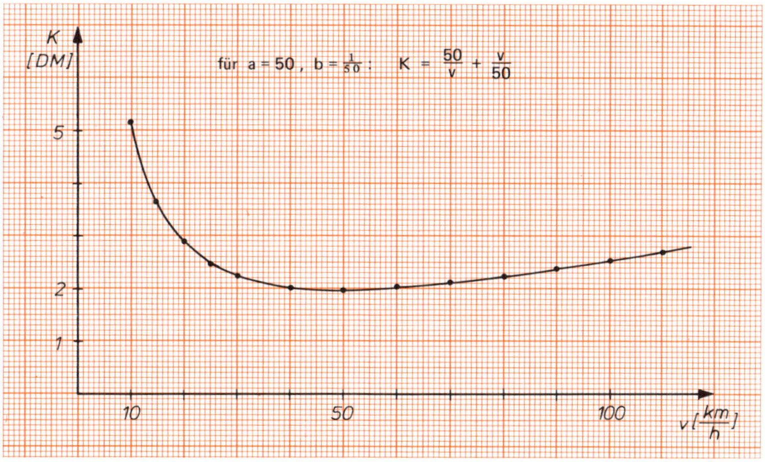

Es ist nun zweckmäßig zu wissen, bei welcher Geschwindigkeit v die Fahrtkosten pro km möglichst gering sind. Hier wird also kein Maximum, sondern ein Minimum gesucht.
Für jedes einzelne Paar von Konstanten a, b (abhängig vom Fahrzeug, seiner Verwendung, etc.) kann man dazu die Kostenfunktion $v \to k = k(v)$ graphisch darstellen und dann der Zeichnung zumindest ungefähr entnehmen, welches die kostengünstigste Geschwindigkeit ist.

Aufgabe: Tun Sie dies für das dargestellte Beispiel mit $a = 50, b = \frac{1}{50}$ ⟶ ③

Von der Ungenauigkeit abgesehen, hat diese Methode den Nachteil, daß sie in jedem Einzelfall mit relativ viel Arbeit verbunden ist (Wertetabelle, Zeichnung). Besser wäre es, die Frage nach der kostengünstigsten Geschwindigkeit „allgemein" beantworten zu können für jede Wahl von Konstanten $a, b > 0$. Da die Kostenfunktion $v \to k(v)$ für alle $v > 0$ differenzierbar ist, gelingt dies mit Hilfe der Differentialrechnung.

8

Zunächst sollen nun die Begriffe Minimum und Maximum verallgemeinert und genau definiert werden. Dazu orientiert man sich an der anschaulichen Situation eines Gebirgszuges. Es gibt verschiedene Gipfel unterschiedlicher Höhe, jeder ist aber in seiner näheren Umgebung die jeweils höchste Erhebung.

Definition

für Funktionen $f: D \to \mathbb{R}$ mit einer Menge $D \subseteq \mathbb{R}$ als Definitionsbereich:

- f hat in $x_0 \in D$ ein **lokales Maximum [Minimum]**, wenn es eine ganz in D enthaltene Umgebung U von x_0 gibt, so daß $f(x) \leqq f(x_0)$ $[f(x_0) \leqq f(x)]$ für alle $x \in U$.
- Mit **„Extremwert“** (oder „Extremum“) werden Minima oder Maxima bezeichnet.

Beachten Sie (vgl. die nachfolgende Abbildung):

- Nach der Definition können lokale Extremwerte nur an Stellen x_0 **im Inneren** des Definitionsbereichs angenommen werden und nicht in Randpunkten.
- Ein lokales Maximum kann (muß aber nicht) zugleich das Maximum **aller** Funktionswerte (**globales** Maximum) sein. Entsprechendes gilt für Minima.
- Das globale Maximum oder Minimum aller Funktionswerte kann auch an einem **Randpunkt** des Definitionsbereichs angenommen werden.

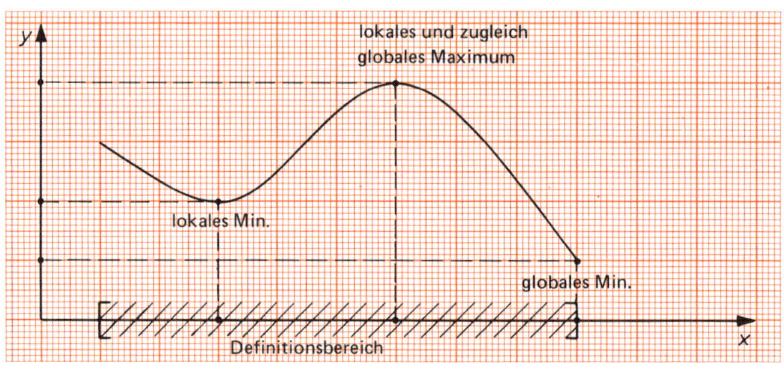

Für Extremwerte von Funktionen sind unterschiedliche **Bezeichnungen** in Gebrauch; z. B.:

lokales Extremum –	relatives Extremum
globales Extremum –	absolutes Extremum

Maximum der Funktion entspricht dem Hochpunkt des Graphen.

Minimum der Funktion entspricht dem Tiefpunkt des Graphen.

Wo eine differenzierbare Funktion f lokale Extremwerte besitzt, läßt sich mit ihrer ersten Ableitung f' untersuchen. Die Anschauung legt nahe: Wenn f in x_0 ein lokales Maximum oder Minimum besitzt, dann ist dort die Tangente an den Graphen von f waagerecht, d. h. es gilt $f'(x_0) = 0$.

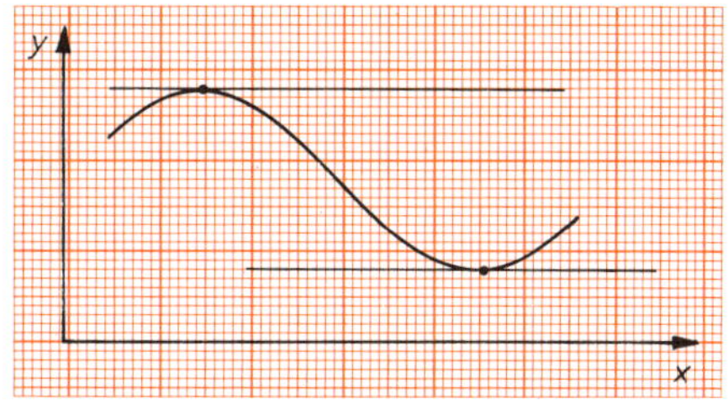

Dieser anschauliche Zusammenhang läßt sich auch beweisen:

Satz

Die Funktion f sei auf dem Intervall [a; b] definiert und in x_0 mit $a < x_0 < b$ differenzierbar.
Wenn f in x_0 ein relatives Maximum oder Minimum besitzt, dann gilt: $f'(x_0) = 0$.

Beweis:

1. Fall: f hat in x_0 ein lokales Maximum.

Dann gibt es nach Definition eine Umgebung U von x_0 mit $f(x) \leqq f(x_0)$ und daher $f(x) - f(x_0) \leqq 0$ für alle $x \in U$.

Für den Differenzenquotienten gilt daher in U :

$$(*) \qquad \frac{f(x) - f(x_0)}{x - x_0} \begin{cases} \leqq 0 & \text{für } x > x_0 \quad (\text{Zähler} \leqq 0\text{, Nenner} > 0) \\ \geqq 0 & \text{für } x < x_0 \quad (\text{Zähler} \leqq 0\text{, Nenner} < 0) \end{cases}$$

Wegen der Differenzierbarkeit von f in x_0 existiert der Grenzwert

$$\lim_{x \to x_0} \frac{f(x) - f(x_0)}{x - x_0} = f'(x_0)$$

Wegen (*) gilt dann:

$f'(x_0) \leqq 0$ bei Annäherung von rechts $(x \to x_0$ mit $x > x_0)$
$f'(x_0) \geqq 0$ bei Annäherung von links $(x \to x_0$ mit $x < x_0)$

zusammen also: $f'(x_0) = 0$ Und das war zu beweisen.

2. Fall: f hat in x_0 ein lokales Minimum.

Aufgabe: Führen Sie den Beweis von $f'(x_0) = 0$ selbst entsprechend dem 1. Fall. → (6)

Beachten Sie: Der Satz ist **nicht** umkehrbar;

Beispiel: Die Funktion $f: x \to x^3$ für $x \in \mathbb{R}$ ist in $x_0 = 0$ differenzierbar mit $f'(0) = 0$, aber sie hat dort weder ein lokales Maximum noch ein lokales Minimum.

Aufgabe: Zeigen Sie dies durch Rechnung und Zeichnung. → (5)

Deshalb sagt man: $f'(x_0) = 0$ ist eine **notwendige**, aber **keine hinreichende** Bedingung für ein lokales Extremum in x_0; das heißt:

Aus $f'(x_0) = 0$ folgt, daß f in x_0 **vielleicht** ein lokales Extremum besitzt.
Aus $f'(x_0) \neq 0$ folgt, daß f in x_0 **sicher kein** lokales Extremum besitzt.

Der Satz sagt **nichts über Extremwerte,** die evtl. **in Randpunkten** des Definitionsbereichs angenommen werden.

1. Beispiel: Die Wurzelfunktion $x \to \sqrt{x}$ für $x \geqq 0$ hat in $x_0 = 0$ ihr globales Minimum, ist dort aber gar nicht differenzierbar (Lektion 4).

2. Beispiel: Die Funktion $f: x \to \frac{1}{x}$ für $x \geqq 1$ hat in $x_0 = 1$ ihr globales Maximum; sie ist dort auch differenzierbar, aber es gilt: $f'(1) = -1 \neq 0$.

Aufgabe: Bestätigen Sie beide Beispiel-Aussagen durch Rechnung und Zeichnung.

→ (2)

Mit dem oben bewiesenen Satz läßt sich die bei dem Beispiel der Fahrtkosten gestellte Frage nach der kostengünstigsten Geschwindigkeit teilweise beantworten:

Für jedes Paar von Konstanten $a, b > 0$ ist die Kostenfunktion

$$v \to k(v) = \frac{a}{v} + b \cdot v \quad \text{für} \quad v > 0$$

differenzierbar. Nach obigem Satz sind die Minima dieser Funktion unter den Nullstellen der ersten Ableitung zu suchen: $k'(v) = 0$. Dort kann (muß aber nicht) k ein lokales Minimum haben. (→ Aufgabe 1) Daß dort tatsächlich ein Minimum vorliegt, ist im Spezialfall einer Zeichnung oder Wertetabelle zu entnehmen. Für einen allgemeinen Beweis benötigt man noch einige zusätzliche Überlegungen, die in der nächsten Lektion dargestellt werden.

Bestimmen Sie nun die **Extremwerte der Funktion**

$$f(x) = \frac{1}{3}x^3 - 3x^2 + 8x - 2,$$

die Sie in der Fernsehsendung gesehen haben. Bilden Sie dazu

$f'(x) =$ ______________________ ,

→ (10)

setzen Sie die erste Ableitung dann Null und berechnen Sie mögliche Extremstellen.

____

____

$x_1 =$ _____ oder $x_2 =$ _____

→ (4)

$y_1 =$ _____ $y_2 =$ _____

→ (8)

Aufgabe: Bestimmen Sie Minimum und Maximum, indem Sie den Graphen der Funktion zeichnen. → (1)

Aufgaben zu 8.2

1. Gegeben die Kostenfunktion $v \to K(v) = \frac{a}{v} + b \cdot v$ für $v > 0$; berechnen Sie die erste Ableitung K' und bestimmen Sie deren Nullstellen für beliebige Konstanten $a, b > 0$ und speziell für $a = 50$, $b = \frac{1}{50}$.

2. Wo kann f ein lokales Extremum besitzen, welche Funktion hat sicher keines?

a) $f(x) = x^3 + 3x^2 + 3x + 1$ für $x \in \mathbb{R}$

b) $f(x) = (x-1) \cdot (x+1)$ für $x \in \mathbb{R}$

c) $f(x) = \frac{x-1}{x+1}$ für $x \in \mathbb{R}, x \neq -1$

3. Bestimmen Sie die globalen und lokalen Extremwerte

a) der Sinusfunktion $x \to \sin x$ für $x \in [0; 2\pi]$

b) der Betragsfunktion $x \to |x|$ für $x \in [-2; 2]$

Wiederholungsaufgaben

1. Wo kann die Funktion f ein lokales Minimum oder Maximum haben?

a) $f(x) = 2x^3 - 3x^2 - 36x + 5$ für $x \in \mathbb{R}$

b) $f(x) = \frac{162}{x^3} + x^2$ für $x \in \mathbb{R}, x \neq 0$

2. Welche Funktionen f haben im jeweils angegebenen Intervall sicher **kein** lokales Extremum? Bestimmen Sie auch die globalen Extremwerte.

a) $f(x) = x^3 + 3x + 3$; $x \in [-2; 2]$

b) $f(x) = \frac{1}{2}(x-2)^3$; $x \in [0; 4]$

*c) $f(x) = (x-2)^2 \cdot (x+2)^2$; $x \in [-4; 4]$

*d) $f(x) = x + \sin x$; $x \in [0; 2\pi]$

3. In welchen Intervallen ist die Funktion f monoton wachsend bzw. fallend?

a) $f(x) = x^2 - 6x + 2$ $(x \in \mathbb{R})$

b) $f(x) = \frac{x^2 + 2}{(x+1)^2}$ $(x \in \mathbb{R})$

*c) $f(x) = x - \sin x$ $(x \in \mathbb{R})$

*d) $f(x) = \sin x \cdot \cos x$ $0 \leqq x \leqq \pi$

***4.** Sei $f(x) = x^3 - x^2 - 4x + 4$ für $x \in \mathbb{R}$. Beweisen Sie: Für alle $x < -3$ gilt $f(x) < 0$, und für alle $x > 3$ gilt $f(x) > 0$, d. h.: f besitzt keine Nullstelle außerhalb des Intervalls $[-3; 3]$.

[5.] Beweisen Sie: $\sqrt{y} - \sqrt{x} \leqq \frac{1}{2}(y - x)$ für $1 \leqq x < y$

8

9. Kurvendiskussion II

Vor der Sendung

In dieser Lektion werden die Überlegungen der vorhergehenden Sendung und Lektion aufgegriffen und weitergeführt. Am Schluß der Lektion 8 haben Sie festgestellt, daß für Hochpunkte und Tiefpunkte gleichermaßen die Bedingung $f'(x) = 0$ erfüllt ist. Es ist jetzt zu untersuchen, wie man Hochpunkte von Tiefpunkten unterscheiden kann. Außerdem werden Funktionen auf ihre Wendepunkte hin untersucht, d. h. auf Punkte ihres Graphen, in denen dieser von einer Linkskrümmung in eine Rechtskrümmung übergeht oder umgekehrt von einer Rechts- in eine Linkskrümmung. Mit den Kenntnissen über Nullstellen, Extremwerte und Wendepunkte einer Funktion lassen sich Funktionen untersuchen und die wesentlichen Merkmale des Kurvenverlaufs ihrer Graphen diskutieren.
Da die Ergebnisse der vorangegangenen Lektion immer wieder benötigt werden, sollten Ihnen diese auf jeden Fall präsent sein.

Übersicht

1. Aus Lektion 8 ist bekannt, daß bei einem Extremwert an der Stelle x_0 die Ableitung $f'(x_0) = 0$ ist. Dies ist nur eine notwendige, aber keine hinreichende Bedingung für einen lokalen Extremwert. Mit Hilfe der zweiten Ableitung $f''(x)$ kann eine hinreichende Bedingung für einen Extremwert gefunden werden, mit der gleichzeitig festgestellt werden kann, ob ein **Minimum** oder ein **Maximum** vorliegt.

2. **Wendepunkte** einer Funktion f sind Punkte des Graphen von f, in denen der Graph seine Krümmungsrichtung ändert. Eine hinreichende Bedingung für Wendepunkte läßt sich mit Hilfe der zweiten und der dritten Ableitung der Funktion angeben.

3. Die bisherigen Ergebnisse der Lektionen 8 und 9 lassen sich zusammengefaßt zur **Kurvendiskussion** verwenden. Eine Kurvendiskussion hat das Ziel, den „wesentlichen" Verlauf des Graphen einer Funktion zu überblicken. Dazu bestimmt man insbesondere die Nullstellen, die Extremwerte und die Wendepunkte des Graphen.

9.1 Maxima und Minima

In Abschnitt 8.2 haben Sie ein notwendiges Kriterium für einen lokalen Extremwert kennengelernt:

Wenn f in x_0 ein lokales Extremum besitzt, dann gilt $f'(x_0) = 0$.

Sie wissen, daß diese Bedingung nur notwendig, aber nicht hinreichend für ein relatives (oder lokales) Extremum ist, d. h.: Wenn $f'(x_0) = 0$ gilt, dann hat f in x_0 vielleicht, aber nicht sicher ein Extremum. Außerdem gibt diese Bedingung keine Auskunft darüber, ob ein Minimum oder ein Maximum vorliegt.

Aus dem Graphen der Funktion $f(x) = \frac{1}{3}x^3 - 3x^2 + 8x - 2$, den Sie zum Schluß des

Abschnittes 8.2 gezeichnet haben, wissen Sie, daß diese Funktion ein Minimum und ein Maximum hat. Die Lage dieser Extremwerte haben Sie aus der Ableitung der Funktion bestimmt.

$$f'(x) = x^2 - 6x + 8$$

Die Gleichung $x^2 - 6x + 8 = 0$ lieferte die Werte $x_1 = 4$ und $x_2 = 2$. Hier unten sind die Graphen der Funktion f und der Ableitungsfunktion f′ gezeichnet. Betrachten Sie das Verhalten von f′ in einer Umgebung von x_2, der Stelle des Maximums.

Ist $x < x_2$ bzw. $x = x_2$ bzw. $x > x_2$, gilt $f' > 0$ bzw. $f' = 0$ bzw. $f' < 0$.

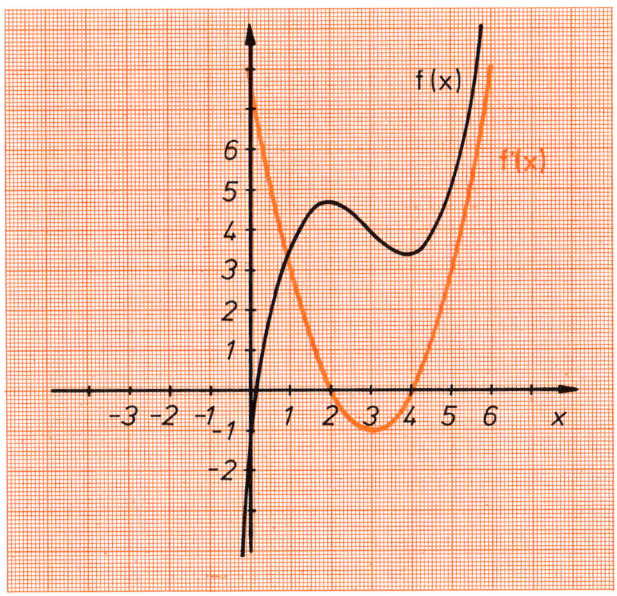

f′ hat also an der Stelle x_2 einen Vorzeichenwechsel vom Positiven ins Negative. Das heißt: An der Stelle eines Maximums hat die Ableitungsfunktion eine fallende Tangente. Das wiederum bedeutet, daß die Ableitung der Ableitung an dieser Stelle x_2 negativ sein muß.

Gilt $f'(x_0) = 0$ **und** $f''(x_0) < 0$, dann hat f bei x_0 ein lokales Maximum.

Entsprechend finden Sie heraus (betrachten Sie dazu bitte die Zeichnungen der Graphen von f und f′), daß bei einem Minimum die Ableitungsfunktion einen Vorzeichenwechsel von − nach + hat, die Ableitung der Ableitung an dieser Stelle positiv sein muß.

Gilt $f'(x_0) = 0$ **und** $f''(x_0) > 0$, dann hat f bei x_0 ein lokales Minimum.

Für die betrachtete Beispielfunktion heißt das

$$f''(x) = 2x - 6 \quad \begin{cases} > 0 \text{ für } x = 4 \text{ Minimum} \\ < 0 \text{ für } x = 2 \text{ Maximum,} \end{cases}$$

wie es ja auch der Graph zeigt.

Die folgenden drei Beispiele von Funktionen f mit $f'(0) = 0$ zeigen noch einmal, welche Bedingungen hinreichend für ein lokales Minimum oder Maximum sind.

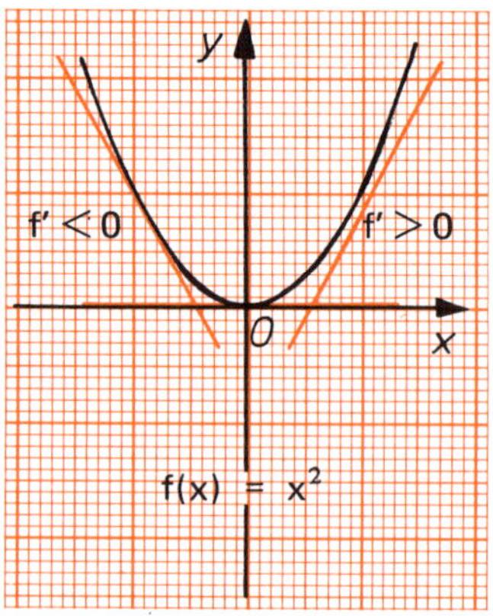

f hat in O ein lokales Minimum: $f'(0) = 0$; links davon ist $f' < 0$ und rechts $f' > 0$.

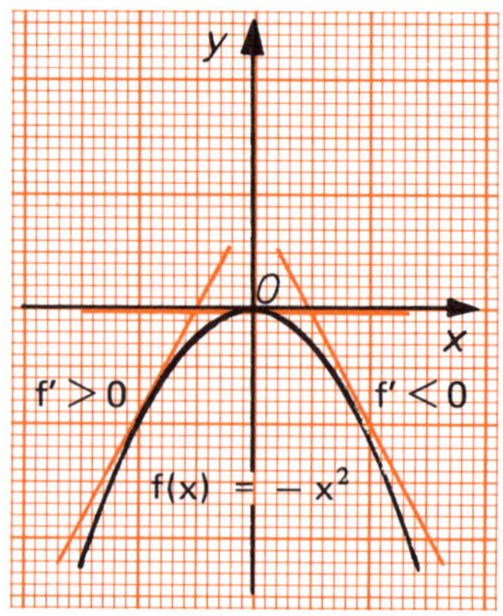

f hat in O ein lokales Maximum: $f'(0) = 0$; links davon ist $f' > 0$ und rechts $f' < 0$.

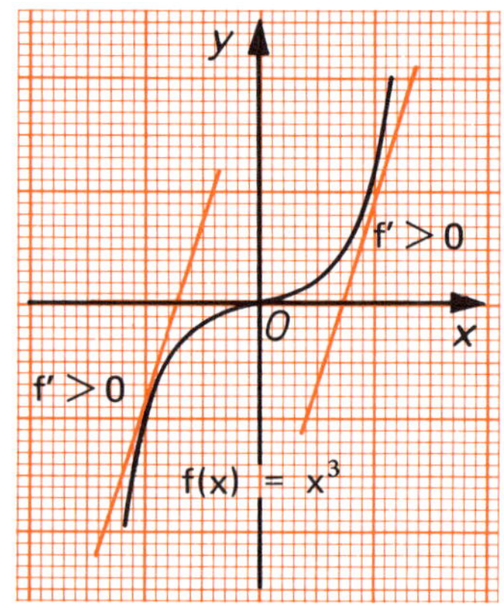

Trotz $f'(0) = 0$ hat f in O kein lokales Extremum; sowohl links als auch rechts von O ist $f' > 0$.

Auch diese Beispiele bestätigen die bereits festgehaltenen Sätze, nämlich daß f in x_0 sicher dann ein lokales Extremum besitzt, wenn $f'(x_0) = 0$ zusätzlich mit einem Vorzeichenwechsel für f' verbunden ist, und zwar

von − nach + bei einem lokalen Minimum,

von + nach − bei einem lokalen Maximum.

Es läßt sich folgender Satz aufstellen, der noch genau bewiesen werden muß:

Die Funktion f sei auf dem Intervall J differenzierbar und x_0 sei ein innerer Punkt des Intervalls.
Wenn es eine Umgebung U von x_0 gibt, so daß für alle $x_1, x_2 \in U$ mit $x_1 < x_0 < x_2$ gilt $f'(x_1) < 0 < f'(x_2)$ bzw. $f'(x_1) > 0 > f'(x_2)$, dann besitzt f in x_0 ein lokales Minimum bzw. Maximum.

Beweis

1. Fall (für lokales Minimum)
Ist für alle $x_1, x_2 \in U$ mit $x_1 < x_0 < x_2$ $f'(x_1) < 0 < f'(x_2)$, so gilt wegen des Satzes aus 8.1 über das Monotonieverhalten: für alle $x \leqq x_0$ ist f monoton fallend, d. h. $f(x_0) \leqq f(x)$,
für alle $x \geqq x_0$ ist f monoton steigend, d. h. $f(x_0) \leqq f(x)$.
Nach der Definition des lokalen Minimums aus Abschnitt 8.2 bedeutet dies, daß f in x_0 ein lokales Minimum besitzt.

2. Fall (für lokales Maximum)
Bitte führen Sie selbst den Beweis entsprechend dem 1. Fall durch. → (25)

Beispiele für die Bestimmung von Maxima und Minima

1. Beispiel: $f(x) = 2x^3 - 3x^2 - 36x + 5$ für $x \in \mathbb{R}$

Dann gilt $f'(x) = 6x^2 - 6x - 36 = 6(x^2 - x - 6)$
mit den Nullstellen: $x_1 = -2$ und $x_2 = 3$.
Und daher:

$$f'(x) = 6 \cdot (x+2) \cdot (x-3)$$

Wegen $f'(-2) = f'(3) = 0$ kann f an diesen Stellen lokale Extremwerte besitzen. Zur Kontrolle, ob f dort tatsächlich Extremwerte besitzt, untersucht man, ob die Ableitung f' in ihren Nullstellen das Vorzeichen wechselt:

- Für $x < -2$ sind beide Faktoren $(x+2)$ und $(x-3)$ von f' negativ; daraus folgt: $f'(x) > 0$ für $x < -2$
- Für $-2 < x < 3$ gilt $x + 2 > 0$ und $x - 3 < 0$, also: $f'(x) < 0$
- Für $3 < x$ gilt $x + 2 > 0$ und $x - 3 > 0$, also: $f'(x) > 0$

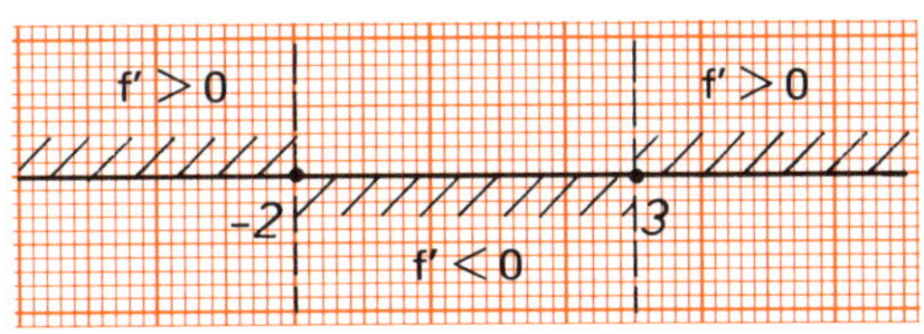

f wechselt also in $\mathbf{x_1 = -2}$ das Vorzeichen von + nach −, besitzt dort also ein lokales **Maximum**. In $\mathbf{x_2 = 3}$ wechselt das Vorzeichen von − nach +, dort hat f also ein lokales **Minimum.**

In manchen Fällen kann es relativ schwierig sein, festzustellen, wie sich das Vorzeichen von f' in der Umgebung einer „kritischen" Stelle x_0 mit $f'(x_0) = 0$ ändert, bzw. ob es sich überhaupt ändert.

2. Beispiel: $f(x) = (x-1)^2 \cdot (x^3 - 3{,}2x^2 + 3{,}39x - 1{,}188)$ für $x \in \mathbb{R}$

Mit der Produktregel und anschließendem Ausklammern von $(x - 1)$ erhält man:
(Aufgabe: Führen Sie diese Zwischenrechnung selbst aus) → (4)

$$f'(x) = (x-1) \cdot (5x^3 - 15{,}8x^2 + 16{,}57x - 5{,}766)$$

Daraus folgt: $f'(1) = 0$. In $x_0 = 1$ kann f also ein lokales Extremum besitzen. Ob dies tatsächlich so ist, und ob es ein Minimum oder Maximum ist, läßt sich – solange man nicht auch die anderen Nullstellen von f' kennt – mit dem Vorzeichen von f' nicht so leicht überprüfen. Für spezielle Werte $x < 1 < y$ gilt z. B.:

$$f'(0) = 5{,}766 > 0 \qquad f'(2) = 4{,}174 > 0$$
$$f'(0{,}5) = 0{,}403 > 0 \qquad f'(1{,}5) = 0{,}207 > 0$$

Diese Werte zeigen keinen Vorzeichenwechsel von f' bei $x_0 = 1$ an.

$$f'(0{,}85) \approx 0{,}004 > 0 \qquad f'(1{,}15) \approx -0{,}0002 < 0$$

Diese beiden Werte könnten einen Vorzeichenwechsel von $+$ nach $-$ suggerieren, daß also f in $x_0 = 1$ ein lokales Maximum besäße. Dies ist aber **falsch,** denn tatsächlich besitzt f dort ein lokales Minimum.

Daß alle diese Werte einen falschen Eindruck vermitteln, liegt daran, daß f' außer $x_0 = 1$ noch andere Nullstellen zwischen 0,85 und 1,15 besitzt.

Aus diesen Schwierigkeiten kann man sich befreien, indem man sämtliche Nullstellen von f' berechnet und dann die Vorzeichenwechsel von f' wie im 1. Beispiel untersucht, oder aber, indem man die zweite Ableitung $f''(1)$ berechnet.

Die zweite Ableitung an der Stelle x_0 betrachtet, zeigt nämlich direkt an, ob f' an der Stelle x_0 einen Vorzeichenwechsel hat. Ist nämlich die zweite Ableitung bei x_0 von Null verschieden, gilt also $f''(x_0) \neq 0$, so hat f' an dieser Stelle keinen Extremwert, sondern steigt oder fällt. Da $f'(x_0) = 0$ ist, muß f' links und rechts von x_0 verschiedene Vorzeichen haben. Der entsprechende Satz lautet:

Die Funktion f sei im Intervall J zweimal differenzierbar und x_0 sei ein innerer Punkt des Intervalls J.
Wenn $f'(x_0) = 0$ und $f''(x_0) \neq 0$ ist, dann besitzt f in x_0 einen lokalen Extremwert, und zwar ein Minimum, falls $f''(x_0) > 0$, und ein Maximum, falls $f''(x_0) < 0$ ist.

Beweis:

Wegen $f'(x_0) = 0$ kann f in x_0 einen lokalen Extremwert besitzen; daß tatsächlich einer vorliegt, folgt mit der zusätzlichen Voraussetzung $f''(x_0) \neq 0$.

Nach der Definition der 2. Ableitung (Lektion 5) und wegen $f'(x_0) = 0$ gilt:

(*) $$f''(x_0) = \lim_{x \to x_0} \frac{f'(x) - f'(x_0)}{x - x_0} = \lim_{x \to x_0} \frac{f'(x)}{x - x_0}$$

1. Fall: $f''(x_0) > 0$

Wegen (*) gibt es in diesem Fall eine Umgebung U von x_0, so daß

$$\frac{f'(x)}{x - x_0} > 0 \quad \text{für alle} \quad x \in U \quad \text{mit} \quad x \neq x_0$$

Dazu müssen Zähler und Nenner jeweils gleiches Vorzeichen haben, also gilt in U :

$f'(x) < 0$ für $x < x_0$ und $f'(x) > 0$ für $x > x_0$

In x_0 wechselt also f' das Vorzeichen von $-$ nach $+$, und deshalb hat f nach dem zuerst bewiesenen Satz in x_0 ein lokales Minimum.

2. Fall: $f''(x_0) < 0$

Aufgabe: Beweisen Sie selbst, daß f in x_0 ein lokales Maximum besitzt. ⟶ (21)

Mit diesem Satz gelingt nun der Nachweis, daß die Funktion f aus dem obigen 2. Beispiel in $x_0 = 1$ ein lokales Minimum besitzt.
Aufgabe: Ergänzen Sie dazu die fehlenden Rechnungen.

Es galt: $f'(x) = (x-1) \cdot (5x^3 - 15{,}8x^2 + 16{,}57x - 5{,}766)$

Durch Ausmultiplizieren und Zusammenfassen erhält man:

$f'(x) =$ ______________________________ ⟶ (10)

Durch Differenzieren erhält man die zweite Ableitung:

$f''(x) =$ ______________________________ ⟶ (14)

Daraus folgt:

$f''(1) =$ ______________________________ ⟶ (22)

Es gilt also: $f''(1) > 0$. In Verbindung mit $f'(1) = 0$ folgt daraus, daß f in $x_0 = 1$ ein lokales **Minimum** besitzt (mit $f(1) = 0$).

9

Im nächsten Beispiel sollen Sie die fehlenden Rechnungen selbst durchführen:

3. Beispiel: $f(x) = 4x^3 + 12x^2 - 15x + 2$ für $x \in \mathbb{R}$
Wo hat f ein lokales Maximum und wo ein lokales Minimum?

Zunächst wird f differenziert:

$f'(x) =$ ______________________________ ⟶ (1)

Dann werden die Nullstellen von f' bestimmt (ihrer Größe nach):

$x_1 =$ __________ $x_2 =$ __________ ⟶ (17)

Zur Kontrolle, an welchen dieser Stellen tatsächlich ein lokales Extremum vorliegt, und ob es ein Minimum oder Maximum ist, wird die zweite Ableitung berechnet:

$f''(x) =$ ________________________________ → (11)

Für x_1 und x_2 ergibt sich („<0" oder „>0") :

$f''(x_1)$ ________ $f''(x_2)$ ________ → (20)

Deshalb besitzt f

in x_1 ein lokales ________ mit $f(x_1) =$ ________ → (26)

in x_2 ein lokales ________ mit $f(x_2) =$ ________ → (5)

Beachten Sie:

Zusammen mit $f'(x_0) = 0$ ist die zusätzliche Bedingung $f''(x_0) \neq 0$ **hinreichend** für ein lokales Extremum, sie ist aber **nicht notwendig**.

Beispiel: $f(x) = x^4$ für $x \in \mathbb{R}$

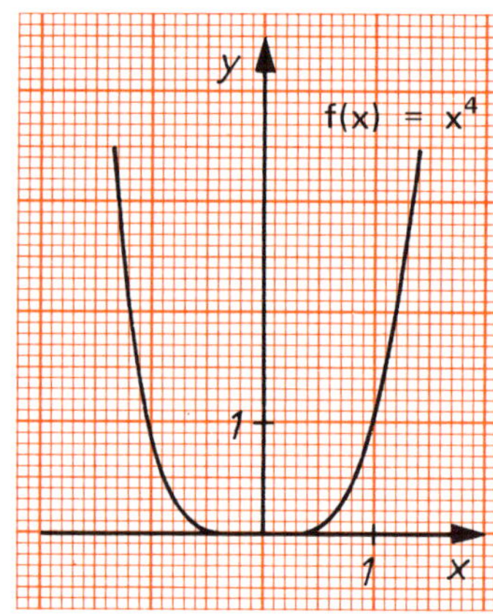

f besitzt in $x_0 = 0$ ein lokales Minimum, denn:
$0^4 = 0$ und $x^4 > 0$ für alle $x \neq 0$.

Aus $f'(x) = 4x^3$ $f''(x) = 12x^2$

folgt aber nicht nur $f'(0) = 0$,
sondern auch: $f''(0) = 0$.

Das bedeutet also:
Auch im Falle von $f'(x_0) = f''(x_0) = 0$ **kann** die Funktion f (sie muß aber nicht) in x_0 ein lokales Extremum besitzen.

Aufgaben zu 9.1

1. Bestimmen Sie alle Nullstellen von f' und untersuchen Sie anhand der Vorzeichenwechsel von f', wo f ein lokales Maximum oder Minimum besitzt.

a) $f(x) = x^3 + x^2 - 16x - 16$ für $x \in \mathbb{R}$

b) $f(x) = \dfrac{x}{1 + x^2}$ für $x \in \mathbb{R}$

2. Stellen Sie mit der ersten und zweiten Ableitung fest, wo f ein lokales Maximum oder ein lokales Minimum besitzt.

a) $f(x) = \frac{1}{4}x^4 + x^3 - 9x^2$ für $x \in \mathbb{R}$

b) $f(x) = \dfrac{x^2 + 4}{x}$ für $x \in \mathbb{R}, x \neq 0$

9.2 Wendepunkte

In der Fernsehsendung wurde von einem Berghang gesprochen, dessen steilste Stelle ermittelt werden sollte. Der Berghang ließ sich durch eine streng monoton steigende Funktion mit der Funktionsgleichung

$$f(x) = 3{,}75x^2 - \frac{1}{3}x^3 \qquad (0 \leqq x \leqq 7{,}5)$$

beschreiben. Der Graph des Berghangs bzw. der angegebenen Funktion ist hier links unten gezeichnet. Die steilste Stelle ist die Stelle mit maximaler Steigung. (Unter den Tangenten wird die steilste gesucht.)

Die Steigungen werden durch die Ableitungsfunktion angegeben. Es ist

$$f'(x) = 7{,}5x - x^2$$

Gesucht wird also das Maximum von f' .

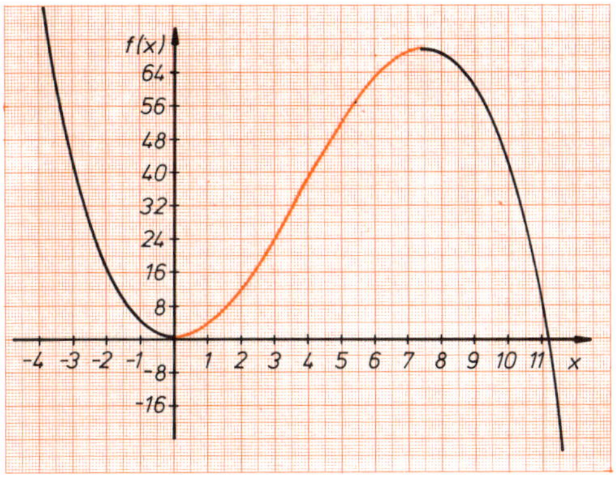

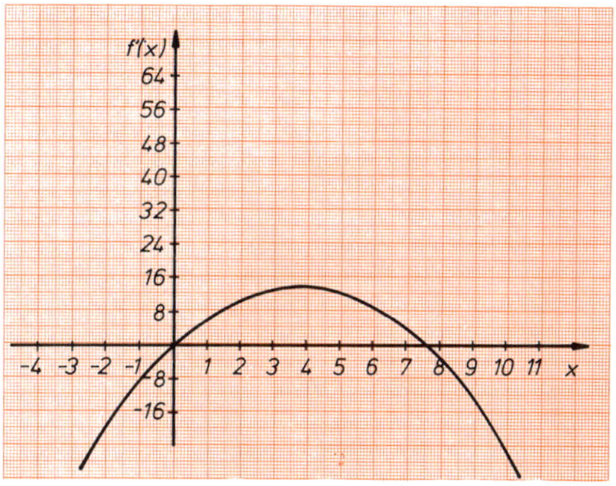

Die Extremwertbestimmung kennen Sie bereits. Der einzige Unterschied zur bisherigen Extremwertbestimmung ist nur, daß der Extremwert nicht für f sondern für f' zu bestimmen ist. Es ist also jetzt zu prüfen, an welcher Stelle die Ableitung von f' Null wird. Die Ableitung von f' ist aber

$$f''(x) = 7{,}5 - 2x$$

Nullstelle von f'' ist die Lösung von $7{,}5 - 2x = 0$, also $x_0 = 3{,}75$.

Wenn die nächste Ableitung, also f''' dort von Null verschieden ist, liegt ein Extremwert vor.

$$f'''(x) = -2$$

f''' ist konstant -2 , das heißt stets von Null verschieden, sogar stets negativ. Folglich liegt bei x_0 ein Maximum.

Die Funktion f hat an der Stelle $x_0 = 3{,}75$ den größten Anstieg; er ist dort am steilsten. Die Steigung nimmt bis zu dieser Stelle zu, dann wieder ab: der Anstieg wendet sich. Eine solche Stelle heißt daher Wendestelle, der Punkt auf dem Graphen Wendepunkt.

Im betrachteten Beispiel ist der Wendepunkt der Punkt $W\,(3{,}75|35{,}16)$.
Die Steigung der Tangente in diesem Punkt ist $f'(3{,}75) = 14{,}06$.
Die Tangentengleichung lautet daher $y = 14{,}06x - 17{,}57$.

Zur Bestimmung des Wendepunktes wurden Extremwerte der Ableitungsfunktion gesucht. Die Wendepunktbestimmung von $f(x)$ wurde also zurückgeführt auf die Extremwertbestimmung für $f'(x)$. Daher kann man sofort die Schritte, die zur Wendepunktbestimmung notwendig sind, angeben:

1. Man bildet $f''(x)$.
2. Man bestimmt die Nullstellen von $f''(x)$. Die Lösungen x_i sind mögliche Wendepunkte.
3. Man berechnet $f'''(x_i)$. Ist $f'''(x_i) \neq 0$, dann liegt bei x_i ein Wendepunkt.

Ein Wendepunkt läßt sich auch als ein Punkt der Kurve (des Graphen) beschreiben, in dem die Kurve die Krümmungsrichtung wechselt, in dem sie also zum Beispiel von einer Rechtskrümmung in eine Linkskrümmung übergeht. Die folgenden Abbildungen veranschaulichen diesen Sachverhalt.

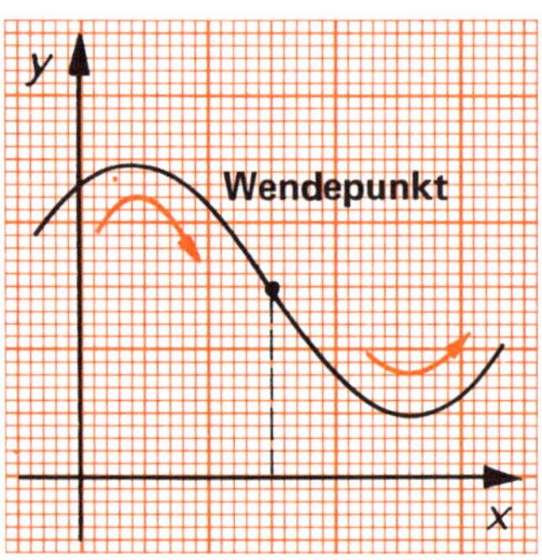

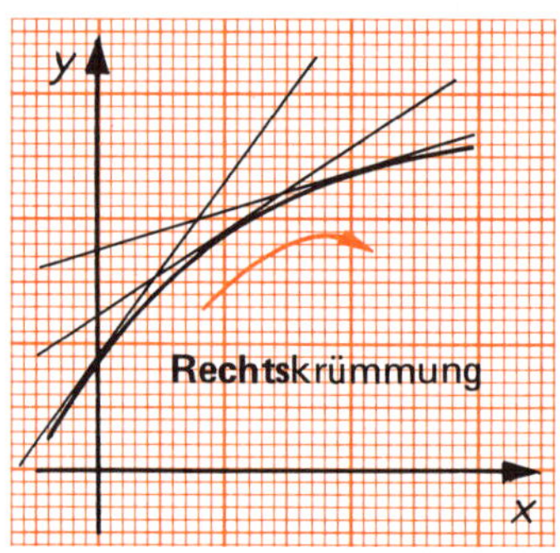

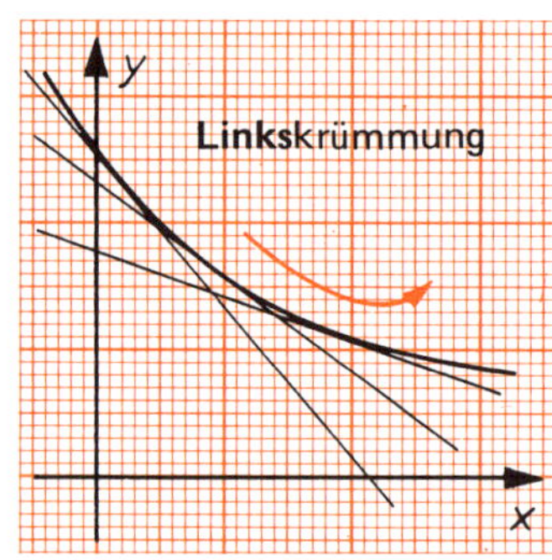

Eine **Rechts**krümmung ist anschaulich dadurch ausgezeichnet, daß die Tangentensteigung mit wachsendem x immer kleiner wird, d. h.:

Bei einer Rechtskrümmung von f ist f' monoton fallend.

Entsprechend wird bei einer **Links**krümmung die Tangentensteigung immer größer, d. h.:

Bei einer Linkskrümmung von f ist f' monoton wachsend.

Danach bedeutet ein Wechsel der Krümmungsrichtung, daß die erste **Ableitung** f' an der betreffenden Stelle einen lokalen **Extremwert** besitzt.

Diese anschaulich begründete Eigenschaft kann man als Definition des Begriffs „Wendepunkt“ benutzen:

Definition

Die Funktion f sei in einem Intervall [a; b] differenzierbar. Dann sagt man, f besitze in x_0 (mit $a < x_0 < b$) einen **Wendepunkt,** wenn die Ableitung f′ in x_0 ein lokales Extremum hat.

Aufgrund dieser Definition folgt aus den im Abschnitt 9.1 bewiesenen Sätzen und den oben durchgeführten Überlegungen sofort der

Satz

Die Funktion f sei im Intervall [a; b] dreimal differenzierbar, außerdem sei $a < x_0 < b$. Wenn $f''(x_0) = 0$ und $f'''(x_0) \neq 0$, dann besitzt f in x_0 einen Wendepunkt.

1. Beispiel:

$$f(x) = (x-1)^3 + 1 \quad \text{für} \quad x \in \mathbb{R}$$

Es gilt: $f'(x) = 3(x-1)^2$
$f''(x) = 6(x-1)$
$f'''(x) = 6$

Daraus folgt für $x_0 = 1$:

$f''(1) = 0 \qquad f'''(1) \neq 0$

Also hat f in $x_0 = 1$ einen Wendepunkt.

Zusätzlich gilt bei diesem Beispiel: $f'(1) = 0$ d. h. die Tangente im Wendepunkt, die **„Wendetangente“** ist **waagerecht.** In einem solchen Fall nennt man den Wendepunkt auch **Sattelpunkt** oder **Terrassenpunkt.**

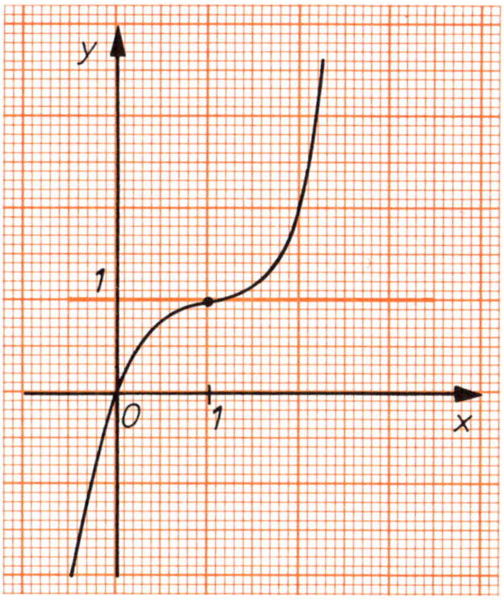

9

Ergänzen Sie im nächsten Beispiel die fehlenden Rechnungen.

2. Beispiel: $f(x) = \frac{1}{x} - \frac{1}{x^2}$ für $x \in \mathbb{R}, x \neq 0$

Um die Wendepunkte von f zu suchen, wird f dreimal differenziert:

$f'(x) =$ ________ $f''(x) =$ ________ $f'''(x) =$ ________ → ②

Anschließend bestimmt man die Nullstellen von f'' ; dabei ist zu beachten, daß $x = 0$ als Lösung **nicht** in Betracht kommt, weil dort die Funktion f gar nicht definiert ist:

$f''(x) = 0$ für $x_0 =$ ________ ⟶ (13)

Aus $f'''(x_0) =$ __________ $\neq 0$ folgt: f hat in x_0 einen **Wendepunkt** ⟶ (28)

mit dem Funktionswert $f(x_0) =$ __________ ⟶ (7)

In diesem 2. Beispiel werden vorerst nur die Wendepunkte der Funktion f bestimmt. Dies genügt noch nicht, um den Graphen von f skizzieren zu können; dazu benötigt man insbesondere die Extremwerte von f, die Nullstellen, etc.... Eine solche „vollständige" Kurvendiskussion wird im nächsten Abschnitt erfolgen.

Aufgaben zu 9.2

1. Wo besitzt die Funktion f Wendepunkte?

a) $f(x) = \frac{1}{2}x^4 - x^3 - 6x^2 + 3x + 18$ für $x \in \mathbb{R}$

b) $f(x) = \sin x$ für $x \in [0; 2\pi]$

2. Sei $f(x) = x^3 + bx^2 + x + 1$ für $x \in \mathbb{R}$ mit einer Konstanten $b > 0$.
Geben Sie einen Wert für die Konstante b an, so daß f einen **Sattel**punkt besitzt.

9.3 Kurvendiskussionen

Eine Kurvendiskussion besteht darin, daß man die „wesentlichen" Merkmale des Kurvenverlaufs für den Graphen einer Funktion f bestimmt, um mit ihnen den Graphen zu skizzieren. Dazu werden zunächst die Nullstellen, lokalen Extremwerte und Wendepunkte der Funktion bestimmt. In vielen Fällen genügt dies bereits für einen ungefähren Überblick über den Kurvenverlauf.

In manchen Fällen sind aber noch ergänzende Überlegungen notwendig, z. B. über Monotonie von f, über Funktionswerte in Randpunkten, oder über Grenzwerte $\lim\limits_{x \to x_0} f(x)$, $\lim\limits_{x \to \infty} f(x)$ (vgl. Lektion 1).

1. Beispiel: (aus der Fernsehsendung)

$$f(x) = x^3 - x^2 - 12x \quad \text{für} \quad x \in \mathbb{R}$$

$$f'(x) = 3x^2 - 2x - 12$$
$$f''(x) = 6x - 2$$
$$f'''(x) = 6$$

Nullstellen: $f(x) = 0$ liefert die Gleichung $x(x^2 - x - 12) = 0$

$$\Leftrightarrow \quad x(x-4)(x+3) = 0$$

und damit die Nullstellen $x_1 = 0$, $x_2 = 4$, $x_3 = -3$.

Achsenschnittpunkte: $N_1(0|0)$, $N_2(4|0)$, $N_3(-3|0)$

Extremwerte: $f'(x) = 0$ liefert die Gleichung $3x^2 - 2x - 12 = 0$

$$\Leftrightarrow \quad x^2 - \frac{2}{3}x - 4 = 0$$

und damit mögliche Extremstellen $x_4 = 2{,}36$; $x_5 = -1{,}69$.

Es ist $f''(2{,}36) = 12{,}17 > 0$ also Minimum,

und $f''(-1{,}69) = -12{,}17 < 0$ also Maximum.

Der Tiefpunkt ist $T\,(2{,}36|-20{,}7)$, der Hochpunkt $H\,(-1{,}69|12{,}6)$.

Wendepunkte: $f''(x) = 0$ liefert die Gleichung $6x - 2 = 0$

$$\Leftrightarrow \quad 3x - 1 = 0$$

und damit die mögliche Wendestelle $x = \frac{1}{3}$.

Es ist $f'''\left(\frac{1}{3}\right) = 6 \neq 0$, also liegt ein Wendepunkt vor,

es ist der Punkt $W\left(\frac{1}{3}\middle|-\frac{110}{27}\right)$.

Mit diesen Ergebnissen kann man den Graphen von f skizzieren. Man trägt die verschiedenen Punkte ein und erhält schon einen recht guten Überblick über den Verlauf der Kurve.

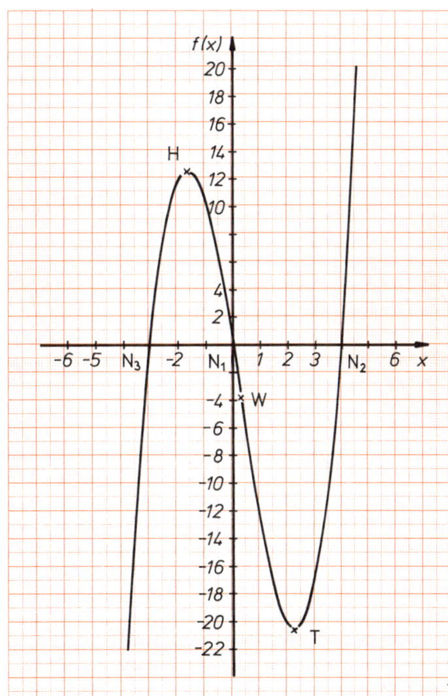

In den beiden nächsten Beispielen sollen Sie wieder die fehlenden Teile selbst ergänzen.

2. Beispiel: $f(x) = \frac{1}{x} - \frac{1}{x^2}$ für $x \in \mathbb{R},\ x \neq 0$ (aus Abschnitt 9.2)

Nullstellen:

$f(x) = 0$ für $x_1 =$ ______ → 8

Extremwerte:

$f'(x) = -\frac{1}{x^2} + \frac{2}{x^3} = 0$, für $x_2 =$ ______ → 24

Ob in x_2 tatsächlich ein Extremwert vorliegt, kann mit der 2. Ableitung untersucht werden (danach benötigt man sie sowieso für die Wendepunkte, so daß es nicht einfacher ist, f' nur auf Vorzeichenwechsel zu überprüfen):

$f''(x) = \frac{2}{x^3} - \frac{6}{x^4}$ mit $f''(x_2) =$ ______ (< 0 oder > 0 ?)

Daraus folgt: f hat in x_2 ein lokales ______ mit $f(x_2) =$ ______ → 15

Am Rand des Definitionsbereichs (hier: im Nullpunkt) hat f keine weiteren Extremwerte, weil f dort nicht definiert ist.

Wendepunkte:

Am Ende von Abschnitt 9.2 haben Sie bereits bewiesen: f hat in $x_3 = 3$ einen Wendepunkt mit dem Funktionswert $f(x_3) = \frac{2}{9}$.

In diesem Falle besitzt die Funktion f Nullstellen, Extremwerte und Wendepunkte nur im Bereich der positiven Zahlen. Um den Graphen von f auch für negative Zahlen skizzieren zu können, bedarf es einer

Ergänzung für $x < 0$:

Aus $f'(x) = \frac{-1}{x^2} + \frac{2}{x^3} = \frac{1}{x^2}\left(-1 + \frac{2}{x}\right)$ folgt: $f'(x) < 0$ für alle $x < 0$;

f ist dort also **streng monoton fallend** (Abschnitt 8.3).

Zusätzlich berechnet man einige Funktionswerte, z. B.:

$f(-1) = -2$ $f(-2) =$ ______ $f(-3) =$ ______ $f\left(-\frac{1}{2}\right) =$ ______ → 9

Außerdem kann man sich überlegen, welchen Grenzwerten f(x) zustrebt (ob solche Grenzwerte überhaupt existieren), wenn x sich dem Rand des Definitionsbereichs nähert (Lektion 1).

Ergänzung für Grenzwerte:

Aus $f(x) = \frac{1}{x} - \frac{1}{x^2} = \frac{1}{x}\left(1 - \frac{1}{x}\right)$ folgt: $\lim\limits_{x \to 0} f(x) = -\infty$

$\lim\limits_{x \to -\infty} f(x) = \lim\limits_{x \to \infty} f(x) = 0$

Mit diesen Ergebnissen kann man den Graphen von f skizzieren:

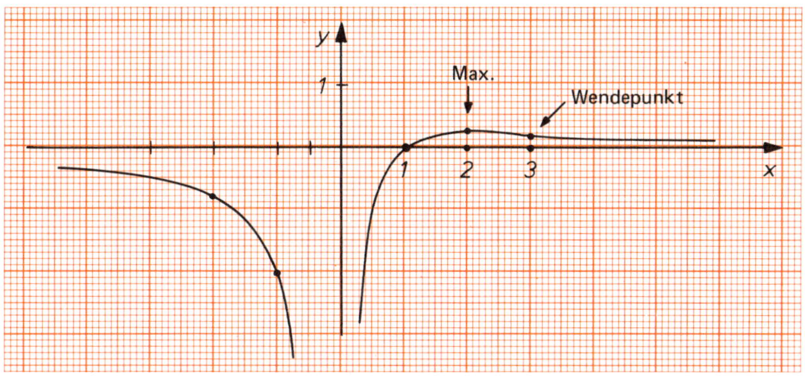

3. Beispiel: $f(x) = (x+1) \cdot (x^2 - 4x + 3)$ für $x \in \mathbb{R}$

Nullstellen:

$f(x) = 0$ für (in Reihenfolge ihrer Größe): $x_1 =$ ______ $x_2 =$ ______ $x_3 =$ ______ → (19)

Extremwerte:

$f'(x) =$ ______________________________ → (3)

Also $f'(x) = 0$ für: $x_4 =$ ______ $x_5 =$ ______ → (16)

Ob dort tatsächlich Extremwerte vorliegen, und ob es Minima oder Maxima sind, wird mit der zweiten Ableitung überprüft:

$f''(x) =$ ______________________________ → (27)

Wegen $f''(x_4)$ ______ $f''(x_5)$ ______ (> oder < 0)

hat f in x_4 ein lokales __________ mit $f(x_4) =$ ______

und in x_5 ein lokales __________ mit $f(x_5) =$ ______ → (12)

Wendepunkte:

$f''(x) = 0$ für $x_6 =$ ________ ⟶ (23)

Ob dort tatsächlich ein Wendepunkt vorliegt, wird mit der dritten Ableitung überprüft:

$f'''(x) =$ ________________ mit $f'''(x_6) =$ ______ ⟶ (18)

Wegen $f'''(x_6) \neq 0$ hat f in x_6 einen Wendepunkt mit $f(x_6) =$ ______ ⟶ (6)

Aufgabe: Skizzieren Sie nach diesen Ergebnissen den Graphen von f. ⟶ (29)

Zum Abschluß eine Zusammenstellung der wichtigsten Schritte einer **Kurvendiskussion:**

Gegeben eine (genügend oft differenzierbare) Funktion f mit einem Definitionsbereich $D \subseteq \mathbb{R}$.

1. **Nullstellen:** die Lösungen der Gleichung $f(x) = 0$
2. **(lokale) Extremwerte**
   a) zunächst die Nullstellen von f' bestimmen
   b) jede dieser Nullstellen von f' überprüfen, ob wirklich ein lokales Extremum vorliegt, z. B. mit der 2. Ableitung:
   $f'(x_0) = 0,\ f''(x_0) < 0 \quad \Rightarrow \quad$ Maximum
   $f'(x_0) = 0,\ f''(x_0) > 0 \quad \Rightarrow \quad$ Minimum
   c) zugehörige Funktionswerte $f(x_0)$ berechnen
3. **Wendepunkte**
   a) zunächst die Nullstellen von f'' bestimmen
   b) jede dieser Nullstellen von f'' überprüfen, ob wirklich ein Wendepunkt vorliegt, z. B. mit: $f''(x_0) = 0,\ f'''(x_0) \neq 0 \quad \Rightarrow \quad$ Wendepunkt
   c) zugehörige Funktionswerte $f(x_0)$ berechnen
4. **Ergänzungen** je nach speziellem Fall, z. B.:
   a) zu Teilintervallen des Definitionsbereichs, die von 1.–3. nicht erfaßt werden
   b) zu Grenzwerten
5. **Zeichnung:** Skizze des Kurvenverlaufs

Aufgaben zu 9.3

Führen Sie jeweils eine Kurvendiskussion durch und skizzieren Sie den Graphen der Funktion.

1. $f(x) = (x-1)(x+3)(x-2)$ für $x \in \mathbb{R}$

2. $f(x) = \dfrac{x^2}{1+x^2}$ für $x \in \mathbb{R}$

Wiederholungsaufgaben

1. Zeigen Sie am Beispiel von $f: x \to x^5 \quad (x \in \mathbb{R})$, daß eine Funktion in x_0 einen Wendepunkt besitzen kann, obwohl dort $f'''(x_0) = 0$.

***2.** a) Begründen Sie: Wenn f'' in x_0 mit $f''(x_0) = 0$ das Vorzeichen wechselt, dann besitzt f in x_0 einen Wendepunkt.

b) Bestimmen Sie die Wendepunkte der Tangensfunktion für $-\frac{\pi}{2} < x < \frac{\pi}{2}$.

***3.** a) Zeigen Sie: Die Funktion $f: x \to (x-1)^2 + (x-5)^2 + (x-6)^2 \quad (x \in \mathbb{R})$ hat genau ein lokales Extremum, und zwar ein Minimum.

b) Dies ist **kein** Extremwert der Funktion $g: x \to |x-1| + |x-5| + |x-6| \quad (x \in \mathbb{R})$.

4. a) Zeigen Sie: Jede Funktion $f: x \to x^3 + ax^2 + bx + c \quad (x \in \mathbb{R})$ mit Konstanten $a, b, c \in \mathbb{R}$ hat genau einen Wendepunkt.

b) Zeigen Sie, daß der Wendepunkt von $f: x \to x^3 - 4x^2 - x + 4 \quad (x \in \mathbb{R})$ genau in der Mitte zwischen den beiden Extremwerten liegt.

***5.** a) Zur Kurvendiskussion einer überall in $\mathbb{R}$ differenzierbaren Funktion hat jemand folgende Ergebnisse: Nullstellen bei: $x_1 = -6$, $x_2 = 1$, $x_3 = 5$ und lokale Extremwerte bei: $x_4 = -3$, $x_5 = 6$. Warum muß das falsch sein?

b) Wieviele lokale Extremwerte besitzt eine überall in $\mathbb{R}$ differenzierbare Funktion mindestens, wenn sie vier Nullstellen hat? (Begründung)

Führen Sie Kurvendiskussionen durch:

6. $f(x) = x^4 - 2x^3$ für $x \in \mathbb{R}$

7. $f(x) = (x^2 - 4)^2$ für $x \in \mathbb{R}$

***8.** $f(x) = (x^2 - 1)(x^2 - 9)$ für $x \in \mathbb{R}$

9. $f(x) = \frac{4}{x} - \frac{1}{x^3}$ für $x \neq 0$

***10.** $f(x) = \frac{x^2}{(x-1)^2}$ für $x \neq 1$

***11.** $f(x) = \sin x \cdot \cos x$ für $x \in [0; 2\pi]$

9

10. Extremwertaufgaben (I)

Vor der Sendung

In den vorausgehenden Lektionen haben Sie gelernt, den Verlauf einer Funktion zu untersuchen. Dabei spielten auch die Hoch- und Tiefpunkte eine Rolle. Diese sind insbesondere für praktische Aufgaben von Bedeutung: Man möchte mit möglichst geringen Kosten produzieren; der Materialverbrauch zur Herstellung einer Ware soll minimal sein; wie läßt sich ein Maximum an Gewinn erzielen. Aufgaben mit solchen Fragestellungen werden Ihnen in der Fernsehsendung vorgestellt und erläutert. Sie können lernen, Ihre Kenntnisse über Kurvenuntersuchungen auf diese und ähnliche Probleme anzuwenden.

Übersicht

1. Soll eine Größe, die von anderen Größen abhängt, möglichst groß oder möglichst klein werden, so hat man eine **Extremwertaufgabe** zu lösen. Die Lösung läßt sich häufig mit Hilfe der Differentialrechnung finden.

2. Bei Extremwertaufgaben muß die Größe, die einen Extremwert annehmen soll, als Funktion einer (oder mehrerer) Variablen geschrieben werden.

3. Ist die Funktion, aus der der Extremwert bestimmt werden soll, von zwei Variablen abhängig, so muß aufgrund einer **Nebenbedingung** eine Variable durch die andere ausgedrückt werden. Diese Nebenbedingung ist aus der Aufgabenstellung zu entnehmen.

4. In manchen Fällen findet man die Nebenbedingung aus einer **Formel**, in der die Variablen enthalten sind.

5. Nebenbedingungen können sich auch **aus dem geometrischen Zusammenhang** ergeben. Dann braucht man meist den Strahlensatz, den Satz des Pythagoras, den Kathetensatz oder den Höhensatz.

6. Hängt die Funktion, aus der der Extremwert bestimmt werden soll, von mehr als zwei Variablen ab, so benötigt man auch mehr als eine Nebenbedingung.

10.1 Zum Begriff der Extremwertaufgabe

a) 

Eine Fabrik stellt zylinderförmige Konservendosen von 1 l Inhalt her. Wie müssen die Maße (Radius und Höhe) gewählt werden, damit möglichst wenig Blech zur Herstellung der Dosen gebraucht wird?

b) Ein Händler kauft eine Ware für 60 DM ein. Er stellt fest, daß diese Ware in einem bestimmten Zeitraum von 100 Personen gekauft wird, wenn er sie für 100 DM verkauft. Für je 2,50 DM Verbilligung kaufen 10 Personen mehr. Bei welchem Verkaufspreis hat er den größten Gewinn?

c)

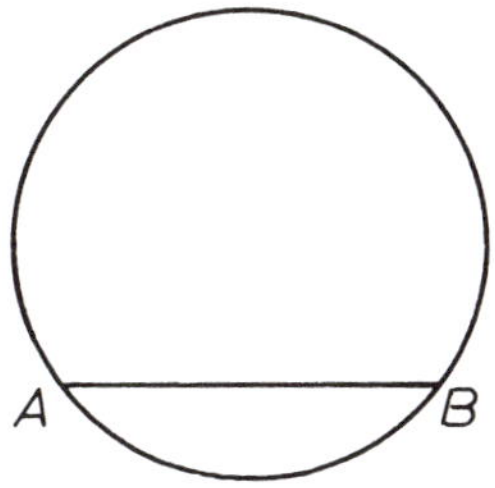

In einen Kreis soll über einer festen Kreissehne AB ein Dreieck mit maximalem Flächeninhalt gezeichnet werden.

Allen diesen Aufgaben ist gemeinsam, daß eine Größe (z. B. der Blechverbrauch, der Gewinn, der Flächeninhalt) möglichst groß bzw. klein werden soll. Es ist also jedesmal nach einem Extremwert gefragt. Man nennt solche Aufgaben daher Extremwertaufgaben.

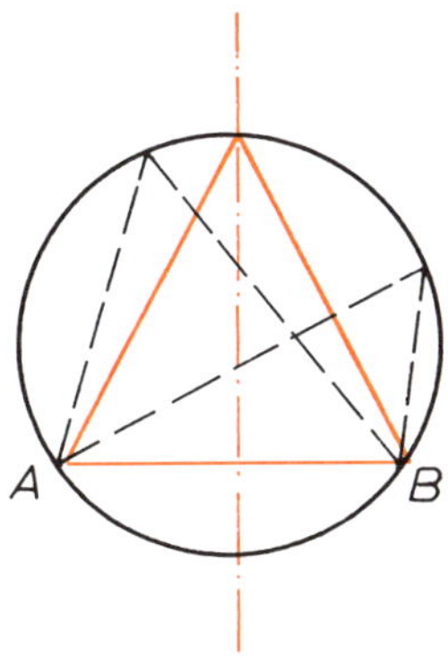

Die Aufgabe c) läßt sich mit einigen Geometrie-Kenntnissen rasch lösen. Damit das Dreieck dem Kreis einbeschrieben ist, muß der dritte Punkt C auf der Kreislinie liegen. Beispiele dafür sind hier links gezeichnet.
Unter den Dreiecken mit fester Grundlinie hat aber dasjenige den größten Flächeninhalt, das die größte Höhe besitzt. Dieses findet man, indem man die Mittelsenkrechte zur Sehne AB konstruiert (in der Zeichnung rot eingetragen).

Auch die Aufgabe b) ist verhältnismäßig leicht zu überblicken. Man kann sich zum Beispiel eine Tabelle aufstellen, wie sie hier rechts steht. Dann findet man heraus, daß der größte Gewinn bei 130 Käufern entsteht. Von dieser Zahl an nimmt der Gesamtgewinn wieder ab, da der Gewinn pro Einheit immer mehr abnimmt, ohne daß die größere Käuferzahl einen Ausgleich schaffen könnte.

Käufer	Gewinn pro Einheit	Gesamtgewinn
100	40,--	4000
110	37,50	4125
120	35,--	4200
130	32,50	4225
140	30,--	4200
150	27,50	4125
160	25,--	4000
⋮	⋮	⋮

Natürlich hätte man hier auch so überlegen können:

Der Gewinn ist von der Käuferzahl abhängig. Der Gewinn G ist also eine Funktion der Käuferzahl K

$$G = f(K)$$

Wenn der Graph dieser Gewinnfunktion einen Hochpunkt besitzt, gibt es eine Stelle maximalen Gewinns, eine Stelle, an der die erste Ableitung der Funktion Null sein muß. Mit den Methoden der Kurvenuntersuchung aus den Lektionen 8 und 9 läßt sich ein solches Maximum herausfinden.

10

Da der Extremwert mit Hilfe der Funktion $G = f(K)$ ermittelt wird, nennt man diese Funktion auch **Extremalbedingung.**

Wenn man die Gewinnfunktion aufstellen kann, läßt sich in diesem Fall also die Differentialrechnung zu Hilfe nehmen. Wie man dabei im einzelnen verfährt, wird für diese Aufgabe b) später gezeigt werden.

Das Beispiel a) schließlich kann man so angehen: Der Blechverbrauch für eine Konservendose entspricht der Oberfläche des Zylinders mit dem Grundkreisradius r und der Höhe h. Die Extremalbedingung ist also

$$O = 2\pi r^2 + 2\pi rh \quad \Leftrightarrow$$
$$O = 2\pi\,(r^2 + rh)$$

Die Oberfläche ist eine Funktion von Radius und Höhe. Um dies deutlich zum Ausdruck zu bringen, werden hier die Zeichen r und h für die beiden Variablen in Klammer hinter das Zeichen O für Oberfläche gesetzt.

$$O(r,h) = 2\pi(r^2 + rh)$$

Kann man die Oberfläche als Funktion nur einer Variablen (entweder r oder h) darstellen, dann lassen sich wieder die Methoden der vorausgegangenen Lektionen anwenden. Ohne Zuhilfenahme der Differentialrechnung müßte man wie bei der Aufgabe b) eine ganze Reihe von Einzelrechnungen durchführen. Auch wenn man mit Taschenrechnern oder gar Großrechenanlagen diese Rechnungen heute in sehr kurzer Zeit ausführen könnte, lohnt es sich doch oft, die allgemeine Lösung mit Hilfe der Differentialrechnung zu suchen.

Aufgaben zu 10.1

1. Eine Fabrik verkauft monatlich 1200 Fernsehgeräte mit einem Gewinn von 180 DM pro Stück. Für je 20 DM Preissenkung könnte sie je 400 Stück mehr im Monat verkaufen. Bei welcher Stückzahl wird der Gewinn am größten? (Lösung mit Tabelle)

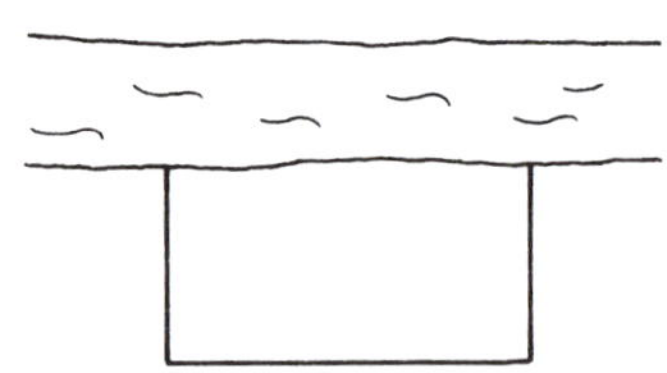

***2.** Ein Landwirt will auf einem großen Grundstück, das an einen Fluß grenzt, ein rechteckiges Weidegebiet einzäunen. Er hat 100 m Drahtzaun zur Verfügung. Wie muß er das Rechteck wählen, um eine möglichst große Fläche einzuzäunen? (Lösung ohne Differentialrechnung: Der Flächeninhalt ist eine quadratische Funktion der Seitenlänge, die eine nach unten geöffnete Parabel darstellt. Der Scheitelpunkt liegt am höchsten. Den Scheitelpunkt kann man durch Umformen (quadratische Ergänzung oder Scheitelpunktbestimmung durch Koeffizientenvergleich nach Algebra Kurzausgabe, Lektion 4.4, Seite 49) bestimmen.

10.2 Extremwertaufgaben ohne Nebenbedingung

Als erstes sollen Extremwertaufgaben gelöst werden, bei denen sich die Größe, die einen Extremwert, d. h. einen kleinsten oder einen größten Wert annehmen soll, direkt als Funktion einer Variablen schreiben läßt. Betrachten Sie dazu die folgende Aufgabe.

Aus einem rechteckigen Stück Pappe von der Länge $a = 8$ dm und der Breite $b = 5$ dm soll eine oben offene Schachtel gefaltet werden, indem man – wie in der Zeichnung dargestellt – vier Einschnitte macht, dann die Seitenteile hochklappt und die überstehenden Teile zum Zusammenkleben verwendet.

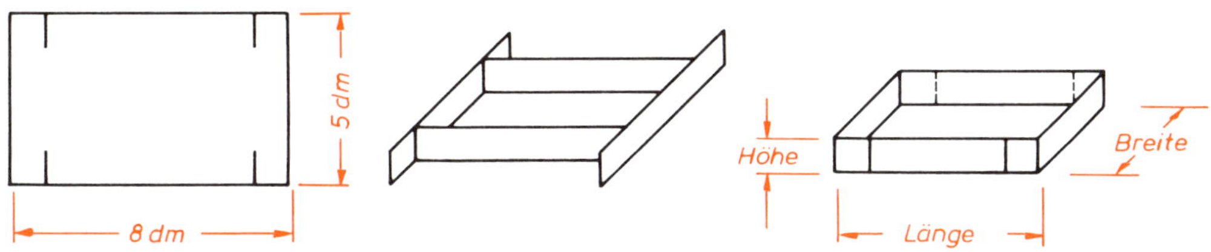

Wie tief muß man die Einschnitte machen, damit die entstehende Schachtel ein möglichst großes Volumen hat?

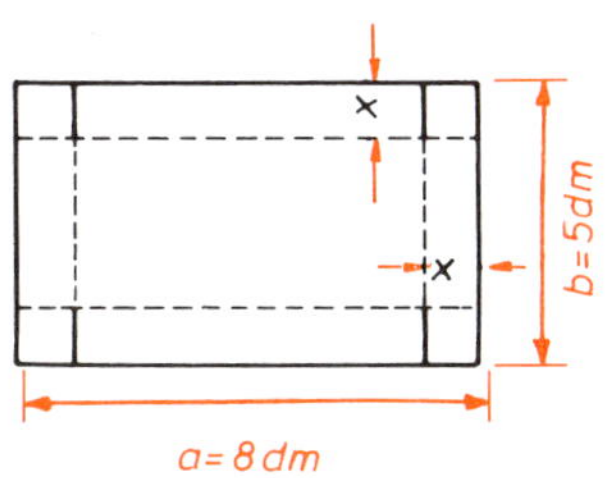

Bezeichnen Sie die Länge der Einschnitte mit x. Damit die Seitenteile der Schachtel gleich hoch sind, müssen die Einschnitte dann im Abstand x vom Rand gemacht werden. In der Zeichnung ist dies eingetragen.
Nun bestimmen Sie, wie lang, wie breit und wie hoch die fertige Schachtel wird (mit Hilfe von a, b und der Variablen x).

Länge der Schachtel ________

Breite der Schachtel ________

Höhe der Schachtel ________ → (1)

Da das Volumen eines Quaders sich aus dem Produkt von Länge, Breite und Höhe ergibt, ist das Volumen der Schachtel $V = (8 - 2x)(5 - 2x) \cdot x$

oder ausmultipliziert $V = 40x - 26x^2 + 4x^3$

Daß das Volumen eine Funktion der Variablen x ist, läßt sich wieder so ausdrücken:

$$V(x) = 40x - 26x^2 + 4x^3$$

Das Volumen der Schachtel ist die Größe, die ein Maximum werden soll. Das Volumen konnte als Funktion einer Variablen, nämlich als Funktion der Länge des erforderlichen Einschnittes angegeben werden. Mit den Methoden der Kurvenuntersuchung läßt sich jetzt ermitteln, ob diese Funktion einen Hochpunkt, ein Maximum besitzt. Wie Sie wissen, muß für die Stelle, an der ein Maximum vorliegt, die erste Ableitung Null sein. Ist die zweite Ableitung von Null verschieden, so ist der Nachweis für ein Extremum erbracht. Man muß also jetzt die erste und zweite Ableitung der Funktion nach der Variablen x bilden. Bitte führen Sie dies aus.

$$V(x) = 40x - 26x^2 + 4x^3$$

$$V'(x) = \_\_\_\_\_\_\_\_\_\_$$

$$V''(x) = \_\_\_\_\_\_\_\_\_\_$$

→ (4)

Der x-Wert eines etwa vorhandenen Maximums ergibt sich, wenn man $V'(x)$ Null setzt.

$V'(x) = 0$ liefert die Gleichung $40 - 52x + 12x^2 = 0$

$$\Leftrightarrow \quad x^2 - \frac{13}{3}x + \frac{10}{3} = 0$$

$$\Rightarrow \quad x_{1/2} = \frac{13}{6} \pm \sqrt{\frac{169}{36} - \frac{10}{3}}$$

$$\Rightarrow \quad x_{1/2} = \frac{13}{6} \pm \sqrt{\frac{169}{36} - \frac{120}{36}}$$

$$\Rightarrow \quad x_{1/2} = \frac{13}{6} \pm \sqrt{\frac{49}{36}}$$

$$\Rightarrow \quad x_{1/2} = \frac{13}{6} \pm \frac{7}{6}$$

$$x_1 = \frac{20}{6} = 3\frac{1}{3} \qquad x_2 = \frac{6}{6} = 1$$

Damit sind zwei mögliche Werte für ein Maximum gefunden. Sie wissen, daß man durch die zweite Ableitung entscheiden kann, ob ein Maximum oder ein Minimum vorliegt. Prüfen Sie nach.

$V''\left(3\frac{1}{3}\right) =$ __________ Bei x_1 liegt ein __________

$V''(1) =$ __________ Bei x_2 liegt ein __________

→ (6)

Die Lösung lautet also: Man muß die Einschnitte jeweils 1 dm lang machen.

Allerdings hätte man sich mindestens eine Überprüfung sparen können. Extremwertaufgaben liegen in der Regel konkrete Sachverhalte zugrunde. Bevor man daher – evtl. schwierige oder zeitraubende – Rechnungen ausführt, sollte man die Lösungen am Sachverhalt überprüfen. Da das vorliegende Stück Pappe nur 5 dm breit ist, wäre es unsinnig, zwei Einschnitte von je $3\frac{1}{3}$ dm Länge machen zu wollen. $3\frac{1}{3}$ kann also auf keinen Fall eine Lösung des vorgegebenen Problems sein. Es genügt daher völlig, die zweite Ableitung an der Stelle x_2 zu untersuchen. Aber auch diese Rechnung kann man durch folgende Überlegung vermeiden: Der Einschnitt muß eine Länge haben, die zwischen 0 dm und 2,5 dm liegt. Etwas anderes ist nicht möglich. Für einen Einschnitt von 0 dm Länge hätte die entstehende Schachtel die Höhe 0, also auch das Volumen 0. Es entsteht gar keine richtige Schachtel. Für einen Einschnitt von der Länge 2,5 dm, hätte die Schachtel zwar eine beträchtliche Höhe, aber die Breite wäre auf 0 zusammengeschrumpft. Das Volumen wäre daher wieder 0. Liegt zwischen diesen beiden Werten, für die das Volumen 0 wird, ein Wert, für den das Volumen ein Extremum annimmt, kann dies nur ein Maximum sein. (Diese Überlegung ergibt sich aus dem Satz von Rolle.)

Diese Überlegung erscheint Ihnen vielleicht komplizierter als die Überprüfung der zweiten Ableitung. Das liegt daran, daß hier eine sehr einfache Funktion vorliegt. Wäre die zweite Ableitung einer gebrochenen Funktion oder einer Wurzelfunktion zu bilden gewesen, würde man aber die Überlegung am Sachverhalt einer dann recht zeitraubenden Rechnung vorziehen.

Sie haben die Aufgabe mit den angegebenen Werten von 8 dm und 5 dm durchgerechnet. Der Mathematiker bevorzugt es, eine solche Aufgabe mit allgemeinen Werten, d. h. mit den Variablen a und b zu rechnen und erst zum Schluß die Zahlenwerte einzusetzen. Die Lösung der Aufgabe erfolgt dann so:

Wenn das rechteckige Stück Pappe die Länge a und die Breite b hat und der Einschnitt die Länge x erhält, dann ist für die entstehende Schachtel

die Länge $(a - 2x)$, die Breite $(b - 2x)$, die Höhe x

Das Volumen der Schachtel soll ein Maximum werden, also muß das Volumen als Funktion einer Variablen, hier x, dargestellt werden.

$$V(x) = (a - 2x) \cdot (b - 2x) \cdot x$$
$$V(x) = abx - (2a + 2b)x^2 + 4x^3$$

Zur Maximumbestimmung benötigt man die erste und zweite Ableitung.

$$V'(x) = ab - 2 \cdot (2a + 2b)x + 12x^2$$
$$V''(x) = -2 \cdot (2a + 2b) + 24x$$

Setzt man die erste Ableitung Null, so erhält man eine Gleichung, aus der sich die x-Werte für mögliche Extrema ergeben.

$V'(x) = 0$ ergibt

$$ab - 2 \cdot (2a + 2b)x + 12x^2 = 0$$

Die Lösungen dieser Gleichung sind mögliche Lösungen des gestellten Problems.

$$x^2 - \frac{1}{3}(a + b)x + \frac{1}{12}ab = 0$$
$$x_{1/2} = \frac{a + b}{6} \pm \frac{1}{6}\sqrt{a^2 - ab + b^2}$$

Setzt man für a und b die gegebenen Werte ein, so erhält man

$$x_1 = 3\frac{1}{3} \qquad x_2 = 1$$

Die Länge des Einschnitts wäre demnach $3\frac{1}{3}$ dm oder 1 dm.

Die Prüfung, ob ein Maximum vorliegt, führt man mit Hilfe der zweiten Ableitung oder der Überlegung am Sachverhalt durch. Beides wurde oben schon beschrieben.

Aufgaben zu 10.2

1. Eine Strecke der Länge s soll so in zwei Teile geteilt werden, daß das Rechteck, das die beiden Teilstücke als Seiten hat, maximalen Flächeninhalt erhält.

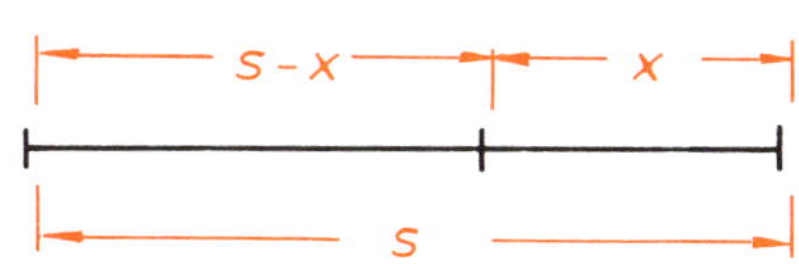

*2.

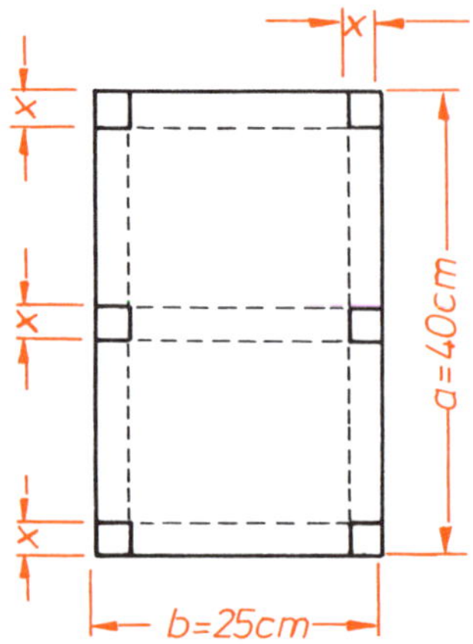

Aus einem rechteckigen Stück Pappe mit der Länge $a = 40$ cm und der Breite $b = 25$ cm soll eine Schachtel mit an der Rückwand anhängendem Deckel gefaltet werden. Dazu müssen Einschnitte gemacht werden, wie es die nebenstehende Zeichnung zeigt.
Welche Länge x müssen diese Einschnitte haben, damit das Volumen der entstehenden Schachtel möglichst groß wird?

10.3 Extremwertaufgaben mit expliziter Nebenbedingung

Oft läßt sich die Größe, die einen Extremwert annehmen soll, zunächst nur als Funktion von mehreren Variablen schreiben. Die folgende Aufgabe zeigt ein Beispiel dafür.

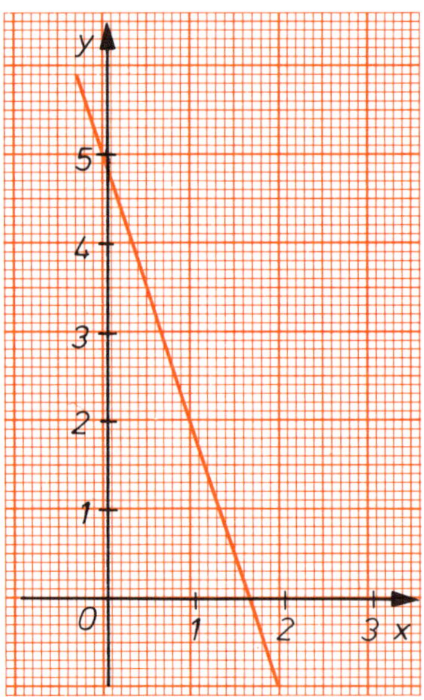

Auf der Geraden $g: y = -3x + 5$ soll im ersten Quadranten ein Punkt $P(x|y)$ so gesucht werden, daß das Rechteck aus seinen Koordinaten x und y größtmöglichen Flächeninhalt hat.

Es soll also der Flächeninhalt des Rechtecks möglichst groß werden. Der Flächeninhalt muß als Funktion von Variablen dargestellt werden. Dies wird wieder durch die beiden Variablen x und y in der Klammer angedeutet. Es ist

$$A(x, y) = x \cdot y$$ **Extremalbedingung**

Die Extremalbedingung ist eine Funktion von zwei Variablen. Bevor man damit weiterarbeiten kann, muß eine der Variablen durch die andere ausgedrückt werden. Dies gelingt durch die angegebene Nebenbedingung: x und y sind die Koordinaten eines Punktes auf der Geraden g. Für x und y gilt daher

$$y = -3x + 5$$ **Nebenbedingung**

Setzt man den Wert für y aus der Nebenbedingung in die Extremalbedingung ein, so erhält man den Flächeninhalt als Funktion einer Variablen, jetzt also als $A(x)$.

$$A(x) = x \cdot (-3x + 5)$$

$$A(x) = -3x^2 + 5x$$

Jetzt kann man nach dem schon bekannten Verfahren weiterrechnen.

$$A'(x) = -6x + 5$$

$$A''(x) = -6$$

An der zweiten Ableitung sieht man, daß – wenn überhaupt ein Extremum vorliegt – nur ein Maximum vorliegen kann.

$A'(x) = 0$ ergibt $\quad -6x + 5 = 0$

$$x = \frac{5}{6}, \quad \text{daraus ergibt sich} \quad y = -3 \cdot \frac{5}{6} + 5 = \frac{5}{2}$$

Für den Punkt $P\left(\frac{5}{6}\middle|\frac{5}{2}\right)$ findet man den maximalen Flächeninhalt; er beträgt $A = 2\frac{1}{12}$.

Lösen Sie jetzt diese Aufgabe allgemein (d. h. mit Formvariablen statt mit konkreten Zahlenwerten). Der Punkt P muß auf der Geraden $g: \quad y = mx + c$ liegen.

→ (3)

Die Aufgabe, die Sie eben gelöst haben, entspricht der Aufgabe b) aus Abschnitt 10.1. Dort wurde der Gewinn G aus der Käuferzahl K und dem Gewinn pro Einheit g errechnet. Der Gewinn G sollte möglichst groß werden. G muß also als Funktion der Variablen K und g dargestellt werden.

$G(K, g) = K \cdot g$ Extremalbedingung

Da G von zwei Variablen abhängt, müssen Sie die eine durch die andere ausdrücken. Dafür brauchen Sie einen Zusammenhang zwischen g und K.

Tragen Sie hier rechts in das Koordinatensystem zu den Käuferzahlen den jeweiligen Gewinn pro Stück ein. Sie können dazu die ersten zwei Spalten der Tabelle aus 10.1 verwenden.

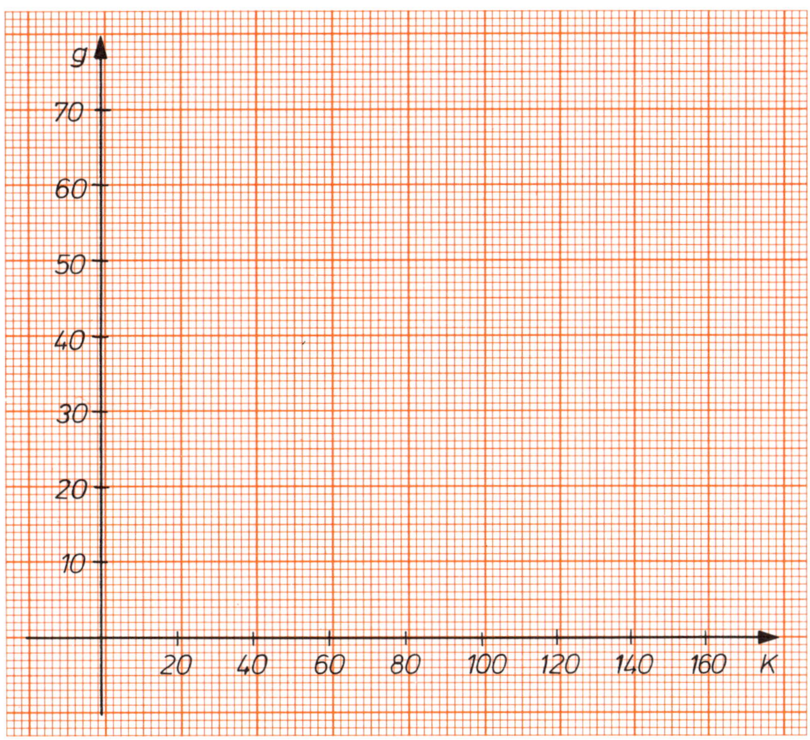

Sie sehen, daß die Punkte auf einer Geraden liegen. Wie lautet die Gleichung dieser Geraden?

____

→ (7)

10

Diese Gleichung ist die notwendige Nebenbedingung, aus der man einen Ausdruck für g entnehmen und in die Extremalbedingung einsetzen kann. Führen Sie diese Aufgabe selbständig zu Ende.

G(K) = ______________________

G(K) = ______________________

Nun muß die Funktion G(K) nach der Variablen K differenziert werden.

G′(K) = ______________________

G″(K) = ______________________

G′(K) = 0 ergibt die Gleichung ______________________

____

____

______________________ → (2)

Aufgaben zu 10.3

1. Lösen Sie die Aufgaben zu 10.1 mit der in diesem Abschnitt eingeführten Methode.

2. Für welchen Punkt $P(x|y)$ auf der Parabel $y = x^2 - 4x + 5$ hat die Summe der beiden Koordinaten x und y den kleinsten Wert?

10.4 Extremwertaufgaben mit „Formel"-Nebenbedingung

Nicht immer ist die erforderliche Nebenbedingung in der Problemstellung explizit vorgegeben. In manchen Fällen muß man eine Formel kennen, aus der man dann eine Variable durch die andere ausdrücken kann. Bei Flächen können dies Formeln für den Flächeninhalt oder den Umfang sein, bei Körpern Formeln für das Volumen, die Oberfläche oder den Mantel. Es gibt aber auch Probleme aus der Physik, zu denen man physikalische Formeln, wie das Weg-Zeit-Gesetz und das Ohmsche Gesetz, kennen muß. Die wichtigsten Formeln über Flächen und Körper finden Sie in der Formelsammlung (S. 221ff.) zusammengestellt. Bei physikalischen Aufgaben müßten Sie gegebenenfalls ein Physikbuch zu Hilfe nehmen.

Zunächst ein einfaches Beispiel.
Welches von allen Rechtecken mit gleichem Umfang hat den größten Flächeninhalt?

Der Flächeninhalt des Rechtecks soll ein Maximum werden. Er muß als Funktion von Variablen dargestellt werden.

$$A(a, b) = a \cdot b$$ Extremalbedingung

Der Flächeninhalt ist eine Funktion von zwei Variablen. Daher muß eine der Variablen durch die andere ausgedrückt werden. Da es sich um Rechtecke gleichen Umfangs handelt, verwendet man die Formel für den Umfang des Rechtecks. Daraus ergibt sich etwa (man hätte auch a durch b ausdrücken können)

$$u = 2a + 2b$$ Nebenbedingung

$$b = \frac{u}{2} - a$$

In die Extremalbedingung eingesetzt

$$A(a) = a \cdot \left(\frac{u}{2} - a\right)$$

$$A(a) = \frac{u}{2} \cdot a - a^2$$

Nun kann man wieder mit dem bekannten Verfahren weiterrechnen.

$$A'(a) = \frac{u}{2} - 2a$$

$$A''(a) = -2$$ (wenn Extremum, dann nur Maximum)

$A'(a) = 0$ liefert $\frac{u}{2} - 2a = 0 \Rightarrow a = \frac{u}{4}$ und $b = \frac{u}{4}$

Unter allen Rechtecken mit gleichem Umfang hat das Quadrat den größten Flächeninhalt.

Ein zweites Beispiel: Welches Volumen kann eine oben offene zylinderförmige Blechtonne höchstens haben, wenn zu ihrer Herstellung genau 3 m^2 Blech verbraucht werden?

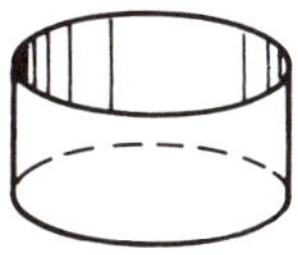

10

Das Volumen soll ein Maximum werden; es muß als Funktion von Variablen dargestellt werden. (Volumen des Zylinders)

$$V(r, h) = \pi r^2 h$$ Extremalbedingung

Das Volumen ist eine Funktion von zwei Variablen, daher braucht man eine Nebenbedingung. Diese ergibt sich aus dem Blechverbrauch. Der Blechverbrauch entspricht der Oberfläche des oben offenen Zylinders.

$$O = \pi r^2 + 2\pi r h$$ Nebenbedingung

Grundfläche (πr^2), Mantel ($2\pi r h$)

Daraus errechnet man

$$h = \frac{1}{2\pi r}(O - \pi r^2)$$

In die Extremalbedingung eingesetzt

$$V(r) = \pi r^2 \cdot \frac{1}{2\pi r}(O - \pi r^2)$$

$$V(r) = \frac{1}{2}(Or - \pi r^3)$$

Nun wird mit dem üblichen Verfahren weitergerechnet

$$V'(r) = \frac{1}{2}(O - 3\pi r^2)$$

$$V''(r) = -3\pi r$$

$V' = 0$ liefert die Gleichung

$$O - 3\pi r^2 = 0$$

$$r^2 = \frac{O}{3\pi} \qquad r = \pm\sqrt{\frac{O}{3\pi}}$$

Da für r nur ein positiver Wert in Frage kommt, ist $V''\left(+\sqrt{\frac{O}{3\pi}}\right) < 0$.

Das größtmögliche Volumen liegt bei $r = +\sqrt{\frac{O}{3\pi}}$ und beträgt $V_{max} = \frac{O}{3}\sqrt{\frac{O}{3\pi}}$.

Setzt man für $O = 3\ m^2$ ein, so sind die Werte $r = 0{,}564\ m$ und $V_{max} = 0{,}564\ m^3$.

Aufgaben zu 10.4

1. Welche quadratische Säule von fester Oberfläche O besitzt maximales Volumen?

*2. Eine Schale hat die Gestalt eines Kugelabschnittes (vgl. nebenstehende Zeichnung). Wie groß müssen Radius der Kugel und Höhe des Kugelabschnittes gewählt werden, damit die Schale bei gegebener Schalenfläche (Mantel des Kugelabschnittes) das größte Volumen besitzt?

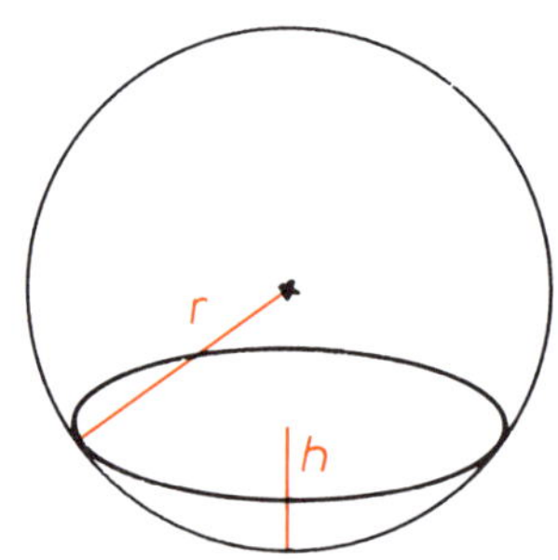

10.5 Extremwertaufgaben mit Nebenbedingung aus dem geometrischen Zusammenhang

Bei einem weiteren Typ von Aufgaben findet man die erforderliche Nebenbedingung aus dem geometrischen Zusammenhang. Bei diesen Aufgaben ist es fast immer notwendig, eine Zeichnung zu machen. Betrifft die Aufgabenstellung räumliche Figuren, so muß man in der Regel einen Schnitt durch die Figur zeichnen.

Erstes Beispiel: In ein Dreieck mit der Grundlinie c und der Höhe h ist ein Rechteck so einzuzeichnen (vgl. Abbildung), daß es möglichst großen Flächeninhalt besitzt.

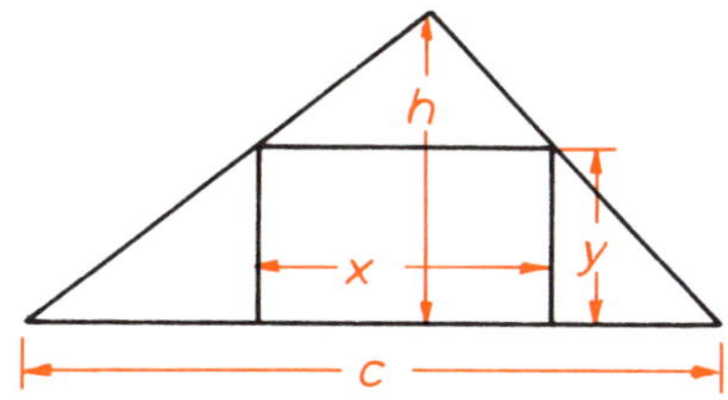

Die Rechteckseiten seien x und y. Der Flächeninhalt soll ein Maximum werden. Er ist als Funktion von Variablen darzustellen.

$A(x, y) = x \cdot y$ Extremalbedingung

Die Nebenbedingung findet man mit Hilfe des **Strahlensatzes.**

$c : x = h : (h - y)$ Nebenbedingung

$$x = \frac{c}{h} \cdot (h - y)$$

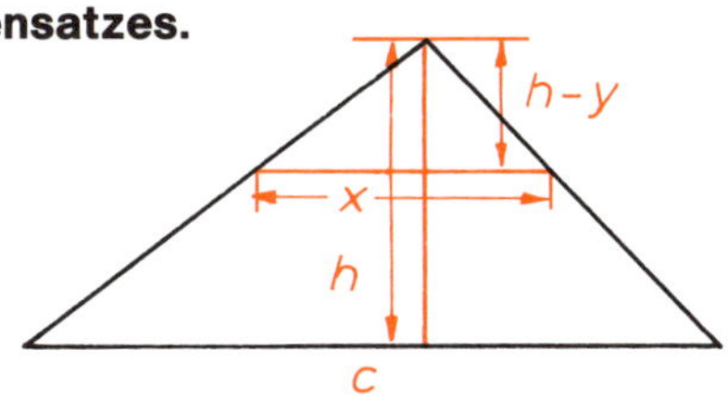

In die Extremalbedingung eingesetzt $A(y) = \frac{c}{h} \cdot (hy - y^2)$

Erste Ableitung $A'(y) = \frac{c}{h}(h - 2y)$

Zweite Ableitung $A''(y) = -\frac{2c}{h}$

$A'(y) = 0$ liefert die Gleichung $h - 2y = 0$

damit wird $y = \frac{h}{2}$

und aus der Nebenbedingung $x = \frac{c}{2}$

A'' ist stets negativ, da c und h positive Werte sind.

Maximale Fläche hat demnach das Rechteck, dessen Seiten halb so lang sind wie die Grundseite bzw. die Höhe des Dreiecks.

Zweites Beispiel: Die Mantellinie eines geraden Kreiskegels ist $s = 5$ cm. Welchen Radius muß der Grundkreis des Kegels haben, damit sein Volumen ein Maximum wird?

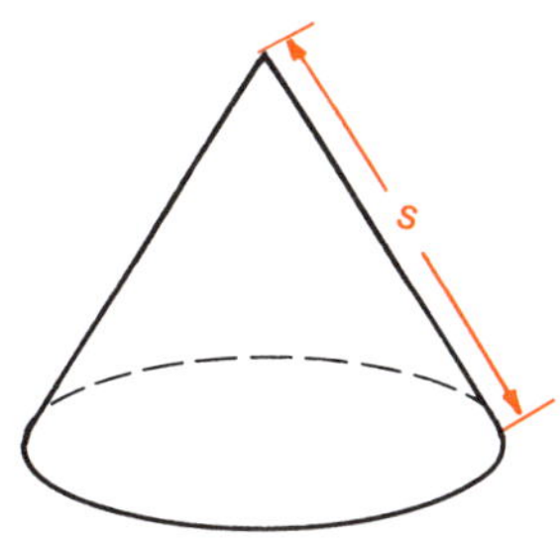

10

Der Kegel hat den Radius r und die Höhe h. Sein Volumen soll ein Maximum werden.

$$V(r, h) = \frac{\pi}{3} r^2 h$$ Extremalbedingung

Das Volumen hängt von zwei Variablen ab. Die erforderliche Nebenbedingung findet man durch einen Querschnitt des Kegels und die Anwendung des Satzes von **Pythagoras.**

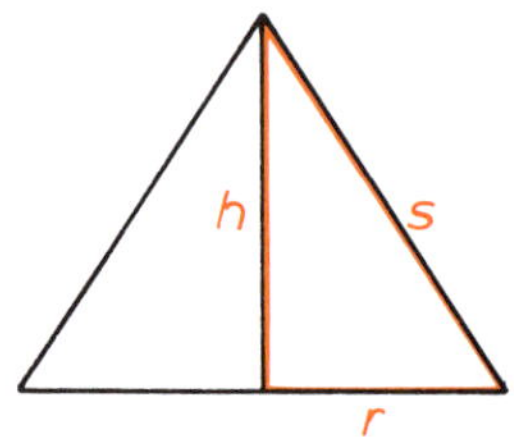

$$r^2 = s^2 - h^2$$ Nebenbedingung

In die Extremalbedingung eingesetzt:

$$V(h) = \frac{\pi}{3}(s^2 - h^2) \cdot h$$

$$V(h) = \frac{\pi}{3}(s^2 h - h^3)$$

Erste Ableitung $V'(h) = \frac{\pi}{3}(s^2 - 3h^2)$

Zweite Ableitung $V''(h) = -2\pi h$

$V'(h) = 0$ liefert die Gleichung $s^2 - 3h^2 = 0 \qquad h = \pm\frac{s}{3}\sqrt{3}$

und aus der Nebenbedingung $r = \pm\frac{s}{3}\sqrt{6}$

Da für h nur ein positiver Wert in Frage kommt, ist $V''\left(\frac{s}{3}\sqrt{3}\right)$ kleiner als Null.

Der Kegel hat maximales Volumen für $r = 4{,}08$ cm und $h = 2{,}89$ cm; es beträgt $V_{max} = 50{,}38\ cm^3$.

Eine **Anmerkung** zu diesem Beispiel: Betrachten Sie nochmals oben die Nebenbedingung. Durch die Nebenbedingung wurde r^2 durch h ausgedrückt und in die Extremalbedingung eingesetzt. Man hätte natürlich auch aus der Nebenbedingung h in Abhängigkeit von r berechnen können.

$$h = \sqrt{s^2 - r^2}$$

Eingesetzt in die Extremalbedingung liefert dies $V(r) = \frac{\pi}{3} r^2 \sqrt{s^2 - r^2}$

Dieser Ausdruck ist aber sehr unpraktisch, da man jetzt eine Wurzelfunktion zweimal differenzieren müßte.

Bei der Auswertung der Nebenbedingung soll man darauf achten, daß die Extremalbedingung eine „möglichst einfache" Funktion einer Variablen wird.

Natürlich kann man auch „umständlicher" zum Ziel kommen, aber der Rechenaufwand kann dann erheblich größer sein.

An einem dritten Beispiel versuchen Sie sich bitte schrittweise selbst:
Einer Kugel vom Radius R soll ein Kegel von größtmöglichem Volumen einbeschrieben werden. Bestimmen Sie Grundkreisradius und Höhe des Kegels.

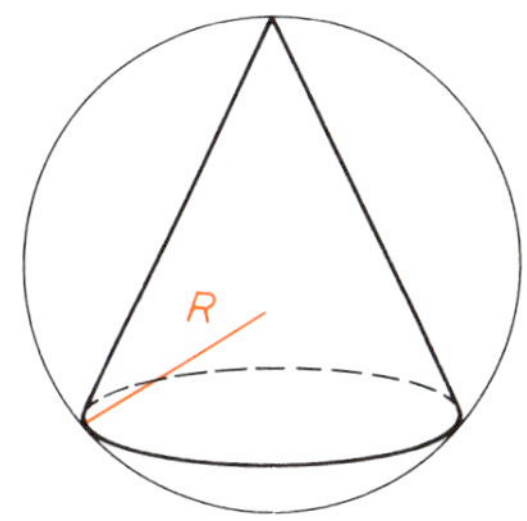

Das Volumen des einbeschriebenen Kegels soll ein Maximum werden. Es hängt von zwei Variablen ab.

V(r, h) = ______________ Extremalbedingung

Die Nebenbedingung findet man aus einem Querschnitt durch die Kugel mit Hilfe des Höhensatzes.
Nach dem Satz des Thales ist das Dreieck über dem Durchmesser eines Kreises rechtwinklig. In diesem Dreieck ABC findet man: Das Quadrat der Höhe ist gleich dem Produkt aus den Hypotenusenabschnitten.

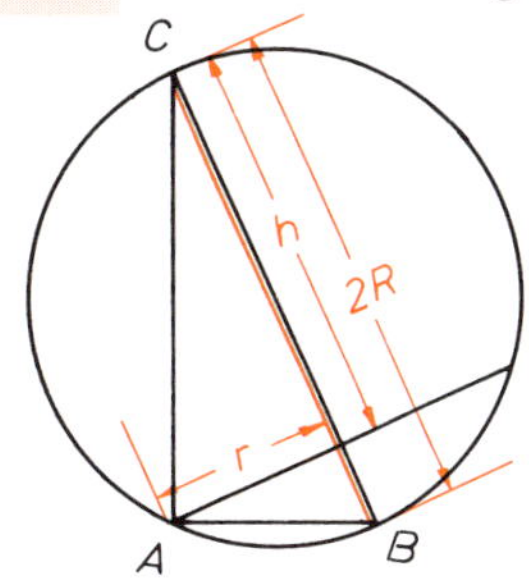

$r^2 = h \cdot (2R - h)$ Nebenbedingung

In die Extremalbedingung eingesetzt V(h) = ______________

V(h) = ______________

Erste Ableitung V′(h) = ______________

Zweite Ableitung V″(h) = ______________

V′(h) = 0 liefert die Gleichung ______________

und damit ______________

Die zweite Ableitung wird negativ für h = ________

Der Kegel hat maximales Volumen für r = ________ und h = ________

Es beträgt V_{max} = ________ → (5)

Wie Sie aus den Beispielen gesehen haben, brauchen Sie folgende Sätze aus der Elementargeometrie: Strahlensätze sowie Satzgruppe des Pythagoras (Satz des Pythagoras, Kathetensatz, Höhensatz).

Die Strahlensätze sowie die Satzgruppe des Pythagoras finden Sie in der Formelsammlung in diesem Buch auf Seite 221 unter den Bezeichnungen: 1. Strahlensatz, 2. Strahlensatz und rechtwinkliges Dreieck. Eine Erklärung dieser Sätze ist in jedem guten Geometriebuch nachzulesen.

10

Aufgaben zu 10.5

1. Einem Quadrat mit der Seitenlänge a soll ein Quadrat einbeschrieben werden, wie es die Zeichnung zeigt. In welchem Verhältnis teilt der Eckpunkt des einbeschriebenen Quadrates die Seite des äußeren Quadrates, wenn das einbeschriebene Quadrat möglichst kleinen Flächeninhalt haben soll?

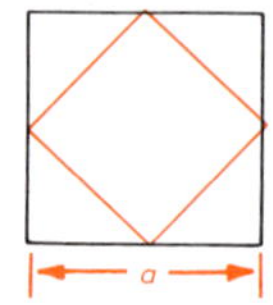

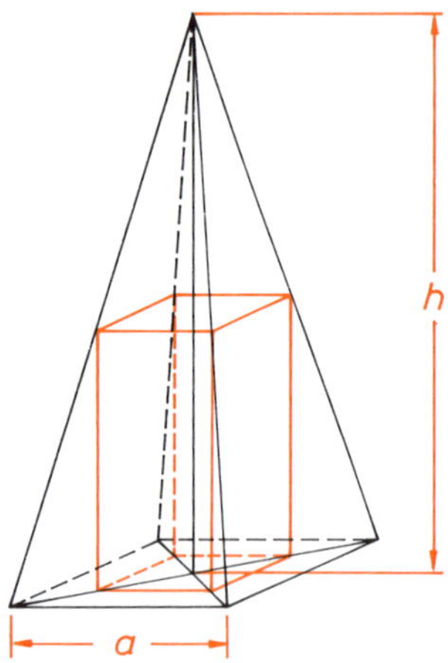

2. Einer quadratischen Pyramide mit der Grundkante a = 6 cm und der Höhe h = 15 cm ist eine quadratische Säule mit möglichst großem Volumen einzubeschreiben. Wie groß sind Grundkante und Höhe dieser Säule?

10.6 Extremwertaufgaben mit mehr als einer Nebenbedingung

In den Abschnitten 10.3 bis 10.5 war die Größe, die einen Extremwert annehmen sollte, jeweils eine Funktion von **zwei** Variablen. Um das Verfahren zur Extremwertbestimmung anwenden zu können, mußte man **eine** Nebenbedingung finden, mit deren Hilfe eine Variable durch die andere ausgedrückt wurde.
Ist die Ausgangsfunktion, die Extremalbedingung, von **mehr als zwei** Variablen abhängig, so braucht man **mehr als eine** Nebenbedingung.

Das Beispiel zeigt Ihnen eine solche Aufgabe:

Ein Silo hat die Gestalt, wie sie hier rechts gezeichnet ist: ein oben und unten offener senkrechter Kreiszylinder mit einem unten angesetzten geraden Kreiskegel, dessen Seitenkante s mit der Grundfläche des Zylinders einen Winkel von 30° bildet.

Das Silo soll 2000 m³ fassen. Welche Maße muß es haben, wenn die Oberfläche möglichst klein werden soll?

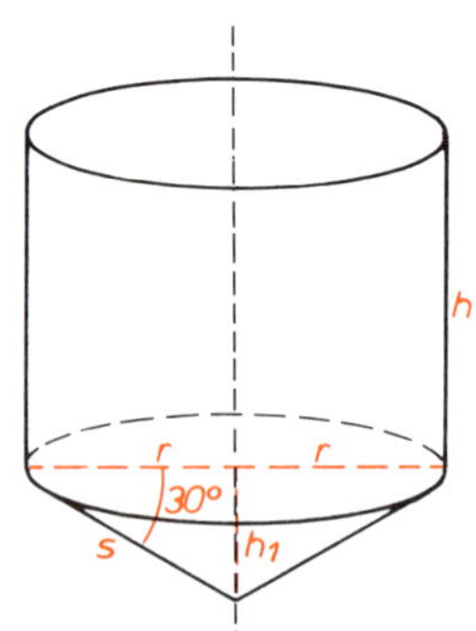

Die Oberfläche soll ein Minimum werden. Die Oberfläche besteht in diesem Fall aus dem Zylindermantel und dem Kegelmantel.

$O = \text{Mantel}_{\text{Zylinder}} + \text{Mantel}_{\text{Kegel}}$

$O(h, r, s) = 2\pi rh + \pi rs$ **Extremalbedingung**

Die Extremalbedingung ist eine Funktion von drei Variablen, nämlich r, h und s. Es werden zwei Nebenbedingungen benötigt. Die erste erhält man als „Formel"-Nebenbedingung, da das Volumen vorgegeben ist.

$$V = \text{Volumen}_{\text{Zylinder}} + \text{Volumen}_{\text{Kegel}}$$

$$V = \pi r^2 h + \frac{\pi}{3} r^2 h_1$$ **1. Nebenbedingung**

Leider hat man in dieser Formel eine weitere Variable h_1, die Höhe des Kegels. Mit Hilfe des gegebenen Winkels von 30° läßt sich diese jedoch leicht errechnen als

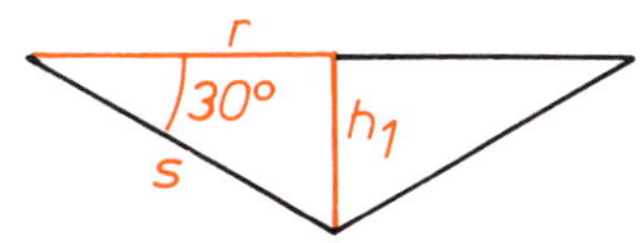

$$h_1 = r \cdot \tan 30° = \frac{r}{3}\sqrt{3}.$$

Damit erhält man die erste Nebenbedingung

$$V = \pi r^2 h + \frac{\pi\sqrt{3}}{9} r^3$$

$$\pi r^2 h = V - \frac{\pi\sqrt{3}}{9} r^3$$

$$h = \frac{V}{\pi r^2} - \frac{\sqrt{3}}{9} r$$ **1. Nebenbedingung**

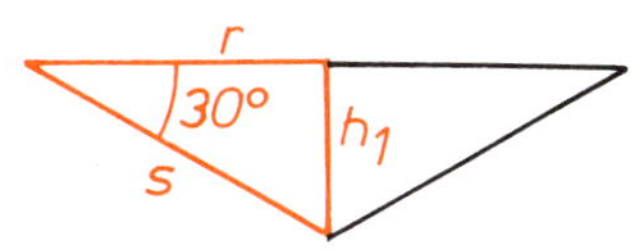

Die zweite Nebenbedingung erhält man, indem man auf das rechtwinklige Dreieck im Querschnitt des Kegels den Satz des Pythagoras anwendet.

$$s^2 = r^2 + h_1^2$$ **2. Nebenbedingung**

Mit $h_1 = \frac{r}{3}\sqrt{3}$

$$s^2 = r^2 + \frac{r^2}{3}$$

$$s^2 = \frac{4}{3} r^2$$

$$s = \frac{2}{3}\sqrt{3} \cdot r$$ **2. Nebenbedingung**

(Man hätte auch hier wieder mit trigonometrischen Funktionen arbeiten können. Es ist $r = s \cdot \cos 30°$ und damit

$$s = \frac{r}{\cos 30°} = \frac{2r}{\sqrt{3}})$$

Nun kann man die aus den beiden Nebenbedingungen gefundenen Ausdrücke für h und s in die Extremalbedingung einsetzen.

$$O(r) = \frac{2\pi r V}{\pi r^2} - \frac{2\pi r\sqrt{3}}{9} r + \pi r \cdot \frac{2}{3} r\sqrt{3}$$

$$O(r) = \frac{2V}{r} + 2\pi r^2\left(\frac{\sqrt{3}}{3} - \frac{\sqrt{3}}{9}\right)$$

$$O(r) = \frac{2V}{r} + \frac{4\pi\sqrt{3}}{9} r^2$$

Zum ersten Mal in dieser Lektion ergibt sich für die Extremalbedingung keine ganze rationale Funktion der gewählten Variablen. Da die Variable r im Nenner auftritt, ist O eine gebrochene rationale Funktion von r. Diese kann man auch so schreiben:

$$O(r) = 2V \cdot r^{-1} + \frac{4\pi\sqrt{3}}{9} r^2$$

10

Das Verfahren ist aber weiterhin dasselbe. Man muß nur die Regeln für die Differentiation gebrochen-rationaler Funktionen beachten.

$$O'(r) = -\frac{2V}{r^2} + \frac{8\pi\sqrt{3}}{9} r$$

$$O''(r) = \frac{4V}{r^3} + \frac{8\pi\sqrt{3}}{9}$$

Aus $O'(r) = 0$ erhält man die Gleichung

$$\frac{8\pi\sqrt{3}}{9} r = \frac{2V}{r^2}$$

und daraus

$$r = \frac{\sqrt{3}}{2} \cdot \sqrt[3]{\frac{2V}{\pi}}$$

Aus der 1. Nebenbedingung ergibt sich

$$h = \frac{1}{2}\sqrt[3]{\frac{2V}{\pi}}$$

Aus der 2. Nebenbedingung ergibt sich

$$s = \sqrt[3]{\frac{2V}{\pi}}$$

Da für r nur positive Werte als Lösung in Frage kommen, ist $O''\left(\frac{\sqrt{3}}{2} \cdot \sqrt[3]{\frac{2V}{\pi}}\right)$ positiv. Es liegt also ein Minimum vor.

Setzt man für $V = 2000\ \text{m}^3$ ein, erhält man die Werte $r \approx 9{,}39$ m, $s \approx 10{,}84$ m und $h \approx 5{,}42$ m als Maße für das gesuchte Silo.

Aufgaben zu 10.6

1. In das Dreieck, das von der x-Achse, der Geraden $y = 2x$ und der Geraden $y = 30 - 3x$ gebildet wird, ist ein Rechteck von möglichst großem Flächeninhalt einzuzeichnen, wie in der Zeichnung angegeben. Welche Koordinaten haben dann die Punkte P und Q?

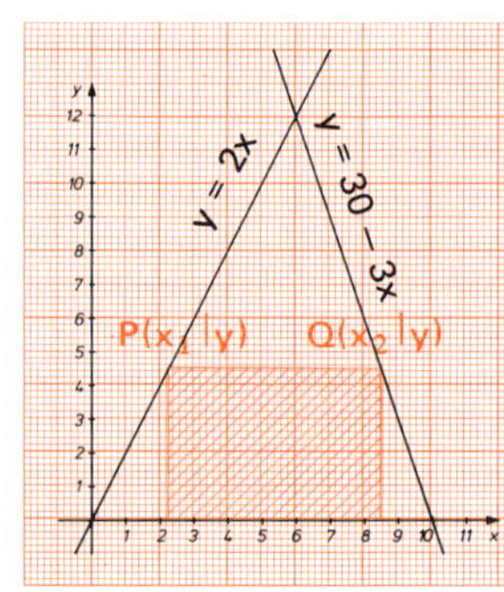

***2.** Ein geschlossenes Gefäß besteht aus einem senkrechten Kreiszylinder mit einem aufgesetzten geraden Kreiskegel. Die Höhe des Kegels ist $\frac{2}{3}$ des Durchmessers. Zeigen Sie: Man braucht zur Herstellung des Gefäßes dann am wenigsten Material, wenn die Zylinderhöhe gleich der Kegelhöhe ist (bei festem Volumen).

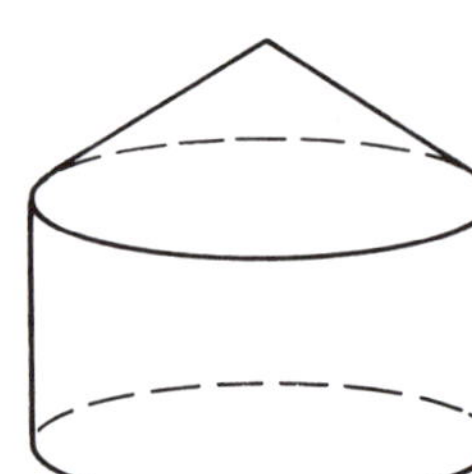

Die **Wiederholungsaufgaben** zu dieser Lektion sind mit denen der nächsten am Ende von Lektion 11 zusammengefaßt.

11. Extremwertaufgaben (II)

Vor der Sendung

Durch die letzte Lektion haben Sie sicher schon einige Übung im Lösen von Extremwertaufgaben erlangt. Das Verfahren wird Ihnen wohl keine besonderen Schwierigkeiten mehr bereiten. Aber Vorsicht! Führt das Verfahren wirklich immer zum Ziel? Löst der mit dem eingeführten Verfahren ermittelte Wert stets das gestellte Problem? Bei den bisherigen Beispielen war dies der Fall. Jetzt werden Sie auch Beispiele kennenlernen, bei denen das Verfahren versagt. Sie werden sehen, daß man es trotzdem weiterhin benötigt. Allerdings sind einige Zusatzüberlegungen erforderlich.

In dieser Lektion werden Sie außerdem eine Reihe von Aufgaben finden, bei denen die Extremalbedingung keine ganze rationale Funktion der gewählten Variablen ist, sondern andere Funktionen wie Wurzelfunktionen und trigonometrische Funktionen differenziert werden müssen. Das ist im Prinzip nichts Neues, steht aber hier im Zusammenhang mit den Extremwertaufgaben.

Übersicht

1. Mit Hilfe der Differentialrechnung findet man lokale Extremwerte. Das globale Extremum kann aber auch am Rand des Definitionsbereichs angenommen werden. Man spricht dann vom **Randextremum**. Bei Sachproblemen ist es von besonderer Bedeutung, den in Frage kommenden Definitionsbereich zu kennen.
2. Ist die Extremalbedingung eine **gebrochen-rationale Funktion** der gewählten Variablen, so muß man die Regeln für die Differentiation von gebrochen-rationalen Funktionen, zum Beispiel auch die Quotientenregel anwenden.
3. Hat man als Extremalbedingung eine **Wurzelfunktion**, so kann man sich überlegen, ob das Quadrat dieser Funktion sich leichter differenzieren läßt **und** ob es an der gleichen Stelle Extremwerte haben muß wie die Wurzelfunktion selbst. Ist dies der Fall, genügt die Rechnung mit dem Quadrat der Wurzelfunktion.
4. Die Lösung von Extremwertaufgaben, bei der die Quotientenregel erforderlich ist, ist oft recht zeitraubend und erfordert großen Rechenaufwand. In manchen Fällen kommt man schneller zum Ziel, wenn man die Extremalbedingung als **trigonometrische Funktion** eines Winkels schreibt. Die Ableitung trigonometrischer Funktionen ist häufig einfacher; allerdings muß man dann trigonometrische Gleichungen lösen.
5. Die Lösung von Extremwertaufgaben verläuft in einer bestimmten Reihenfolge. Wenn man sich **die wesentlichen Schritte** einprägt, kann eigentlich nichts schiefgehen. Das Ablaufschema wird hier nochmals zusammengestellt.

11.1 Lokaler und globaler Extremwert

Bei den Aufgaben in Lektion 10 haben Sie jeweils die Werte bestimmt, bei denen die erste Ableitung der Extremalbedingung Null wird. War für diese Werte die zweite Ableitung von Null verschieden, so hatten Sie Extremwerte gefunden. Wie Sie aus den Kurvenuntersuchungen von Lektion 9 wissen, ist ein solcher Extremwert der höchste oder tiefste Wert in einer bestimmten Umgebung. Daneben kann es durchaus noch höhere oder tiefere

Werte geben, die „etwas weiter weg liegen", zum Beispiel am Rand des Definitionsbereichs, der bei dem Problem betrachtet wird. In der Lektion 10 wurde der Definitionsbereich anschaulich betrachtet, aber die Lösung noch nicht im einzelnen an ihm überprüft. Für viele Aufgaben ist dies jedoch unerläßlich. Ein Beispiel:

Eine Fabrik in A-Stadt hat einen größeren Auftrag an eine Firma in B-Feld auszuführen. A-Stadt liegt an einem Fluß, B-Feld liegt etwa 610 km von A-Stadt und 350 km von dem Fluß entfernt. Die Fabrik kann die Sendung auf dem Landweg schicken oder ein Stück weit (höchstens 500 km) auf dem Fluß und den restlichen Weg zu Lande transportieren. Die Frachtkosten betragen auf dem Wasserweg 200 DM/km, auf dem Landweg 230 DM/km.

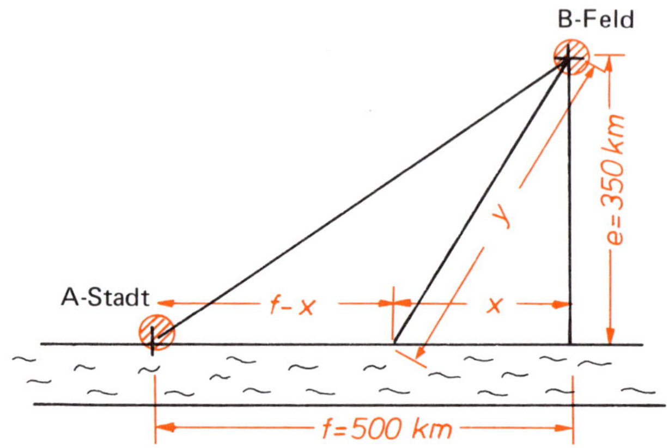

Wieviele Kilometer soll die Sendung auf dem Fluß zurücklegen, damit die Transportkosten möglichst niedrig sind?
Wie ist es, wenn der Flußtransport 200 DM/km und der Landtransport 300 DM/km kosten?

Da die Aufgabe für verschiedene Tarife gelöst werden soll, rechnet man sie am besten zunächst allgemein und setzt erst zum Schluß die gegebenen Werte ein.

Die Transportkosten auf dem Fluß seien a DM/km, die auf dem Land b DM/km. Mit den Bezeichnungen, wie sie in der Zeichnung gewählt sind, ist dann die Länge des Transportweges auf dem Fluß $(f - x)$ und auf dem Lande y.

Die Transportkosten sollen ein Minimum werden. Diese Kosten K müssen als Funktion von Variablen dargestellt werden.

$$K(x, y) = a \cdot (f - x) + b \cdot y$$

Extremalbedingung

a, b und f sind fest vorgegeben. K ist demnach eine Funktion der beiden Variablen x und y. Man braucht eine Nebenbedingung. Diese ergibt sich aus der Zeichnung mit dem Satz des Pythagoras.

$$y^2 = x^2 + e^2$$ Nebenbedingung

$$y = \sqrt{x^2 + e^2}$$

In die Extremalbedingung eingesetzt

$$K(x) = a \cdot (f - x) + b \cdot \sqrt{x^2 + e^2}$$

oder

$$K(x) = af - ax + b(x^2 + e^2)^{\frac{1}{2}}$$

Der zweite Summand ist eine Wurzel. Um die Ableitung zu bilden, muß man die Kettenregel verwenden.

$$K'(x) = -a + \frac{1}{2} b(x^2 + e^2)^{-\frac{1}{2}} \cdot 2x$$

$$K'(x) = -a + \frac{bx}{\sqrt{x^2 + e^2}}$$

Ebenso für die zweite Ableitung, wo man zusätzlich die Quotientenregel benötigt.

$$K''(x) = \frac{b \cdot \sqrt{x^2 + e^2} - bx \cdot \frac{1}{2} \cdot \frac{2x}{\sqrt{x^2 + e^2}}}{(\sqrt{x^2 + e^2})^2}$$

$$K'' = \frac{be^2}{(x^2 + e^2)\sqrt{x^2 + e^2}}$$

Nun berechnet man wieder die Werte, für die $K'(x)$ Null wird, aus der Gleichung

$$a = \frac{bx}{\sqrt{x^2 + e^2}}$$

$$x^2 + e^2 = \frac{b^2}{a^2} x^2$$

$$x^2\left(1 - \frac{b^2}{a^2}\right) = -e^2$$

$$x^2 = \frac{e^2 a^2}{b^2 - a^2} \qquad x = \frac{e \cdot a}{\sqrt{b^2 - a^2}}$$

Die Überprüfung der zweiten Ableitung braucht man nicht für den gefundenen x-Wert vorzunehmen. Da sowohl b als auch die auftretende Wurzel nur positiv sein können (bei dem hier gestellten Problem), ist die zweite Ableitung stets positiv. Der gefundene Extremwert muß also ein Minimum sein.

Setzen Sie jetzt die gegebenen Zahlenwerte $f = 500$; $e = 350$; $a = 200$ und $b = 230$ ein. Verwenden Sie Ihren Taschenrechner.

$x =$ ____________ $x \approx$ ____________ → ①

Nun müssen Sie überlegen, was die gefundene Lösung praktisch bedeutet.
Der Transport auf dem Fluß soll 500 km – 616,3 km weit erfolgen. Das würde aber bedeuten: Man soll die Sendung auf dem Fluß erst einmal nach links, d. h. in die Gegenrichtung, von B-Feld weg, transportieren. Das ist aber offensichtlich Unsinn!

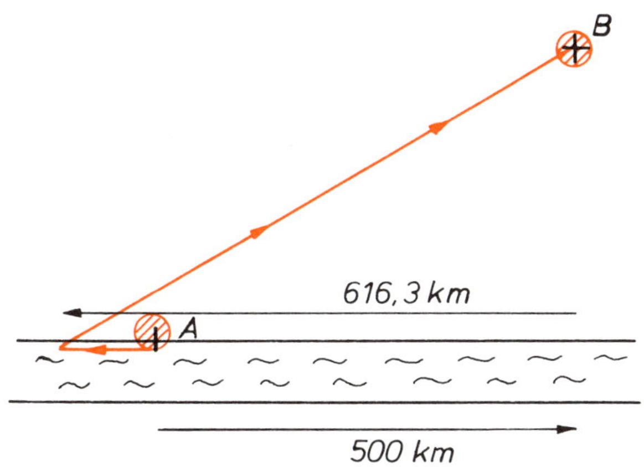

Wie kommt ein solcher „Unsinn" zustande? Die Berechnung ist ja nicht falsch. Aber etwas wurde vergessen: Für das gestellte Problem kann die Größe x nur in dem Intervall [0; f] liegen.

Die Funktion ist also in dem Definitionsbereich $D = \{x | 0 \leqq x \leqq f\}$ zu untersuchen. In diesem Definitionsbereich besitzt sie aber kein relatives Minimum, wie die Rechnung ergeben hat.

11

Die Funktion muß aber an einer Stelle des Definitionsbereichs einen minimalen Wert annehmen. Da die Funktion im gegebenen Definitionsbereich differenzierbar und damit auch stetig ist, kann das Minimum nur am Rand liegen.

Für $x = 0$ ergibt sich $K = 200 \cdot 500 + 230 \cdot 350 = 180500$

Für $x = f$ ergibt sich $K = 230 \cdot \sqrt{500^2 + 350^2} = 140375{,}39$

In diesem Fall ergeben sich demnach die minimalen Kosten, wenn der Transport ganz auf dem Landweg durchgeführt wird.

Wie ist es, wenn $a = 200$ und $b = 300$ ist? Berechnen Sie für diesen Fall selbständig die minimalen Transportkosten.

$x_{min} =$ ____________ $K_{min} =$ ____________ → 3

Sie sehen, daß jetzt das errechnete lokale Minimum gleichzeitig das globale Minimum im Definitionsbereich ist. Der gefundene x-Wert liegt im Definitionsbereich.

Bei der Lösung von Extremwertaufgaben ist stets der Definitionsbereich, der sich aus der Problemstellung ergibt, zu beachten und die Funktion ist auf Randextrema zu überprüfen.

Ein weiteres Beispiel hierzu:

Wendet man Mathematik in der Praxis an, so genügt es oft, mit angenäherten Werten zu rechnen. Außerdem braucht man die Berechnungen häufig nur in einem bestimmten eingeschränkten Intervall. Hat man es dabei mit einer komplizierten Funktion zu tun, so versucht man, statt mit dieser Funktion mit einer einfachen Näherungsfunktion zu rechnen.

So kann man zum Beispiel im Intervall [0; 1] die Funktion $f(x) = \sqrt{x}$ durch die lineare Funktion $g(x) = \frac{4}{5}x + \frac{4}{15}$ verhältnismäßig gut annähern, wie Sie aus der nebenstehenden Zeichnung entnehmen können. Aus der linearen Funktion lassen sich die einzelnen Werte bequemer errechnen.

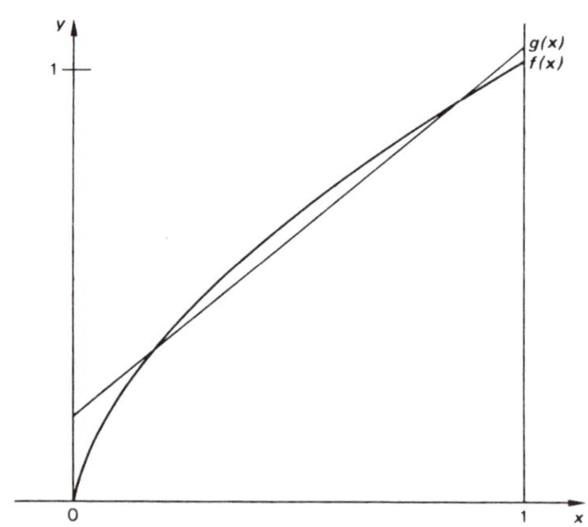

Natürlich muß man dann wissen, wie gut die Näherung ist. Eine Teilfrage dazu ist die Frage, wo die Näherungsfunktion die größte Abweichung von der ursprünglichen Funktion hat.

Um die Abweichung A zu bestimmen, bildet man die Differenz D der beiden Funktionen und sucht deren Extremwerte. Am Ende muß man natürlich die Absolutbeträge der ermittelten Werte vergleichen, da es nicht darauf ankommt, ob die Abweichung nach oben oder nach unten geht.

Es sind die Extremwerte der Differenz zu bestimmen.

$$D(x) = f(x) - g(x) \quad \text{für} \quad 0 \leqq x \leqq 1$$

$$D(x) = \sqrt{x} - \frac{4}{5}x - \frac{4}{15}$$

Man berechnet die erste und zweite Ableitung.

$$D'(x) = \frac{1}{2\sqrt{x}} - \frac{4}{5}$$

$$D''(x) = -\frac{1}{4\sqrt{x^3}}$$

Ein lokaler Extremwert ergibt sich aus der Gleichung

$$\frac{1}{2\sqrt{x}} = \frac{4}{5} \quad \Rightarrow$$

$$\sqrt{x} = \frac{5}{8} \quad \Rightarrow \quad x = \frac{25}{64}$$

Da D″ an dieser Stelle negativ ist, liegt ein lokales Maximum vor.

Die Differenz ist $D \approx 0{,}0458$.

Ob dies allerdings auch das globale Maximum der Abweichung darstellt, kann erst entschieden werden, wenn die Funktion auf Randextrema untersucht worden ist.

Für $x = 0$ ergibt sich $D \approx -0{,}2667$ und damit die Abweichung $A \approx 0{,}2667$.

Für $x = 1$ ergibt sich $D \approx -0{,}0667$ und damit die Abweichung $A \approx 0{,}0667$.

Die maximale Abweichung erhält man an der Stelle $x = 0$.
Die untersuchte Funktion hat zwar ein lokales Maximum im Innern des Definitionsbereichs, das globale Maximum wird aber am Rand angenommen. Hätte man die Funktion nicht auf Randextrema untersucht, wäre man zu einem falschen Ergebnis gekommen.

Aufgabe zu 11.1

Von einer rechteckigen Glasplatte wurde eine Ecke abgeschlagen. Aus der beschädigten Scheibe möchte man eine möglichst große rechteckige Scheibe zurechtschneiden. Welche Länge und welche Breite hat diese neue Scheibe? Entnehmen Sie die Maße aus der nebenstehenden Zeichnung.

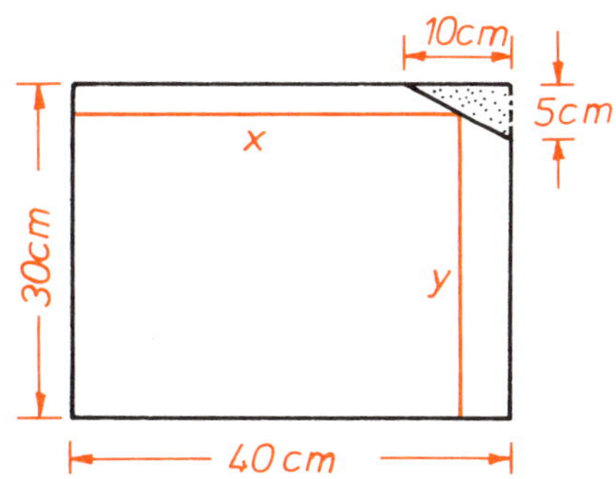

11.2 Gebrochen-rationale Funktion als Extremalbedingung

In diesem Abschnitt werden wieder etwas einfachere Funktionen auftreten. Schon in Lektion 10.6 haben Sie eine gebrochen-rationale Funktion als Extremalbedingung vorgefunden. Hier soll nun das in 10.1 gestellte Problem der Konservendosenherstellung gelöst werden.

Sie erinnern sich: Für die Herstellung von zylinderförmigen Konservendosen von 1 l Inhalt soll möglichst wenig Blech verbraucht werden.

Die Oberfläche des Zylinders soll ein Minimum werden.

$$O(r, h) = 2\pi r^2 + 2\pi rh \qquad \text{Extremalbedingung}$$

Die Nebenbedingung ergibt sich aus der Formel für das Volumen.

$$V = \pi r^2 h \qquad \text{Nebenbedingung}$$

$$h = \frac{V}{\pi r^2}$$

11

In die Extremalbedingung eingesetzt

$$O(r) = 2\pi\left(r^2 + r\cdot\frac{V}{\pi r^2}\right)$$

$$O(r) = 2\pi\left(r^2 + \frac{V}{\pi r}\right)$$

Erste Ableitung

$$O'(r) = 2\pi\left(2r - \frac{V}{\pi r^2}\right)$$

Zweite Ableitung

$$O''(r) = 4\pi\left(1 + \frac{V}{\pi r^3}\right)$$

Ein möglicher Extremwert ergibt sich aus der Gleichung

$$2r = \frac{V}{\pi r^2}$$

$$r^3 = \frac{V}{2\pi}$$

$$r = \sqrt[3]{\frac{V}{2\pi}}$$

Da r positiv ist, ist O'' an dieser Stelle positiv: Es liegt ein Minimum vor. Randextrema können hier nicht auftreten.

Aus der Nebenbedingung erhält man

$$h = \frac{V}{\pi\sqrt[3]{\left(\frac{V}{2\pi}\right)^2}} = 2\cdot\sqrt[3]{\frac{V}{2\pi}}$$

Die minimale Oberfläche ist

$$O = 2\pi\left(\sqrt[3]{\frac{V^2}{4\pi^2}} + 2\sqrt[3]{\frac{V^2}{4\pi^2}}\right) = 3\sqrt[3]{2\pi V^2}$$

Setzen Sie für V den gegebenen Wert 1 l ein und rechnen Sie Radius, Höhe und minimale Oberfläche aus.

r_{min} = ________ h_{min} = ________ O_{min} = ________ → (2)

Aufgaben zu 11.2

1. Bestimmen Sie unter allen Rechtecken mit dem gleichen Flächeninhalt dasjenige mit dem kleinsten Umfang.

2. Eine Streichholzschachtel besteht aus der eigentlichen (oben offenen) Schachtel und der darüber geschobenen Hülle. Sie ist 5 cm lang und hat ein Volumen von 26 cm³. Wie breit und wie hoch muß die Schachtel sein, damit für die Herstellung der gesamten Schachtel mit Hülle möglichst wenig Material gebraucht wird?

11.3 Wurzelfunktion als Extremalbedingung

Wie Sie an dem ersten Beispiel in 11.1 gesehen haben, ist das Differenzieren von Wurzelfunktionen etwas umständlich. Es läßt sich jedoch nicht immer vermeiden. In manchen Fällen kann man sich jedoch helfen, indem man nicht die Wurzelfunktion selbst, sondern ihr Quadrat untersucht. Zum Beispiel:

Bestimmen Sie unter allen Rechtecken mit dem gleichen Umfang u dasjenige mit der kürzesten Diagonalen.

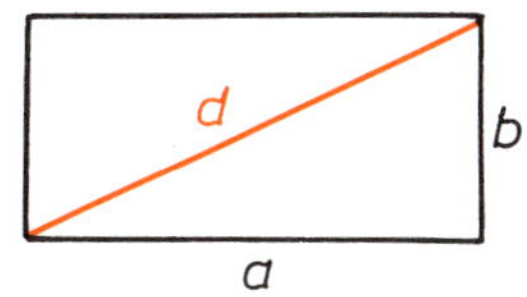

Die Diagonale des Rechtecks soll ein Minimum werden. Mit dem Satz des Pythagoras ist

$$d(a, b) = \sqrt{a^2 + b^2} \quad \text{Extremalbedingung}$$

Aus der Formel für den Umfang ergibt sich die Nebenbedingung

$$u = 2a + 2b \quad \text{Nebenbedingung}$$

$$b = \frac{u}{2} - a$$

eingesetzt in die Extremalbedingung

$$d(a) = \sqrt{a^2 + \left(\frac{u}{2} - a\right)^2}$$

Um das Differenzieren der Wurzelfunktion zu vermeiden, betrachtet man nun nicht die Funktion d, sondern ihr Quadrat d^2.

$$(d(a))^2 = a^2 + \frac{u^2}{4} - ua + a^2$$

Jetzt sind die Ableitungen leicht zu bilden

$$[(d(a))^2]' = 4a - u$$

$$[(d(a))^2]'' = 4$$

$[(d(a))^2]'$ wird Null, wenn $4a - u = 0$ ist,

also für

$$a = \frac{u}{4}$$

und (aus der Nebenbedingung)

$$b = \frac{u}{4}$$

Da $(d^2)''$ stets positiv ist, liegt ein Minimum vor. Randminima können nicht auftreten.

Ist allerdings das hier gefundene Minimum der Quadratfunktion auch ein Minimum der ursprünglichen Funktion? Diese Frage muß noch untersucht werden.

Betrachten Sie dazu eine Funktion, die verschiedene Maxima und Minima besitzt, wie es etwa in dem nebenstehenden Graphen gezeichnet ist.

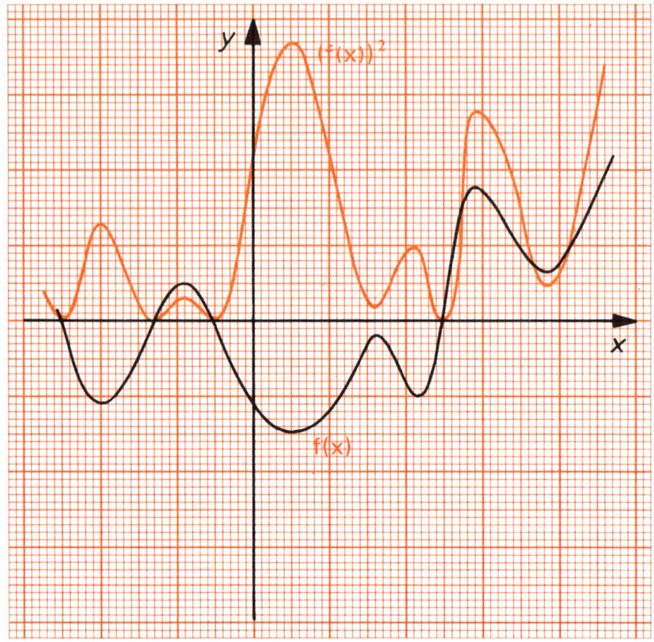

Was geschieht, wenn Sie diese Funktion quadrieren? Zunächst einmal werden alle Funktionswerte von $(f(x))^2$ positiv oder gleich Null sein. Die Nullstellen bleiben erhalten, werden jedoch gleichzeitig zu neuen Minima. Die Maxima und Minima von f(x), die im Positiven lagen, sind auch Maxima bzw. Minima von $(f(x))^2$. Die Maxima und Minima von f(x), die im Negativen lagen, werden jetzt zu Minima bzw. Maxima von $(f(x))^2$ (sie klappen sozusagen um).

Damit haben Sie folgendes Ergebnis:

Hat eine differenzierbare Funktion f(x) relative Extremwerte, so hat die Funktion $(f(x))^2$ mindestens an denselben Stellen Extremwerte.

Diesen Satz kann man mit Hilfe der Produktregel beweisen, was hier nicht ausgeführt werden soll.

Mit den Extremwerten von $(f(x))^2$ hat man also sicher auch die Extremwerte von f(x), möglicherweise allerdings noch mehr. Man muß also prüfen, ob ein gefundener Extremwert von $(f(x))^2$ auch Extremwert von f(x) ist.

Die folgende Aufgabe zeigt Ihnen ein Beispiel, bei dem das Quadrieren der Funktion nicht zur Vereinfachung führt.

In eine Kugel vom Radius R soll ein Zylinder mit der größtmöglichen Oberfläche einbeschrieben werden. Wie groß sind dann Radius r und Höhe h des Zylinders?

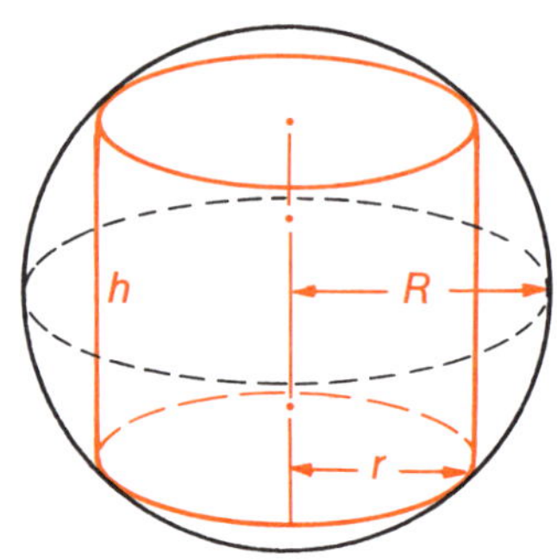

Die Oberfläche des Zylinders soll ein Maximum werden.

$$O(r, h) = 2\pi r^2 + 2\pi rh \qquad \text{Extremalbedingung}$$

Mit Hilfe des Satzes von Pythagoras läßt sich h durch r ausdrücken. Dies zeigt der Querschnitt durch die Figur.

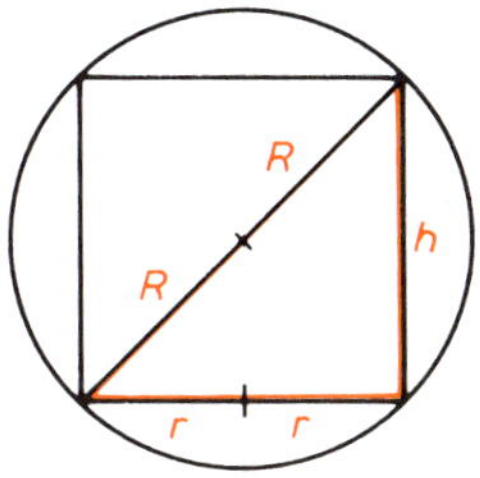

$$h^2 = (2R)^2 - (2r)^2 \qquad \text{Nebenbedingung}$$

$$h = 2\sqrt{R^2 - r^2}$$

In die Extremalbedingung eingesetzt

$$O(r) = 2\pi(r^2 + 2r\sqrt{R^2 - r^2})$$

Da die Wurzel als Summand auftritt, kann sie nicht durch Quadrieren der Funktion beseitigt werden. Man muß daher mit der Wurzelfunktion weiterrechnen.

Erste Ableitung:

$$O'(r) = 2\pi\left(2r + 2\sqrt{R^2 - r^2} + 2r \cdot \frac{(-2r)}{2\sqrt{R^2 - r^2}}\right)$$

$$O'(r) = 2\pi\left(2r + 2\sqrt{R^2 - r^2} - \frac{2r^2}{\sqrt{R^2 - r^2}}\right)$$

$$O'(r) = 4\pi\left(r + \sqrt{R^2 - r^2} - \frac{r^2}{\sqrt{R^2 - r^2}}\right)$$

Die erste Ableitung wird Null, wenn

$$r + \sqrt{R^2 - r^2} - \frac{r^2}{\sqrt{R^2 - r^2}} = 0 \,\Big|\cdot \sqrt{R^2 - r^2}$$

$$r\sqrt{R^2 - r^2} + (R^2 - r^2) - r^2 = 0$$

$$r\sqrt{R^2 - r^2} = 2r^2 - R^2$$

$$r^2(R^2 - r^2) = 4r^4 - 4R^2r^2 + R^4$$

$$r^4 - R^2r^2 + \frac{R^4}{5} = 0$$

$$r^2_{1/2} = R^2\left(\frac{5 \pm \sqrt{5}}{10}\right)$$

$$r_{1/2} = R\sqrt{\frac{5 \pm \sqrt{5}}{10}}$$

Hier entstand eine Wurzelgleichung, zu deren Lösung man die linke und die rechte Seite der Gleichung quadriert hatte. Da das Quadrieren keine Äquivalenzumformung ist, könnte die quadrierte Gleichung mehr Lösungen haben als die ursprüngliche. Man müßte daher erst überprüfen, welcher der errechneten Werte Lösung der ursprünglichen Gleichung ist. Sodann wäre mit Hilfe der zweiten Ableitung (oder auch durch andere Methoden) zu klären, ob es sich bei der Lösung um das gesuchte Maximum handelt.

11

Für die Ränder des Definitionsbereiches erhält man:

für $r = 0$ wird $O = 0$; für $r = R$ wird $O = 2\pi R^2$.

Sie sehen schon, daß die weitere Behandlung dieser Aufgabe einen erheblichen Rechenaufwand erfordert. Dieser soll hier nicht getrieben werden. Vielmehr wird im nächsten Abschnitt diese Aufgabe nochmals aufgegriffen und mit einer Methode gelöst, die schneller zum Ziel führt.

Aufgaben zu 11.3

1. Bestimmen Sie von allen Rechtecken mit der gleichen Diagonallänge d dasjenige mit dem größten Umfang.

2. Ein Radfahrer befindet sich 30 km von einer rechtwinkligen Straßenkreuzung entfernt, auf die er mit einer Geschwindigkeit von 12 km/h zufährt. Zu diesem Zeitpunkt geht ein Fußgänger auf der senkrecht dazu verlaufenden Straße von der Straßenkreuzung mit einer Geschwindigkeit von 4 km/h weg. Nach welcher Zeit haben der Radfahrer und der Fußgänger voneinander die kürzeste Entfernung?

3. Einem Kreis mit dem Radius r soll ein gleichschenkliges Dreieck größten Flächeninhalts einbeschrieben werden. Wie lang sind Grundseite g und Höhe h dieses Dreiecks?

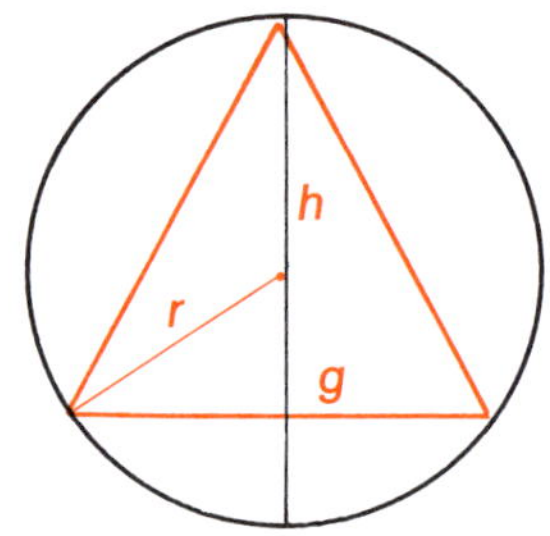

11.4 Trigonometrische Funktion als Extremalbedingung

In eine Kugel vom Radius R soll ein Zylinder mit der größtmöglichen Oberfläche einbeschrieben werden. Wie groß sind dann Radius r und Höhe h des Zylinders?

Falls Sie den Abschnitt 11.3 durchgearbeitet haben, haben Sie diese Aufgabe bereits teilweise gelöst. Dabei konnten Sie feststellen, daß eine Wurzelfunktion zu differenzieren war, was einen erheblichen Rechenaufwand mit sich brachte. Die Aufgabe läßt sich einfacher berechnen, wenn man trigonometrische Funktionen zu Hilfe nimmt und die Oberfläche des Zylinders, die ein Maximum werden soll, als Funktion einer Winkelgröße φ darstellt.

Die Oberfläche des der Kugel einbeschriebenen Zylinders soll ein Maximum werden.

$$O(r, h) = 2\pi r^2 + 2\pi rh \quad \text{Extremalbedingung}$$

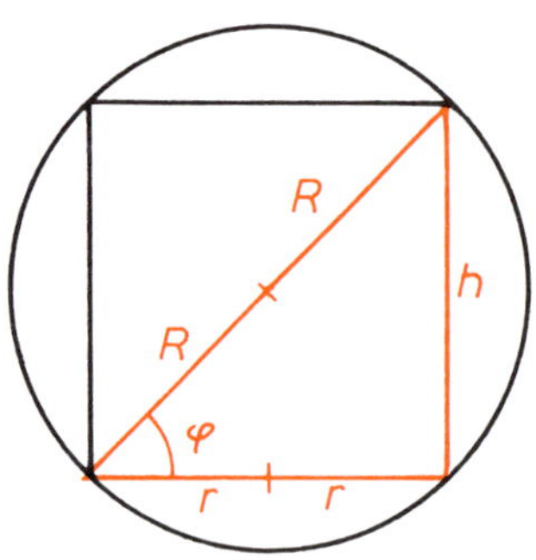

Aus dem Querschnitt durch die Kugel lassen sich r und h in Abhängigkeit von dem Winkel φ darstellen.

$$h = 2R \cdot \sin\varphi$$
$$r = R \cdot \cos\varphi \quad \text{Nebenbedingungen}$$

eingesetzt in die Extremalbedingung $O(\varphi) = 2\pi R^2(\cos^2\varphi + 2 \cdot \sin\varphi \cos\varphi)$

dabei gilt für φ : $0° \leqq \varphi \leqq 90°$

Erste Ableitung $O'(\varphi) = 2\pi R^2(-2\cos\varphi \sin\varphi - 2\sin^2\varphi + 2\cos^2\varphi)$

$$O'(\varphi) = 4\pi R^2(-\sin^2\varphi - \sin\varphi \cos\varphi + \cos^2\varphi)$$

Zweite Ableitung $O''(\varphi) = 4\pi R^2(-2\sin\varphi \cos\varphi - 2\cos\varphi \sin\varphi - \cos^2\varphi + \sin^2\varphi)$

$$O''(\varphi) = 4\pi R^2(\sin^2\varphi - 4\sin\varphi \cos\varphi - \cos^2\varphi)$$

Die erste Ableitung wird Null, wenn

$$-\sin^2\varphi - \sin\varphi \cos\varphi + \cos^2\varphi = 0 \quad | \; :(-\cos^2\varphi)$$

$$\frac{\sin^2\varphi}{\cos^2\varphi} + \frac{\sin\varphi}{\cos\varphi} - 1 = 0 \quad \text{und mit} \quad \frac{\sin\varphi}{\cos\varphi} = \tan\varphi$$

$$\tan^2\varphi + \tan\varphi - 1 = 0$$

$$\tan\varphi_{1/2} = -\frac{1}{2} \pm \sqrt{\frac{1}{4} + 1} = -\frac{1}{2} \pm \frac{1}{2}\sqrt{5}$$

$$\sin\varphi = (-\frac{1}{2} \pm \frac{1}{2}\sqrt{5}) \cos\varphi \quad (\text{weil} \quad \sin\varphi = \tan\varphi \cdot \cos\varphi)$$

$$\sin^2\varphi = \left(\frac{3}{2} \mp \frac{\sqrt{5}}{2}\right) \cos^2\varphi$$

Mit der Beziehung $\sin^2\varphi + \cos^2\varphi = 1$ ergibt sich

$$\left(\frac{3}{2} \mp \frac{\sqrt{5}}{2}\right) \cos^2\varphi + \cos^2\varphi = 1$$

$$\left[\left(\frac{3}{2} \mp \frac{\sqrt{5}}{2}\right) + 1\right] \cdot \cos^2\varphi = 1$$

$$\frac{5 \mp \sqrt{5}}{2} \cdot \cos^2\varphi = 1$$

$$\cos^2\varphi = \frac{2}{5 \mp \sqrt{5}} \quad (\text{erweitert mit } 5 \pm \sqrt{5})$$

$$\cos^2\varphi = \frac{5 \pm \sqrt{5}}{10}$$

$$\cos\varphi = \sqrt{\frac{5 \pm \sqrt{5}}{10}}$$

11

Dann wird $\sin\varphi = \frac{-1 \pm \sqrt{5}}{2} \cdot \sqrt{\frac{5 \pm \sqrt{5}}{10}}$

$$\sin\varphi = \sqrt{\frac{5 \mp \sqrt{5}}{10}}$$

Setzt man diese Werte in die Gleichung für $O'(\varphi)$ ein, so stellt man fest, daß $O'(\varphi)$ nur Null wird, wenn

$$\sin\varphi = \sqrt{\frac{5-\sqrt{5}}{10}} \quad \text{und} \quad \cos\varphi = \sqrt{\frac{5+\sqrt{5}}{10}} \quad \text{ist.}$$

Aus den Nebenbedingungen ergibt sich dann

$$r = R\sqrt{\frac{5+\sqrt{5}}{10}} \quad \text{und} \quad h = 2R\sqrt{\frac{5-\sqrt{5}}{10}}$$

Prüft man jetzt $O''(\varphi)$ für diese Werte von $\sin\varphi$ und $\cos\varphi$, so wird

$$O''(\varphi) = \frac{5-\sqrt{5}}{10} - \frac{5+\sqrt{5}}{10} - \frac{4}{5}\sqrt{5} = -\sqrt{5} < 0$$

Für die errechneten Werte liegt also das geforderte Maximum vor.

Sie sehen, daß die Berechnungen etwas einfacher werden als bei der Wurzelfunktion. Allerdings muß man bei dieser Methode trigonometrische Gleichungen lösen und verhältnismäßig viele Umrechnungen mit Wurzelausdrücken durchführen. Dabei verwendet man immer wieder das „Rational-Machen von Brüchen mit Wurzeln im Nenner", zum Beispiel

$\frac{1}{a+\sqrt{c}}$ wird erweitert mit $a - \sqrt{c}$

dadurch ergibt sich $\frac{1}{a+\sqrt{c}} \cdot \frac{a-\sqrt{c}}{a-\sqrt{c}} = \frac{a-\sqrt{c}}{a^2 - \sqrt{c}^2} = \frac{a-\sqrt{c}}{a^2 - c}$

Wegen der Formel $(a+b)\cdot(a-b) = a^2 - b^2$ hat man nach dem Erweitern keine Wurzel mehr im Nenner.

Aufgaben zu 11.4

1. Lösen Sie von den Aufgaben zu 11.3 die Nr. 1 mit Hilfe trigonometrischer Funktionen.

2. Aus drei Brettern von je a cm Breite soll ein Trog mit trapezförmigem Querschnitt gebaut werden, der möglichst viel Wasser faßt. In welchem Winkel muß das Seitenbrett gegenüber der Senkrechten zur Grundfläche geneigt sein? (Beachten Sie: Der Trog hat dann sein größtes Volumen, wenn die Trapezfläche größten Flächeninhalt besitzt.)

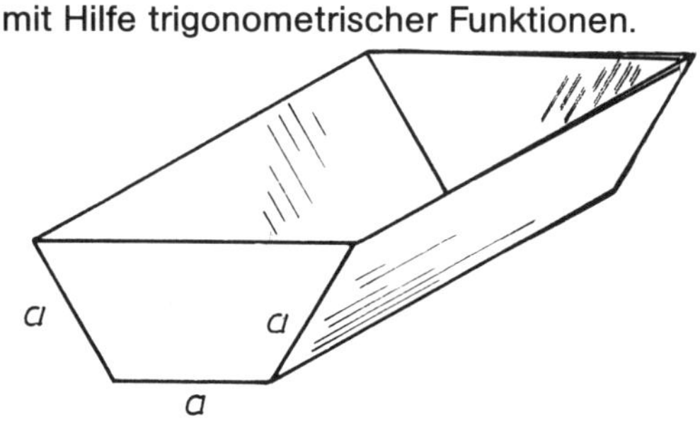

11.5 Die einzelnen Schritte beim Lösen von Extremwertaufgaben

Sie haben bei allen Beispielen gesehen, daß man zum Lösen von Extremwertaufgaben in einer bestimmten Reihenfolge vorgeht. Wenn Sie sich diese wesentlichen Schritte vor Augen halten, werden Sie nach und nach zur Lösung der Aufgabe geführt.

Diese Schritte werden deshalb hier nochmals zusammenfassend aufgeschrieben.

1. Welche Größe soll ein Minimum oder ein Maximum werden?

2. Diese Größe muß als Funktion von Variablen dargestellt werden. (Aufstellen der Extremalbedingung)

3. Ist diese Größe von **mehr als einer** Variablen abhängig?
   (Falls nein, gehen Sie gleich zu Punkt 6.)

4. Zwischen diesen Variablen muß eine Beziehung gesucht werden.
   (Nebenbedingung)

   Falls eine Abhängigkeit von mehr als zwei Variablen besteht, braucht man mehr als eine Nebenbedingung.

   Sie erinnern sich: Solche Nebenbedingungen findet man
   - aus der Aufgabenstellung
   - durch eine Formel (aus der Mathematik, der Physik, der Betriebswirtschaft)
   - durch den geometrischen Zusammenhang (z. B. Satz des Pythagoras, Strahlensatz)

5. Mit Hilfe der Nebenbedingungen wird die Extremalbedingung so umgerechnet, daß die Größe, die ein Extremum annehmen soll, als Funktion von nur einer Variablen erscheint. Diese Funktion muß in dem betrachteten Intervall differenzierbar sein.

6. Von der durch die Extremalbedingung dargestellten Funktion werden die erste und die zweite Ableitung gebildet.

7. Die erste Ableitung wird Null gesetzt. Die entstandene Gleichung wird gelöst. Ihre Lösungen sind mögliche Extremwerte x_i .

8. Die Ergebnisse x_i werden in die zweite Ableitung eingesetzt.
   Ist $f''(x_i) > 0$, so liegt an dieser Stelle ein Minimum vor. (Lokales Minimum)
   Ist $f''(x_i) < 0$, so liegt an dieser Stelle ein Maximum vor. (Lokales Maximum)

11

Ist $f''(x_i) = 0$, so muß man erst eine genauere Untersuchung der Umgebung der Stelle x_i anstellen. Die Methoden der Kurvenuntersuchung aus Lektion 9 helfen dazu.

Bei den meisten Extremwertaufgaben tritt dieser Fall jedoch nicht ein.

9. Welcher Definitionsbereich muß für die betrachtete Funktion aufgrund der Aufgabenstellung betrachtet werden? Gehört x_i zum Definitionsbereich? Welchen Wert hat die Funktion an den Randstellen des Definitionsbereichs?

10. Liegen die Randpunkte höher bzw. tiefer als die lokalen Extremwerte? Der Vergleich der Randextrema mit den lokalen Extremwerten liefert die Lösung des vorgegebenen Problems. (Globales Extremum)

Lösen Sie die Wiederholungsaufgaben zu den Lektionen 10 und 11 mit Hilfe dieses Ablaufplanes der zehn Punkte.

Wiederholungsaufgaben zu 10 und 11

1. Auf der Seite c eines Dreiecks mit der Höhe h ist ein Punkt M gegeben. Eine Parallele zu c schneidet die beiden anderen Dreiecksseiten in P und Q. In welchem Abstand zu c muß die Parallele gezogen werden, damit das Dreieck MPQ möglichst großen Flächeninhalt hat?

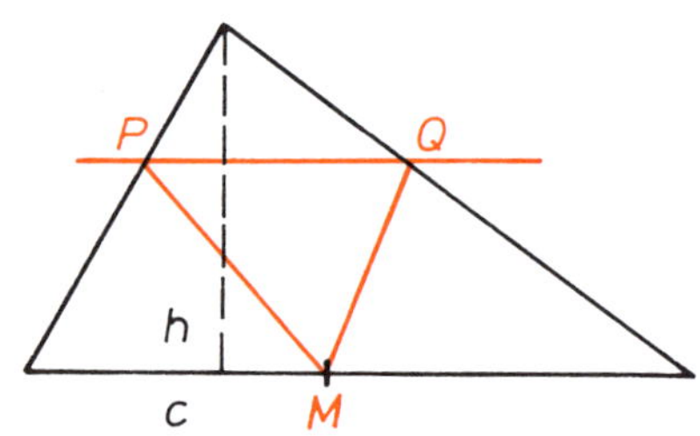

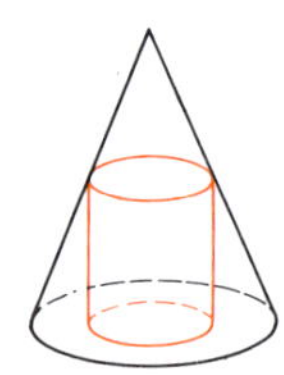

***2.** Einem senkrechten Kreiskegel (Radius r, Höhe h) ist ein Zylinder größten Volumens einzubeschreiben. Wie groß sind Radius x und Höhe y für den Zylinder zu wählen?

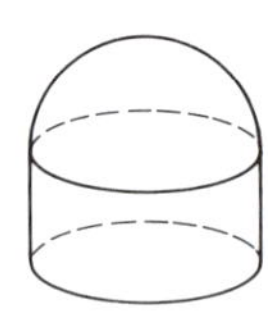

***3.** Ein vollständig geschlossener Behälter besteht aus einem senkrechten Kreiszylinder mit einer aufgesetzten Halbkugel. Wie groß sind Radius und Höhe, wenn bei fester Oberfläche das Volumen maximal werden soll?

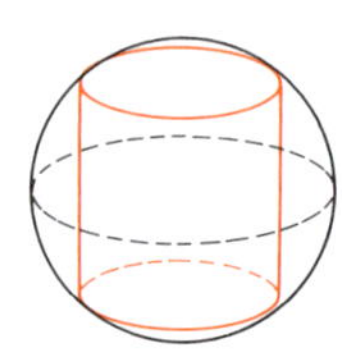

4. In eine Kugel vom Radius R soll ein senkrechter Kreiszylinder von größtem Rauminhalt einbeschrieben werden.

***5.** In einen Kreis vom Radius r soll ein gleichschenkliges Dreieck von größtmöglichem Umfang eingezeichnet werden.

6. Einer Halbkugel ist der Kreiszylinder mit größtem Rauminhalt einzubeschreiben.

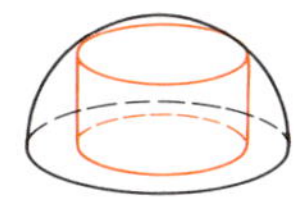

7. Laut Gebührenordnung der Post dürfen bei Päckchen in Rollenform im Auslandsverkehr Länge l und doppelter Grundkreisdurchmesser 2d zusammen höchstens 104 cm betragen. Welche Maße ergeben das größte Volumen und wieviel Liter beträgt es?

8. Aus einem 144 cm langen Draht wird das Kantenmodell einer quadratischen Säule von größtmöglichem Volumen hergestellt. Wie groß sind Kanten und Volumen der Säule?

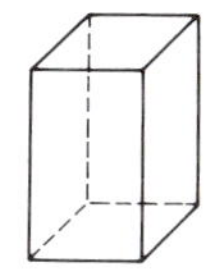

***9.** Auf zwei senkrecht zueinander verlaufenden Straßen fahren zwei Wagen W_1 und W_2 auf die Kreuzung zu. W_1 ist 2 km, W_2 3 km von der Kreuzung entfernt. W_1 fährt mit 54 km/h, W_2 mit 92 km/h Geschwindigkeit. Wann und wo haben die beiden Wagen den kleinsten Abstand voneinander?

10. Peterstal liegt an einem Kanal, Paulsberg liegt 28 km vom Kanal entfernt. Der am nächsten zu Paulsberg gelegene Punkt am Kanal ist 45 km von Peterstal entfernt. An welcher Stelle des Kanals soll eine Fracht von Peterstal nach Paulsberg vom Schiff auf den Lastwagen umgeladen werden, wenn die Frachtkosten möglichst niedrig sein sollen und die Landfracht 67 % teurer ist als die Wasserfracht?

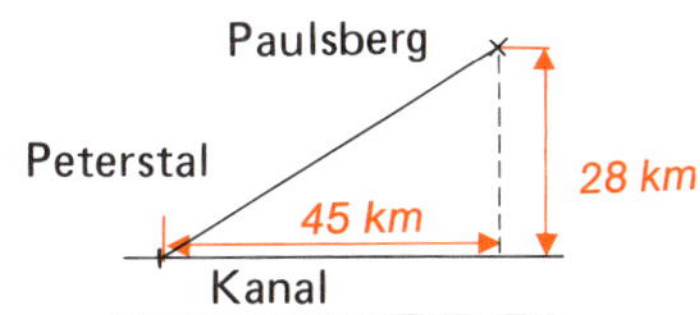

Lösungen der Aufgaben

Lektion 1

Aufgaben im Text

1

10	10	10
6,7	6,7	5,26
6	5,7	5,03
5,7	5,3	5,0025
5,6	5,2	5,0003
5,5	5,1	5,0000
5,4	5,04	5,0000

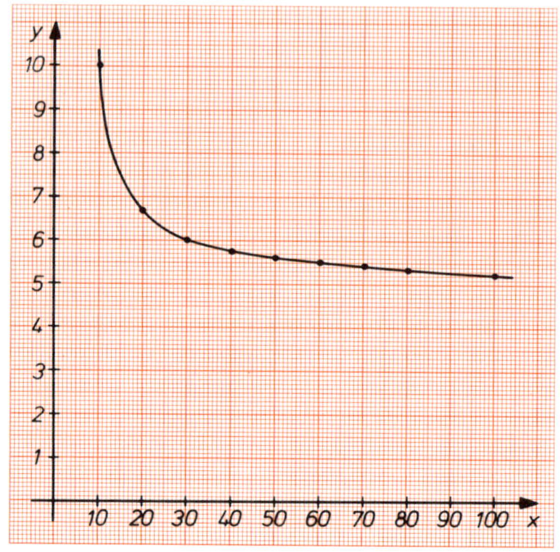

2 $\left|\frac{5}{x} - 0\right| < \frac{1}{100}$

$$\frac{5}{x} < \frac{1}{100} \quad \text{da} \quad x > 0$$

$$x > 500 = S$$

3 $x = 3 + h$

$$f(3+h) = \frac{(3+h)^2 - 9}{(3+h) - 3}$$

$$f(3+h) = \frac{9 + 6h + h^2 - 9}{h}$$

$$f(3+h) = 6 + h$$

$$\lim_{h \to 0} f(3+h) = 6$$

$x = 3 - h$

$$f(3-h) = \frac{(3-h)^2 - 9}{(3-h) - 3}$$

$$f(3-h) = \frac{9 - 6h + h^2 - 9}{-h}$$

$$f(3-h) = 6 - h$$

$$\lim_{h \to 0} f(3-h) = 6$$

Lücke hebbar. Man definiert zusätzlich $f(3) = 6$

4

$\frac{5}{x}$	5	0,5	0,05	0,005	0,0005	0,00005

Vermuteter Grenzwert 0.

5

	− 1,25
	− 3,33
	− 7,5
	−20
	−45
	55
	30
	17,5
	13,33
	11,25

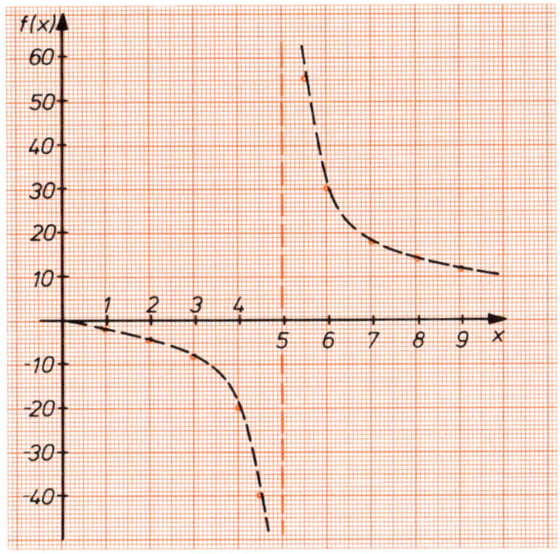

6

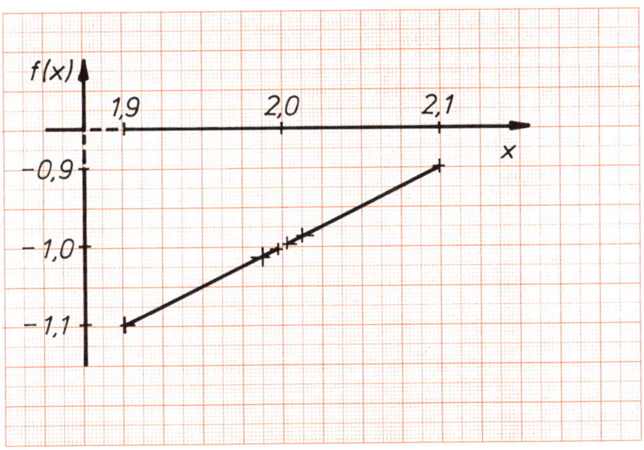

Lösungen der Aufgaben

1.1

1. $x = 750$ $\qquad \left| f(x) - \frac{1}{2} \right| = \left| \frac{750}{1503} - \frac{1}{2} \right| < \frac{1}{1000}$

$x = 1000$ $\qquad \left| f(x) - \frac{1}{2} \right| = \left| \frac{1000}{2003} - \frac{1}{2} \right| < \frac{1}{1000}$

$x = 2000$ $\qquad \left| f(x) - \frac{1}{2} \right| = \left| \frac{2000}{4003} - \frac{1}{2} \right| < \frac{1}{1000}$

2. a) $\lim\limits_{x \to \infty} \frac{4x - 8}{4} = 4 ; S = \frac{8}{\varepsilon}$ $\qquad$ [b)] $\lim\limits_{x \to -\infty} \frac{3x - 2}{x} = 3 ; s = -\frac{2}{\varepsilon}$

*c) $\lim\limits_{x \to \infty} \frac{2x + 3}{x^2 + 3} = 0$ $\qquad$ [d)] $\lim\limits_{x \to -\infty} \frac{|x|}{x} = -1$

1.2

1. a) 0 b) 16 c) 12 d) $+\infty$ bzw. $-\infty$

[2.] a) $\lim\limits_{h \to 0} \dfrac{4(1{,}5 \pm h)^2 - 9}{2(1{,}5 \pm h) - 3} = \lim\limits_{h \to 0} \dfrac{\pm 12h + 4h^2}{\pm 2h} = \lim\limits_{h \to 0} (6 \pm 2h) = 6$

$$\left| \frac{4x^2 - 9}{2x - 3} - 6 \right| < \varepsilon \Leftrightarrow \left| \frac{4(x - 1{,}5)^2}{2(x - 1{,}5)} \right| < \varepsilon \Leftrightarrow |2(x - 1{,}5)| < \varepsilon \Rightarrow \delta = \frac{\varepsilon}{2}$$

$\delta = 0{,}005$

b) $\lim\limits_{h \to 0} \dfrac{4 - (-2 \pm h)^2}{(-2 \pm h) + 2} = \lim\limits_{h \to 0} \dfrac{\pm 4h - h^2}{\pm h} = \lim\limits_{h \to 0} (4 - h) = 4$

$$\left| \frac{4 - x^2}{x + 2} - 4 \right| < \varepsilon \Leftrightarrow \left| \frac{-(x + 2)^2}{x + 2} \right| < \varepsilon \Leftrightarrow |x + 2| < \varepsilon \Rightarrow \delta = \varepsilon$$

$\delta = 0{,}01$

c) $\lim\limits_{x \to 0} \dfrac{x^2}{3 + x^2} = \lim\limits_{h \to 0} \dfrac{h^2}{3 + h^2} = 0\,; \quad \delta = \sqrt{\dfrac{3\varepsilon}{1 - \varepsilon}}$

1.3

a) $x = 5$ hebbar

b) $x = 1$ nicht hebbar, Pol, Asymptote $x = 1$

c) $x = 0$ nicht hebbar, Pol, Asymptote y-Achse

*d) $x = -2$ hebbar; $x = +2$ nicht hebbar, Pol, Asymptote $x = 2$

1.4

a) $\lim\limits_{x \to 3} (9 + x^2)(3 + x) = 18 \cdot 6 = 108$

b) $\dfrac{\lim\limits_{x \to 0} x^2}{\lim\limits_{x \to 0} (x - 5)} = \dfrac{0}{-5} = 0$

c) $\lim\limits_{x \to \infty} \dfrac{1 - \dfrac{2}{x} + \dfrac{6}{x^2}}{1 - \dfrac{5}{x^2}} = 1$

*d) $\lim\limits_{x \to -\infty} \dfrac{\dfrac{4}{x} + 4 + x}{\dfrac{3}{x} - 1} = \infty$

Wiederholungsaufgaben

1. a) 1 b) Pol c) 1 d) ∞ e) 16

2. hebbare Lücke bei $x = -1$; Pol bei $x = 3$; $x \to \infty \quad f(x) \to \infty$; $x \to -\infty \quad f(x) \to -\infty$

3. a) ∞ b) 3 c) $\lim\limits_{x \to 0^-} \frac{|x|}{x} = -1$; $\lim\limits_{x \to 0^+} \frac{|x|}{x} = +1$

4. $x \to -2^- \quad f(x) \to -4$ $x \to 2^- \quad f(x) \to 0$

$x \to -2^+ \quad f(x) \to 0$ $x \to 2^+ \quad f(x) \to 3$

[5.] Ist $\alpha = \lim\limits_{x \to x_0} f(x)$ vorhanden und positiv, so gibt es zu jedem $\varepsilon > 0$ ein δ, so daß $|f(x) - \alpha| < \varepsilon$ für $|x - x_0| < \delta$. Wählt man ε zum Beispiel als $\varepsilon = \frac{\alpha}{2}$, so gilt für alle x in der zugehörigen δ-Umgebung von x_0 $f(x) > \frac{\alpha}{2}$ und somit $f(x) > 0$, weil $\frac{\alpha}{2} > 0$ ist.

L

Lektion 2

Aufgaben im Text

1 $m_S = \frac{(-1+h)^2 - (-1)^2}{h} = \frac{1 - 2h + h^2 - 1}{h} = \frac{h^2 - 2h}{h}$

$m_T = \lim_{h \to 0} \frac{h^2 - 2h}{h} = \lim_{h \to 0} (h - 2) = -2$

2 $m_S = \frac{(x_0 + h)^3 - x_0^3}{h} = \frac{x_0^3 + 3x_0^2 h + 3x_0 h^2 + h^3 - x_0^3}{h} = \frac{3x_0^2 h + 3x_0 h^2 + h^3}{h}$

$m_T = \lim_{h \to 0} \left(\frac{3x_0^2 h + 3x_0 h^2 + h^3}{h}\right) = \lim_{h \to 0} (3x_0^2 + 3x_0 h + h^2) =$

$= \lim_{h \to 0} 3x_0^2 + \lim_{h \to 0} 3x_0 h + \lim_{h \to 0} h^2 = 3x_0^2$

3 $f'(x) = 2ax$ $f'(x) = 2x$ $f'(x) = 3ax^2$ $f'(x) = 3x^2$

4

Steigung in P	4	20	−6	0	−44

5

m_T	3	0	12	3	12	0,75

Lösungen der Aufgaben

2.1

1. a) $\frac{1}{2}$ b) $-\frac{1}{2}$ c) 0 *d) $\frac{3}{5}$

2. a) −3 *b) 2 c) 0 *d) 3

3. a) 4,5 *b) $2\frac{6}{7}$ c) −1 *d) $-6\frac{2}{3}$

(Man muß den veränderten Maßstab auf der y-Achse beachten.)

2.3

1. a) 3 *b) −6,4 **2.** a) x = 0,8 *b) x = −0,25

3. $m_S = \frac{3(2+h)^2 - 3 \cdot 2^2}{h} = \frac{12h + 3h^2}{h}$ $m_T = \lim_{h \to 0} \frac{12h + h^2}{h} = \lim_{h \to 0} (12 + h) = 12$

4. a) $m_S = \frac{2(x_0+h)^2 - 2x_0^2}{h} = \frac{4x_0h + 2h^2}{h}$

$m_T = \lim_{h \to 0} \frac{4x_0h + 2h^2}{h} = \lim_{h \to 0} (4x_0 + 2h) = 4x_0 \quad \Rightarrow \quad y' = 4x$

b) $m_S = \frac{(x_0+h)^2 - 3 - (x_0^2 - 3)}{h} = \frac{2x_0h + h^2}{h}$

$m_T = \lim_{h \to 0} \frac{2x_0h + h^2}{h} = \lim_{h \to 0} (2x_0 + h) = 2x_0 \quad \Rightarrow \quad y' = 2x$

***5.** a) $y' = -3x$ b) $y' = -2x$

2.4

1. a) 4,32 *b) 1,92

2. a) $x_1 = 2$; $x_2 = -2$ *b) $x_1 = 1$; $x_2 = -1$

3. a) $f'(x) = 6x^2$ b) $f'(x) = 3x^2$

Wiederholungsaufgaben

1. a) $f'(x) = 14x$ b) $f'(x) = -3x^2$

2. $y_1' = 2x$; $y_2' = 2x$; $y_3' = 2x$

Die Ableitungsfunktionen sind gleich. Die drei Parabeln haben die gleiche Gestalt; sie sind nur im Koordinatensystem verschoben.

3. $x = 1$

***4.** $m_1 = 2x$; $m_2 = 3x^2$

Sind die Steigungen gleich, so gilt $2x = 3x^2 \Leftrightarrow$

$3x^2 - 2x = 0 \Leftrightarrow$

$x(3x-2) = 0 \Rightarrow x_1 = 0 \qquad x_2 = \frac{2}{3}$

Gleiche Steigung im Nullpunkt.

Gleiche Steigung in den Punkten $\left(\frac{2}{3}\middle|\frac{4}{9}\right)$ auf $y = x^2$ und $\left(\frac{2}{3}\middle|\frac{8}{27}\right)$ auf $y = x^3$.

***5.** a) $f(x) = 2x^2$ b) $f(x) = \frac{x^2}{4}$ c) $f(x) = 3x^3$

L

Lektion 3

Aufgaben im Text

1 $$= \frac{(x_0+h)^n \cdot x_0 + (x_0+h)^n \cdot h - x_0^n \cdot x_0}{h}$$

$$= \frac{(x_0+h)^n \cdot x_0 - x_0^n \cdot x_0 + (x_0+h)^n \cdot h}{h}$$

$$= \frac{[(x_0+h)^n - x_0^n] \cdot x_0 + (x_0+h)^n \cdot h}{h}$$

$$= \frac{(x_0+h)^n - x_0^n}{h} \cdot x_0 + \frac{(x_0+h)^n \cdot h}{h}$$

2 Für die Sekantensteigung:

$$m_S(h) = \frac{4(x_0+h)^3 + \frac{1}{4}(x_0+h)^2 - [4x_0^3 + \frac{1}{4}x_0^2]}{h}$$

$$= \frac{4(x_0+h)^3 + \frac{1}{4}(x_0+h)^2 - 4x_0^3 - \frac{1}{4}x_0^2}{h}$$

$$= \frac{\left[4(x_0+h)^3 - 4x_0^3\right] + \left[\frac{1}{4}(x_0+h)^2 - \frac{1}{4}x_0^2\right]}{h}$$

$$= 4 \cdot \frac{(x_0+h)^3 - x_0^3}{h} + \frac{1}{4} \cdot \frac{(x_0+h)^2 - x_0^2}{h}$$

Und daher für die Tangentensteigung:

$$m_T(x_0) = 4 \cdot \lim_{h \to 0} \frac{(x_0+h)^3 - x_0^3}{h} + \frac{1}{4} \cdot \lim_{h \to 0} \frac{(x_0+h)^2 - x_0^2}{h}$$

$$= 4 \cdot (3x_0^2) + \frac{1}{4}(2x_0)$$

$$= 12x_0^2 + \frac{1}{2}x_0$$

Und dies gilt für jede Stelle $x_0 \in \mathbb{R}$.

3 $$= \frac{m \cdot (x_0+h) - m \cdot x_0}{h} = \frac{m \cdot x_0 + m \cdot h - m \cdot x_0}{h}$$

4 $$= x_0 \cdot (n\, x_0^{n-1}) + x_0^n = n \cdot x_0^n + x_0^n$$

5
$f(x) = x^4$ $\quad f'(x) = 4x^3$
$f(x) = x^5$ $\quad f'(x) = 5x^4$
$f(x) = x^6$ $\quad f'(x) = 6x^5$

6 Für die Sekantensteigung:

$$
\begin{aligned}
m_S(h) &= \frac{(x_0+h)^5 - x_0^5}{h} \\
&= \frac{(x_0+h)^4 \cdot (x_0+h) - x_0^4 \cdot x_0}{h} \\
&= \frac{(x_0+h)^4 \cdot x_0 + (x_0+h)^4 \cdot h - x_0^4 \cdot x_0}{h} \\
&= \frac{(x_0+h)^4 \cdot x_0 - x_0^4 \cdot x_0 + (x_0+h)^4 \cdot h}{h} \\
&= \frac{(x_0+h)^4 - x_0^4}{h} \cdot x_0 + \frac{(x_0+h)^4 \cdot \cancel{h}}{\cancel{h}}
\end{aligned}
$$

Und daher für die Tangentensteigung:

$$
\begin{aligned}
m_T(x_0) &= x_0 \cdot \lim_{h \to 0} \frac{(x_0+h)^4 - x_0^4}{h} + \lim_{h \to 0} (x_0+h)^4 \\
&= x_0 \cdot (4x_0^3) + x_0^4 \\
&= 4x_0^4 + x_0^4 \\
&= 5x_0^4
\end{aligned}
$$

Und dies gilt für jede Stelle $x_0 \in \mathbb{R}$.

Lösungen der Aufgaben

3.1

1. a) $f'(x) = -2$

b) $f'(x) = 3$ denn $f(x) = 3x - \frac{3}{2}$

c) $f'(x) = -\frac{1}{2}$ denn $f(x) = \left(-\frac{1}{2}\right) \cdot x + 3$

d) $f'(x) = 1$ denn $f(x) = -4 + x$

e) $f'(x) = 0$ denn $f(x) = 6 - 4x + 4x = 6$

f) $f'(x) = 12$ denn $f(x) = x^2 + 6x + 9 - (x^2 - 6x + 9) = 12x$

2. Wegen $g'(x) = \frac{1}{2}$: $g(x) = \frac{1}{2}x + c$

Wegen $g(4) = 4$: $g(x) = \frac{1}{2}x + 2$

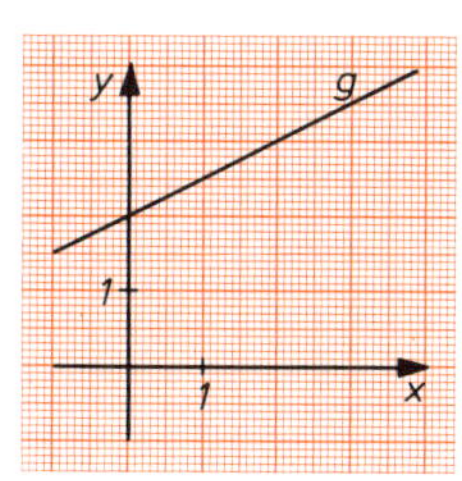

L

3.2

1. a) $f'(x) = 5x^4 \quad f'(3) = 405$
b) $g'(x) = 6x^5 \quad g'(-1) = -6$
c) $h'(x) = 9x^8 \quad h'(\sqrt{2}) = 144$

2. a) $f'(x) = 4x^3 = -32$ für $x_0 = -2$
b) $g'(x) = 3x^2 = 6$ für $x_0 \in \{\sqrt{2}; -\sqrt{2}\}$
c) $h'(x) = 7x^6 = 7$ für $x_0 \in \{1; -1\}$

3.3

1. a) $f'(x) = 6x^2$

b) $f'(x) = -\frac{7}{10}x^6$

c) $f'(x) = 20x^{11}$

2. a) $f'(x) = \frac{5}{3}x^4 \qquad f'(\sqrt{3}) = 15$

b) $g'(x) = -8x^3 \qquad g'(-1) = 8$

c) $h'(x) = \frac{3}{2}x^5 \qquad h'(2) = 48$

3.4

1. a) $f'(x) = 3x^2 + 4x^3$
b) $f'(x) = 5x^4 - 3x^2$
c) $f'(x) = \frac{3}{2}x^2$
d) $f'(x) = 6x^2 + 10x$
e) $f'(x) = x^2 + x + 1$
f) $f'(x) = 35x^4 - 6x^2$
g) $f'(x) = \frac{3}{2}x^5 - 12x^3 + 3$

2. a)

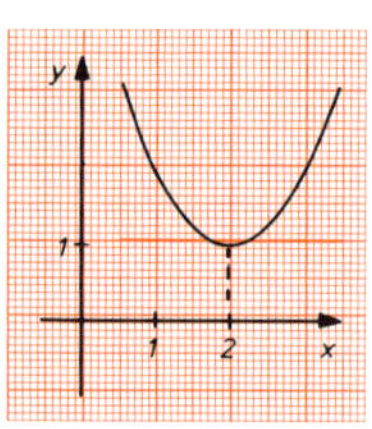

$f'(x) = 2x - 4 = 0$ für $x_0 = 2$

b)

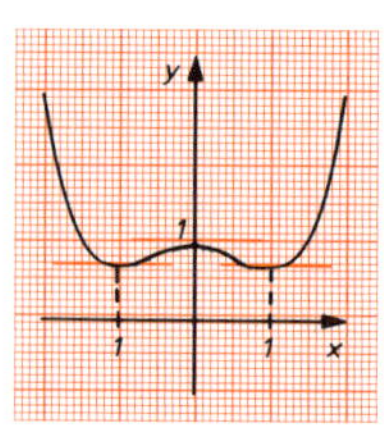

$f'(x) = x^3 - x = x(x^2 - 1) = 0$ für $x_0 \in \{-1; 0; +1\}$

c)

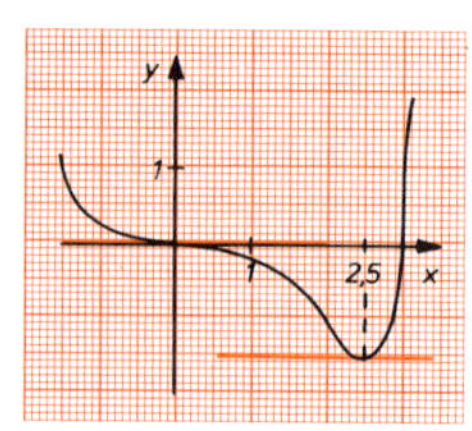

$$f'(x) = \frac{1}{5}x^5 - \frac{1}{2}x^4 = x^4\left(\frac{1}{5}x - \frac{1}{2}\right) = 0$$
für $x_0 \in \{0; 2{,}5\}$

Wiederholungsaufgaben

1. a)

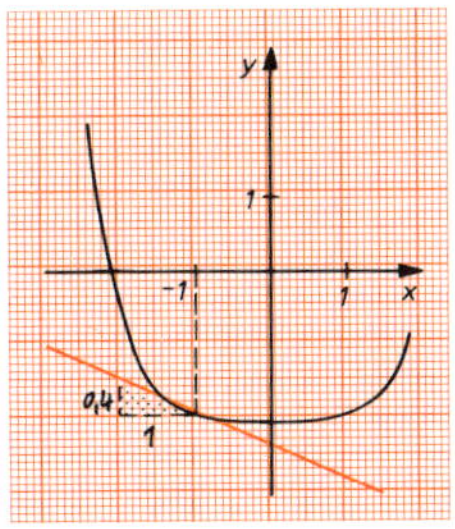

b)

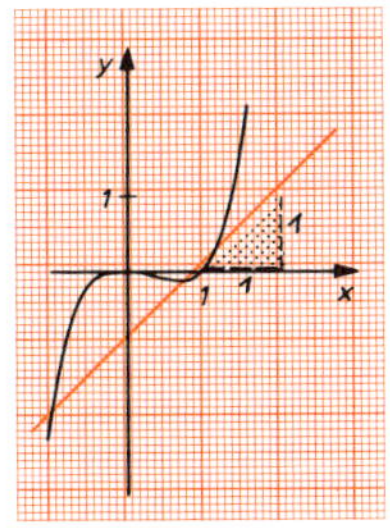

c)

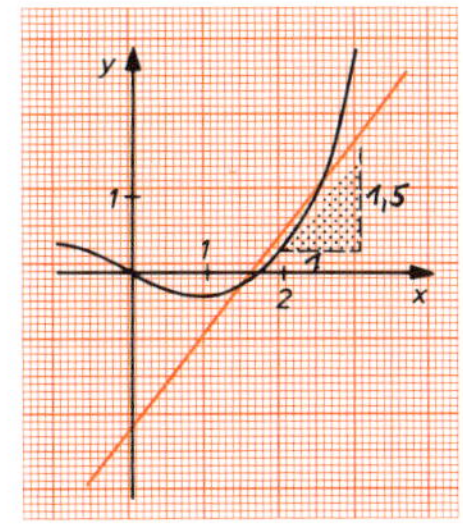

a) $f'(x) = \frac{2}{5}x^3$ $\qquad f'(-1) = -\frac{2}{5}$

b) $g'(x) = 5x^4 - 4x^3$ $\qquad g'(1) = 1$

c) $h'(x) = \frac{1}{2}x^2 - \frac{1}{2}$ $\qquad h'(2) = \frac{3}{2}$

2. a) $f'(x) = 6x^5 - 6x^2$ b) $f'(x) = 3x^8$ c) $f'(x) = 15x^4 - 4x$

d) $f'(x) = 4x^7 + 15x^4 - 4$ e) $f'(x) = 3x^2 - 8x + 1$ f) $f'(x) = 5x^4 - 4x^3 - 4x$

3. a) $f(0) = b = 3 \qquad f'(x) = 3ax^2 \qquad f'(1) = 3a = \frac{1}{2} \Rightarrow a = \frac{1}{6}$

b) $\left.\begin{array}{l} f(2) = 8a - 2b = 2 \\ f'(x) = 3ax^2 - b \qquad f'(2) = 12a - b = 1 \end{array}\right\} \Rightarrow a = 0 \quad b = -1$

4. a) $f'(x) = 5x^4 \geqq 0$, da $x^4 = (x^2)^2 \geqq 0$ für alle $x \in \mathbb{R}$

*b) für alle ungeraden $n \in \mathbb{N}^*$, denn dann ist $n - 1$ gerade, so daß $f'(x) = nx^{n-1} \geqq 0$ für alle $x \in \mathbb{R}$.

***5.** Vergleiche den Beweis in Abschnitt 3.3.

***6.** $\left.\begin{array}{l} f(x) = x^3 - 2x^2 \text{, daher } f'(x) = 3x^2 - 4x \\ f(x) = x^2 \cdot (x - 2) \text{, gliedweise: } 2x \cdot 1 \end{array}\right\} \neq$

L

Lektion 4

Aufgaben im Text

1 $m_S(h) = \frac{f(1+h) - f(1)}{h} = \frac{[(1+h)^2 - 1] - 0}{h} = \frac{1 + 2h + h^2 - 1}{h} = 2 + h; \lim_{h \to 0} m_S(h) = 2$

2 $m_S = \frac{40 - 10}{\frac{1}{2}} = 60 \qquad m_T = \frac{21{,}5 - 10}{\frac{1}{2}} = 23$

Durchschnittsgeschwindigkeit 60 km/h, Momentangeschwindigkeit 23 km/h.

Lösungen der Aufgaben

4.2

1. Differenzenquotient für x_0, $x_0 + h$ mit $h \neq 0$:

$$\frac{a \cdot \sin(x_0 + h) - a \sin x_0}{h} = a \cdot \underbrace{\frac{\sin(x_0 + h) - \sin x_0}{h}}$$

für den Grenzübergang $h \to 0$: $\quad \to \sin' x_0 = \cos x_0$

Mit den Grenzwertsätzen folgt: $f'(x_0) = \lim_{h \to 0} \frac{a \sin(x_0 + h) - a \sin x_0}{h} = a \cdot \cos x_0$

[2.] $m_S = \frac{\cos(x_0 + h) - \cos x_0}{h}$

$$= \frac{-2 \sin \frac{x_0 + h + x_0}{2} \cdot \sin \frac{x_0 + h - x_0}{2}}{h}$$

$$= \frac{-\sin\left(x_0 + \frac{h}{2}\right) \cdot \sin \frac{h}{2}}{\frac{h}{2}}$$

$$= -\sin\left(x_0 + \frac{h}{2}\right) \cdot \frac{\sin \frac{h}{2}}{\frac{h}{2}}$$

$$m_T = \lim_{\frac{h}{2} \to 0} \left[-\sin\left(x_0 + \frac{h}{2}\right) \cdot \frac{\sin \frac{h}{2}}{\frac{h}{2}}\right]$$

$$= -\lim_{\frac{h}{2} \to 0} \sin\left(x_0 + \frac{h}{2}\right) \cdot \lim_{\frac{h}{2} \to 0} \frac{\sin \frac{h}{2}}{\frac{h}{2}}$$

$$m_T = -\sin x_0 \cdot 1$$

4.3

1. a)

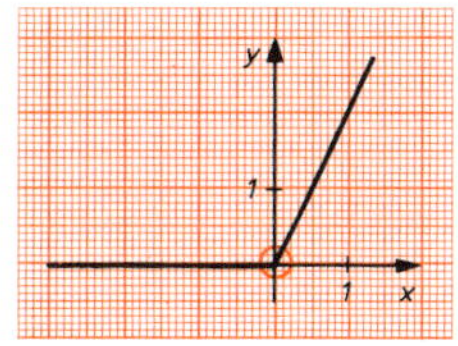

Mit $|h| = h$ für $h > 0$ und $|h| = -h$ für $h < 0$:
von „links" $(h < 0)$:

$$\lim_{h \to 0^-} \frac{f(h) - f(0)}{h} = \lim_{h \to 0^-} \frac{[h - h] - 0}{h} = \lim_{h \to 0^-} \frac{0}{h} = 0$$

von „rechts" $(h > 0)$:

$$\lim_{h \to 0^+} \frac{f(h) - f(0)}{h} = \lim_{h \to 0^+} \frac{[h + h] - 0}{h} = \lim_{h \to 0^+} \frac{2h}{h} = 2$$

*b)

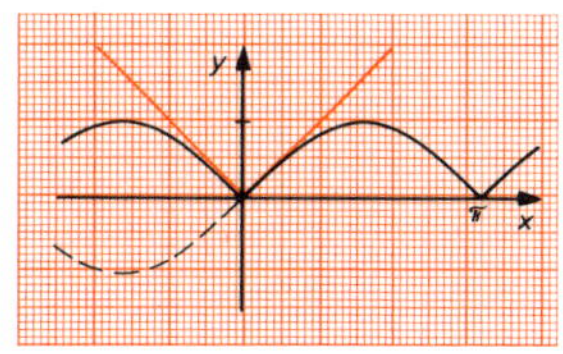

Für $0 < h < \pi$: $\quad f(h) = \sin h$
$\quad -\pi < h < 0$: $\quad f(h) = -\sin h$

von „links" $(h < 0)$:

$$\lim_{h \to 0^-} \frac{f(h) - f(0)}{h} = \lim_{h \to 0^-} \frac{-\sin h}{h} = -\cos 0 = -1$$

von „rechts" $(h > 0)$:

$$\lim_{h \to 0^+} \frac{f(h) - f(0)}{h} = \lim_{h \to 0^+} \frac{\sin h}{h} = \cos 0 = 1$$

2. Wegen $|a \cdot b| = |a| \cdot |b|$ und $|x^2| = x^2$
gilt $f(x) = |x^3| = |x| \cdot x^2$.
Daraus folgt für **alle** $h \neq 0$:

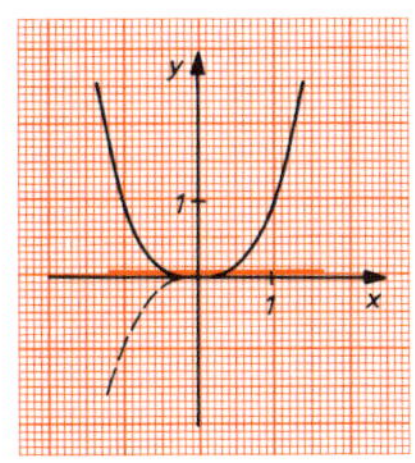

$$\frac{f(h) - f(0)}{h} = \frac{|h| \cdot h^2 - 0}{h} = |h| \cdot h$$

Daher:

$$\lim_{h \to 0} \frac{f(h) - f(0)}{h} = \lim_{h \to 0} |h| \cdot h = 0 = f'(0)$$

4.4

1. $f(x) = \sqrt{x} = x^{\frac{1}{2}} \qquad f'(x) = \frac{1}{2\sqrt{x}} = \frac{1}{2\,x^{\frac{1}{2}}} = \frac{1}{2} \cdot x^{-\frac{1}{2}} = \frac{1}{2} \cdot x^{\frac{1}{2} - 1}$ für $x > 0$

2. Differenzenquotient für $x_0,\ x_0 + h > 0$ mit $h \neq 0$:

$$\frac{f(x_0 + h) - f(x_0)}{h} = \frac{a \cdot \sqrt{x_0 + h} - a\sqrt{x_0}}{h} = a \cdot \underbrace{\frac{\sqrt{x_0 + h} - \sqrt{x_0}}{h}}$$

Daraus folgt $f'(x) = a \cdot \frac{1}{2\sqrt{x_0}}$ $\qquad \rightarrow \frac{1}{2\sqrt{x_0}}$ für $h \rightarrow 0$

L

3. a) $f'(x) = \frac{1}{2\sqrt{x}}$ $\quad f'(64) = \frac{1}{16}$ b) $f'(x) = \frac{1}{6\sqrt{x}}$ $\quad f'(4) = \frac{1}{12}$

c) $f'(x) = \frac{3}{\sqrt{x}}$ $\quad f'(9) = 1$

Wiederholungsaufgaben

***1.** Differenzenquotient für $x_0, x_0 + h$ mit $h \neq 0$

$$\frac{\sin(x_0+h)+\cos(x_0+h)-[\sin x_0+\cos x_0]}{h} = \underbrace{\frac{\sin(x_0+h)-\sin x_0}{h}}_{\to \cos x_0} + \underbrace{\frac{\cos(x_0+h)-\cos x_0}{h}}_{\to -\sin x_0}$$

Grenzübergang für $h \to 0$: $\to \cos x_0$ $\quad \to -\sin x_0$

Mit dem Grenzwertsatz für Summen folgt die Behauptung.

2. a) $f'(25) = \frac{1}{2\sqrt{25}} = \frac{1}{10}$ b) $f'\left(\frac{\pi}{4}\right) = -\sin\frac{\pi}{4} = -\frac{1}{2}\sqrt{2} \approx -0{,}7$

c) $f'(x) = -4\cos 60° = -2$ d) $f'\left(\frac{1}{16}\right) = 2 - \frac{1}{2\sqrt{\frac{1}{16}}} = 0$

*e) $f'(3) = 2 \cdot 3 + \frac{2}{2\sqrt{3}} = 6 + \frac{1}{\sqrt{3}} \approx 6{,}6$ *f) $f'(x) = 1 + \sin 270° = 0$

3. a) $f'(x) = \frac{2}{\sqrt{x}}$ b) $f'(x) = \frac{1}{20\sqrt{x}} + 2 \cdot \sin x$ c) $f'(x) = -\frac{1}{2}\sin x - 4\cos x$

*d) $f'(x) = 2x$ (da $\sqrt{x^4} = x^2$)

[e)] $f'(x) = 0$, da $\sin^2 x + \cos^2 x = 1$ für alle $x \in \mathbb{R}$
(Satz des Pythagoras in der Darstellung am Einheitskreis)

4. Der Graph von f ist der „obere" Halbkreis um den Nullpunkt mit $r = 2$ als Radius. In -2 und in 2 hat er Tangenten parallel zur y-Achse („Steigung unendlich"). Daher ist f dort **nicht** differenzierbar.

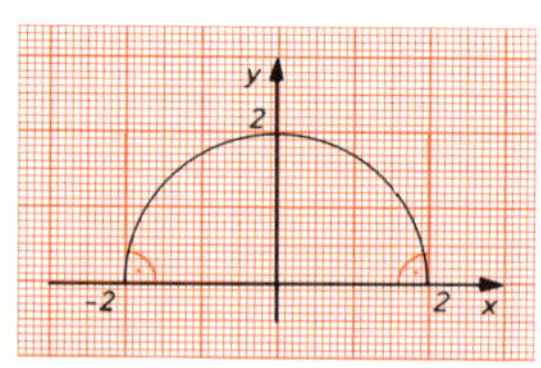

5. von links: $\lim\limits_{h \to 0^-} \frac{f(1+h)-f(1)}{h} = 2$

von rechts: $\lim\limits_{h \to 0^+} \frac{f(1+h)-f(1)}{h} = \frac{1}{2}$

$\neq$

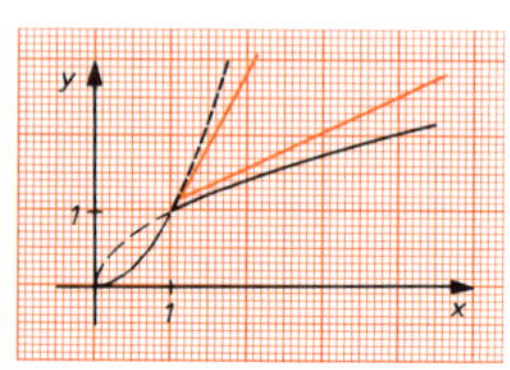

Lektion 5

Aufgaben im Text

1

Δy	6	0,6	0,06	0,006	–	–249,9945	–249,945	–249,45	–244,5

$\lim_{\Delta x \to 0^-} (f(5000 + \Delta x) - f(5000)) = 0$ $\qquad$ $\lim_{\Delta x \to 0^+} (f(5000 + \Delta x) - f(5000)) = -250$

2 $\lim_{x \to 0^+} f(x) = 0 \qquad \lim_{x \to 0^-} f(x) = 0$

3

x	$y = \frac{1}{x}$
0,2	5
0,4	2,5
0,5	2
0,8	1,25
1,0	1
1,6	0,625
2,0	0,5
2,5	0,4
3,0	0,333
4,0	0,25
5,0	0,2

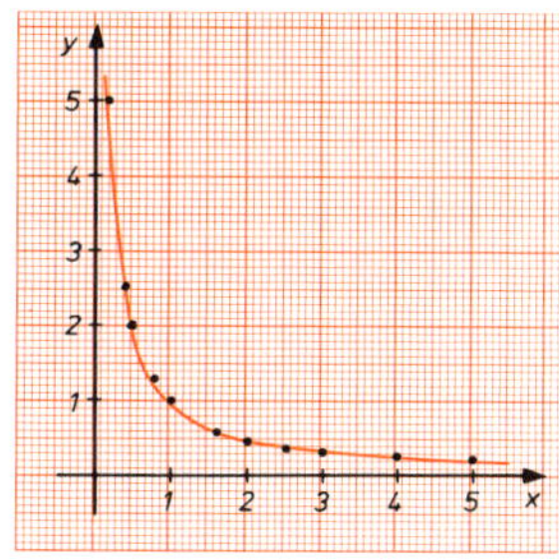

4 $y' = \cos x;\; y'' = -\sin x;\; y''' = -\cos x;\; y^{IV} = \sin x;\; y^{V} = \cos x;\; y^{VI} = -\sin x$.

5 $D = \{x \mid 0 < x \leqq 1000\}$
Unstetigkeitsstellen $x_1 = 50$; $x_2 = 100$; $x_3 = 250$; $x_4 = 500$.

6 $y' = 12x^3 + 21x^2 - 4x + 20$
$y'' = 36x^2 + 42x - 4$
$y''' = 72x + 42$
$y^{IV} = 72$
$y^{V} = 0$

7

$f'(x)$	$-\frac{1}{9}$	$-\frac{1}{4}$	-1	-25	-4	-1

8 Für Gewichte x mit $30\text{ g} \leqq x \leqq 500\text{ g}$:
Minimum: 1,00 DM Maximum: 2,30 DM
Dazwischen wird z. B. 2,00 DM nicht als Wert angenommen, kein Brief kostet 2,00 DM an Porto.

Lösungen der Aufgaben

5.2

1. a) $-12\,;\ -3\,;\ -\frac{4}{3}\,;\ -\frac{3}{4}$ *b) $-3\,;\ -\frac{3}{4}\,;\ -\frac{1}{3}\,;\ -\frac{3}{16}$

2.

f(x)	2	4	8	16	32
f′(x)	−2	−8	−32	−128	−512

$\lim\limits_{x \to 0^+} f(x) = \infty \qquad \lim\limits_{x \to 0^-} f(x) = -\infty$

$\lim\limits_{x \to 0^+} f'(x) = -\infty \qquad \lim\limits_{x \to 0^-} f'(x) = -\infty$

***3.** $$\frac{\Delta y}{\Delta x} = \frac{\frac{1}{(x+\Delta x)^2} - \frac{1}{x^2}}{\Delta x} = \frac{x^2 - (x+\Delta x)^2}{\Delta x \cdot x^2 \cdot (x+\Delta x)^2} = \frac{x^2 - x^2 - 2x \cdot \Delta x - (\Delta x)^2}{\Delta x \cdot x^2 \cdot (x+\Delta x)^2} =$$

$$= \frac{-2x \cdot \Delta x - (\Delta x)^2}{\Delta x \cdot x^2 \cdot (x+\Delta x)^2} = -\frac{2x + \Delta x}{x^2 \cdot (x+\Delta x)^2}$$

$$\lim_{\Delta x \to 0}\left(-\frac{2x+\Delta x}{x^2 \cdot (x+\Delta x)^2}\right) = -\frac{2x}{x^2 \cdot x^2} = -\frac{2}{x^3}$$

5.3 und 5.4

1. $\lim\limits_{\Delta x \to 0} \sqrt{x_0 + \Delta x} = \sqrt{x_0}$; in $x_0 = 0$ rechtsseitig stetig;
in $x_0 = 0$ nicht differenzierbar (vgl. 4.5) .

2. a) in $x_0 = 0$ zwar stetig, aber nicht differenzierbar.
b) in $x_1 = 0$ und $x_2 = 4$ stetig, aber nicht differenzierbar.
*c) in $x_0 = -2$ nicht definiert, also dort weder stetig noch differenzierbar.

3. a) falsch b) wahr c) wahr *d) falsch

5.5

a) $\frac{f(2) - f(-2)}{2 - (-2)} = \frac{0 - (-16)}{4} = 4 = f'(x) = 3x^2 - 4x$ für $x_1 = 2$ und $x_2 = -\frac{2}{3}$,
wobei nur x_2 zwischen den Randpunkten liegt: $-2 < -\frac{2}{3} < 2$.

b) $\frac{f(b) - f(a)}{b - a} = 2 \cdot \frac{b^2 - a^2}{b - a} + 3 \cdot \frac{b - a}{b - a} = 2(b + a) + 3 = f'(x) = 4x + 3$

für $x = \frac{a+b}{2}$, also für das arithmetische Mittel von a, b : $a < \frac{a+b}{2} < b$.

5.6

1. $y = x^3 \qquad \Delta x = \pm 0{,}1 \qquad x = 10 \qquad \frac{\Delta x}{x} = \pm 0{,}01 = \pm 1\%$

$\Delta y \approx 3x^2 \cdot \Delta x = \pm 3 \cdot 100 \cdot 0{,}1 = \pm 30$

$\frac{\Delta y}{y} \approx \frac{3x^2 \cdot \Delta x}{x^3} = 3 \cdot \frac{\Delta x}{x} = \pm 0{,}03 = \pm 3\%$

2. $r = 6370\text{ km} \qquad \Delta r = \pm 5\text{ km} \qquad \frac{\Delta r}{r} = \pm 0{,}00078 = \pm 0{,}078\%$

a) $u = 2\pi r; \quad u' = 2\pi; \quad \Delta u \approx 2\pi \cdot \Delta r = \pm 31\text{ km}$

b) $O = 4\pi r^2; \quad O' = 8\pi r; \quad \Delta O \approx 8\pi r \cdot \Delta r = \pm 800478\text{ km}^2$

c) $V = \frac{4}{3}\pi r^3; \quad V' = 4\pi r^2; \quad \Delta V \approx 4\pi r^2 \cdot \Delta r = \pm 2{,}5$ Milliarden km^3

a) $\frac{\Delta u}{u} \approx \frac{2\pi \cdot \Delta r}{2\pi r} = \frac{\Delta r}{r} = \pm 0{,}00078 = \pm 0{,}078\%$

b) $\frac{\Delta O}{O} \approx \frac{8\pi r \cdot \Delta r}{4\pi r^2} = 2 \cdot \frac{\Delta r}{r} = \pm 0{,}00157 = \pm 0{,}157\%$

c) $\frac{\Delta V}{V} \approx \frac{4\pi r^2 \cdot \Delta r}{\frac{4}{3}\pi r^3} = 3 \cdot \frac{\Delta r}{r} = \pm 0{,}00235 = \pm 0{,}235\%$

***3.**

y	x	x^2	x^3	x^n
$\frac{\Delta y}{y}$	$\frac{\Delta x}{x}$	$2 \cdot \frac{\Delta x}{x}$	$3 \cdot \frac{\Delta x}{x}$	$n \cdot \frac{\Delta x}{x}$

5.7

1. a) $y' = 4{,}5x^2 - 9x + 9$
$y'' = 9x - 9$

b) $s' = g \cdot t$
$s'' = g$

*c) $y' = 1 + x + x^2 + x^3 + \ldots + x^{n-2} + x^{n-1}$
$y'' = 1 + 2x + 3x^2 + \ldots + (n-2)x^{n-3} + (n-1)x^{n-2}$

d) $y' = -\sin x$
$y'' = -\cos x$

2. a) die siebte Ableitung b) die fünfte Ableitung *c) keine

L

Wiederholungsaufgaben

1. $$\frac{\Delta y}{\Delta x} = \frac{\frac{a}{x+\Delta x} - \frac{a}{x}}{\Delta x} = \frac{a(x - x - \Delta x)}{\Delta x \cdot x(x+\Delta x)} = -\frac{a \cdot \Delta x}{\Delta x \cdot x(x+\Delta x)} = -\frac{a}{x(x+\Delta x)}$$

$$\lim_{\Delta x \to 0}\left(-\frac{a}{x(x+\Delta x)}\right) = -\frac{a}{x^2}$$

2. a) überall stetig; für $x = \pm 1$ sicher nicht differenzierbar.
b) für $x \geqq 1$ definiert und stetig; für $x = 1$ nicht differenzierbar.
c) für $x = \pm 1$ nicht definiert, also dort weder stetig noch differenzierbar.

3. Wenn $f(x)$ in x_0 differenzierbar ist, dann ist $f(x)$ in x_0 stetig.
Wenn $f(x)$ in x_0 nicht stetig ist, dann ist $f(x)$ in x_0 nicht differenzierbar.

4. a) wahr b) falsch c) wahr [d)] wahr [e)] falsch [f)] wahr

[5.] $r = 5\text{ cm}$ $\quad \Delta r = \pm 0{,}2\text{ cm}$ $\quad \frac{\Delta r}{r} = 0{,}04 = 4\%$

$A = \pi r^2$ $\quad A' = 2\pi r$ $\quad \Delta A \approx 2\pi r \cdot \Delta r = 6{,}28\text{ cm}^2$

$$\frac{\Delta A}{A} \approx \frac{2\pi r \cdot \Delta r}{\pi r^2} = 2 \cdot \frac{\Delta r}{r} = 0{,}08 = 8\%$$

6. a) $y' = 2x^3 - 0{,}5x$
$y'' = 6x^2 - 0{,}5$
$y''' = 12x$
$y^{IV} = 12$

b) $y' = n\,a\,x^{n-1}$
$y'' = n(n-1)a \cdot x^{n-2}$
$y''' = n(n-1)(n-2) \cdot a \cdot x^{n-3}$
$y^{IV} = n(n-1)(n-2)(n-3) \cdot a \cdot x^{n-4}$

7. unstetig bei $x = 8$ min ; 16 min ; 24 min ; 32 min ; usw.

Lektion 6

Aufgaben im Text

1 x^2 abgeleitet ergibt $2x$
x^3-1 abgeleitet ergibt $3x^2$
Produkt $6x^3$
richtige Ableitung $5x^4-2x$

2 $y = \frac{1}{x}$; $v = x$; $v' = 1$; $v^2 = x^2$; $y' = -\frac{1}{x^2}$

$y = \frac{1}{x^2}$; $v = x^2$; $v' = 2x$; $v^2 = x^4$; $y' = -\frac{2x}{x^4} = -\frac{2}{x^3}$

3 $u = x$; $v = x^2$; $u' = 1$; $v' = 2x$; $y' = x \cdot 2x + 1 \cdot x^2 = 3x^2$

$u = x^2$; $v = x^3-1$; $u' = 2x$; $v' = 3x^2$; $y' = x^2 \cdot 3x^2 + 2x(x^3-1) = 5x^4-2x$

4 $y = f(x) - g(x)$

$$y' = \lim_{\Delta x \to 0} \frac{[f(x_0+\Delta x) - g(x_0+\Delta x)] - [f(x_0) - g(x_0)]}{\Delta x}$$

$$y' = \lim_{\Delta x \to 0} \frac{f(x_0+\Delta x) - f(x_0)}{\Delta x} - \lim_{\Delta x \to 0} \frac{g(x_0+\Delta x) - g(x_0)}{\Delta x}$$

$$y' = f'(x) - g'(x)$$

Lösungen der Aufgaben

6.2 a) $y' = -\frac{7}{x^2}$ b) $y' = \frac{25}{2\sqrt{x}}$ c) $y' = -1{,}5 \sin x$ d) $y' = 0{,}5\, x^{-2}$

6.3

1. a) $y' = 2x - \sin x$ *b) $y' = 9x^2 - 0{,}2 \cos x$ c) $y' = 1 - \frac{1}{x^2}$

$y'' = 2 - \cos x$ $y'' = 18x + 0{,}2 \sin x$ $y'' = \frac{2}{x^3}$

2. a) $y' = 1 + \frac{1}{2\sqrt{x}}$ b) $y' = \cos x + \frac{1}{2\sqrt{x}}$ *c) $y' = \frac{1}{2\sqrt{x}} - \frac{1}{x^2}$

6.4

1. a) $u = x-4$ $u' = 1$
$v = x+2$ $v' = 1$
$y' = x+2+x-4 = 2x-2$

b) $u = 1-x$ $u' = -1$
$v = 20+24x$ $v' = 24$
$y' = -1(20+24x) + 24(1-x)$
$y' = -48x + 4$

L

c) $u = 3x^2 + 2 \qquad u' = 6x$
$v = x^3 - 10x \qquad v' = 3x^2 - 10$
$y' = 6x(x^3 - 10x) + (3x^2 - 10)(3x^2 + 2)$
$y' = 6x^4 - 60x^2 + 9x^4 + 6x^2 - 30x^2 - 20$
$y' = 15x^4 - 84x^2 - 20$

d) $u = v = x + 2 \qquad u' = v' = 1$
$y' = x + 2 + x + 2 = 2x + 4$

*e) $u = x + 1 \qquad u' = 1$
$v = x - 1 \qquad v' = 1$
$y' = x - 1 + x + 1 = 2x$

*f) $u = v = x^2 - 4 \qquad u' = v' = 2x$
$y' = 2x(x^2 - 4) + 2x(x^2 - 4) = 4x^3 - 16x$

*g) $u = 2x - 3 \qquad u' = 2$
$v = x^2 + 4x + 4 \qquad v' = 2x + 4$
$y' = 2(x^2 + 4x + 4) + (2x - 3)(2x + 4)$
$y' = 2x^2 + 8x + 8 + 4x^2 + 2x - 12$
$y' = 6x^2 + 10x - 4$

2. a) $u = x^2 \qquad u' = 2x$
$v = \sin x \qquad v' = \cos x$
$y' = 2x \sin x + x^2 \cos x$

b) $u = v = \frac{1}{x} \qquad u' = v' = -\frac{1}{x^2}$
$y' = -\frac{1}{x^2} \cdot \frac{1}{x} - \frac{1}{x^2} \cdot \frac{1}{x}$
$y' = -\frac{2}{x^3}$

c) $u = x^2 \qquad u' = 2x$
$v = \sqrt{x} \qquad v' = \frac{1}{2\sqrt{x}}$
$y' = 2x\sqrt{x} + \frac{x^2}{2\sqrt{x}}$
$y' = 2x\sqrt{x} + \frac{1}{2}x\sqrt{x} = 2{,}5x\sqrt{x}$

d) $u = \sin x \qquad u' = \cos x$
$v = \cos x \qquad v' = -\sin x$
$y' = \cos^2 x - \sin^2 x$

e) $u = \frac{1}{x} \qquad u' = -\frac{1}{x^2}$
$v = \sin x \qquad v' = \cos x$
$y' = -\frac{\sin x}{x^2} + \frac{\cos x}{x}$

*f) $u = v = \sin x \qquad u' = v' = \cos x$

$y' = 2 \sin x \cos x$

*g) $u = \sqrt{x} \qquad u' = \frac{1}{2\sqrt{x}}$

$v = \sin x \qquad v' = \cos x$

$y' = \frac{\sin x}{2\sqrt{x}} + \sqrt{x} \cos x$

*h) $u = v = w = x - 2 \qquad u' = v' = w' = 1 \qquad y' = 3(x-2)^2$

3. a) $y' = \frac{1}{2\sqrt{x}} + 3x^2 \sin x + x^3 \cos x$

b) $y' = -2 \sin x \cos x - \left(-\frac{1}{x^2}\sqrt{x} + \frac{1}{x} \cdot \frac{1}{2\sqrt{x}}\right)$

$= -2 \sin x \cos x - \left(-\frac{\sqrt{x}}{x^2} + \frac{\sqrt{x}}{2x^2}\right) = -2 \sin x \cos x + \frac{\sqrt{x}}{2x^2}$

6.5

1. $y = \tan x = \frac{\sin x}{\cos x} \qquad u = \sin x \quad u' = \cos x \qquad v = \cos x \quad v' = -\sin x$

$y' = \frac{u'v - v'u}{v^2} = \frac{\cos^2 x + \sin^2 x}{\cos^2 x} = \frac{1}{\cos^2 x}$ (wegen $\sin^2 x + \cos^2 x = 1$)

2. a) $D = \{x \in \mathbb{R} \mid x \neq 2\}$

$u = x \qquad u' = 1$

$v = x - 2 \qquad v' = 1$

$y' = \frac{x - 2 - x}{(x-2)^2} = -\frac{2}{(x-2)^2}$

b) $D = \{x \in \mathbb{R} \mid x \neq -4\}$

$u = x + 1 \qquad u' = 1$

$v = x + 4 \qquad v' = 1$

$y' = \frac{x + 4 - (x+1)}{(x+4)^2} = \frac{3}{(x+4)^2}$

c) $D = \{x \in \mathbb{R} \mid x \neq -2\}$

$u = 3x - 7 \qquad u' = 3$

$v = 4x + 8 \qquad v' = 4$

$y' = \frac{12x + 24 - 12x + 28}{16(x+2)^2} = \frac{13}{4(x+2)^2}$

L

d) $D = \left\{x \in \mathbb{R} \,\middle|\, x \neq \pm\sqrt{\frac{2}{3}}\right\}$

$u = 4 + 10x^2 \quad u' = 20x$

$v = 2 - 3x^2 \quad v' = -6x$

$$y' = \frac{40x - 60x^3 + 24x + 60x^3}{(2 - 3x^2)^2} = \frac{64x}{(2 - 3x^2)^2}$$

e) $D = \{x \in \mathbb{R} \,|\, x \neq \pm\sqrt{3}\}$

$u = x^2 \quad u' = 2x$

$v = 3 - x^2 \quad v' = -2x$

$$y' = \frac{6x - 2x^3 + 2x^3}{(3 - x^2)^2} = \frac{6x}{(3 - x^2)^2}$$

*f) $D = \{x \in \mathbb{R} \,|\, x \neq 0\}$

$u = 0{,}04x^4 - 1 \quad u' = 0{,}16x^3$

$v = x^4 \quad v' = 4x^3$

$$y' = \frac{0{,}16x^7 - 0{,}16x^7 + 4x^3}{x^8} = \frac{4}{x^5}$$

*g) $D = \{x \in \mathbb{R} \,|\, x \neq 0\}$

$u = x^2 - ax + b^2 \quad u' = 2x - a$

$v = abx \quad v' = ab$

$$y' = \frac{2abx^2 - a^2bx - abx^2 + a^2bx - ab^3}{a^2b^2x^2}$$

$$y' = \frac{x^2 - b^2}{abx^2}$$

*h) $D = \{x \in \mathbb{R} \,|\, x \neq 0\}$

$v = x^{2n-1} \quad v' = (2n - 1)\, x^{2n-2}$

$$y' = -\frac{c(2n - 1)\, x^{2n-2}}{x^{4n-2}} = -\frac{c(2n - 1)}{x^{2n}}$$

3. a) $$y' = \frac{-1}{(1 + x)^2} - \frac{1}{(1 - x)^2}$$

b) $$y' = \frac{x\cos x - \sin x}{x^2} + \frac{\sin x - x\cos x}{\sin^2 x}$$

*c) $$y' = \frac{2x\sqrt{x} - \frac{1}{2\sqrt{x}}(x^2 - 1)}{x} - \frac{\frac{1}{2\sqrt{x}}(x - 1) - \sqrt{x}}{(x - 1)^2}$$

$$y' = 2\sqrt{x} - \frac{1}{2}\sqrt{x} + \frac{1}{2x\sqrt{x}} - \frac{\frac{1}{2}\sqrt{x} - \frac{1}{2\sqrt{x}} - \sqrt{x}}{(x - 1)^2}$$

$$y' = 1{,}5\sqrt{x} + \frac{1}{2x\sqrt{x}} + \frac{\frac{1}{2}\sqrt{x} + \frac{1}{2\sqrt{x}}}{(x - 1)^2}$$

6.6 a) $y' = -3x^{-4}$

b) $y' = -10x^{-11}$

c) $y' = -4x^{-9}$

d) $y' = -\frac{5}{4x^6}$

e) $y' = -\frac{32977}{x^{4712}}$

Wiederholungsaufgaben

1. a) $u = x - 4 \qquad u' = 1$

$v = x^2 + 1 \qquad v' = 2x$

$y' = \frac{1}{5}(x^2 + 1 + 2x^2 - 8x)$

$y' = \frac{1}{5}(3x^2 - 8x + 1)$

b) $u = x^5 \qquad u' = 5x^4$

$v = \sqrt{x} \qquad v' = \frac{1}{2\sqrt{x}}$

$y' = 5x^4\sqrt{x} + \frac{1}{2}x^4\sqrt{x} = 5{,}5x^4\sqrt{x}$

*c) $u = \sqrt{x} \qquad u' = \frac{1}{2\sqrt{x}}$

$v = x^2 + 5 \qquad v' = 2x$

$y' = \frac{x^2 + 5}{2\sqrt{x}} + 2x\sqrt{x} = 2{,}5x\sqrt{x} + \frac{5}{2\sqrt{x}}$

d) $u = v = \cos x \qquad u' = v' = -\sin x$

$y' = -2\sin x \cos x$

2. a) $u = x - 5 \qquad u' = 1$

$v = x \qquad v' = 1$

$y' = \frac{x - x + 5}{x^2} = \frac{5}{x^2}$

b) $u = 2 - x^2 \qquad u' = -2x$

$v = 4x^2 \qquad v' = 8x$

$y' = \frac{-8x^3 - 16x + 8x^3}{16x^4} = -\frac{1}{x^3}$

L

*c) $u = 1 - x^2 \cos x \qquad u' = -2x \cos x + x^2 \sin x$

$v = x^2 \qquad v' = 2x$

$$y' = \frac{-2x^3 \cos x + x^4 \sin x - 2x + 2x^3 \cos x}{x^4}$$

$$y' = \frac{x^3 \sin x - 2}{x^3}$$

*d) $u = x - 1 \qquad u' = 1$

$v = \sqrt{x} \qquad v' = \frac{1}{2\sqrt{x}}$

$$y' = \frac{\sqrt{x} - \frac{1}{2}\sqrt{x} + \frac{1}{2\sqrt{x}}}{x} = \frac{1}{2\sqrt{x}} + \frac{1}{2x\sqrt{x}}$$

3. a) $y = \frac{4}{5}x^{-2} \qquad y' = -\frac{8}{5}x^{-3} \qquad y'' = \frac{24}{5}x^{-4}$

b) $y' = \frac{\sin x}{2\sqrt{x}} + \sqrt{x}\cos x$

$$y'' = \frac{2\sqrt{x}\cos x - \frac{\sin x}{\sqrt{x}}}{4x} + \frac{\cos x}{2\sqrt{x}} - \sqrt{x}\sin x$$

$$y'' = \frac{\cos x}{2\sqrt{x}} - \frac{\sin x}{4x\sqrt{x}} + \frac{\cos x}{2\sqrt{x}} - \sqrt{x}\sin x$$

$$y'' = \frac{\cos x}{\sqrt{x}} - \frac{\sin x}{4x\sqrt{x}} - \sqrt{x}\sin x$$

*c) $u = x - 1 \qquad u' = 1$

$v = x^2 \qquad v' = 2x$

$$y' = \frac{x^2 - 2x^2 + 2x}{x^4} = \frac{-x + 2}{x^3}$$

$u_1 = 2 - x \qquad u_1' = -1$

$v_1 = x^3 \qquad v_1' = 3x^2$

$$y'' = \frac{-x^3 - 6x^2 + 3x^3}{x^6} = \frac{2x - 6}{x^4}$$

oder einfacher: $y = x^{-1} - x^{-2}$; $y' = -x^{-2} + 2x^{-3}$; $y'' = 2x^{-3} - 6x^{-4}$

*d) $y' = \frac{x \cos x - \sin x}{x^2}$; $\qquad y'' = \frac{(\cos x - x \sin x - \cos x)x^2 - 2x(x \cos x - \sin x)}{x^4}$

$$y'' = \frac{1}{x^3}(-x^2 \sin x - 2x \cos x + 2 \sin x)$$

4. a) $u = x^3 \qquad u' = 3x^2$
$v = x^2 - 2cx + c^2 \qquad v' = 2x - 2c$

$$y' = \frac{3x^4 - 6cx^3 + 3c^2x^2 - 2x^4 + 2cx^3}{(x-c)^4}$$

$$y' = \frac{x^4 - 4cx^3 + 3c^2x^2}{(x-c)^4}$$

$$y' = \frac{x^2(x^2 - 4cx + 3c^2)}{(x-c)^4}$$

$$y' = \frac{x^2(x-c)(x-3c)}{(x-c)^4}$$

$$y' = \frac{x^2(x-3c)}{(x-c)^3}$$

b) $u = ax + b \qquad u' = a$
$v = \cos x \qquad v' = -\sin x$

$$y' = \frac{a\cos x + ax\sin x + b\sin x}{\cos^2 x}$$

*c) $u = \sin x \qquad u' = \cos x$
$v = 1 + \cos x \qquad v' = -\sin x$

$$y' = \frac{\cos x + \cos^2 x + \sin^2 x}{(1+\cos x)^2}$$

$$y' = \frac{1+\cos x}{(1+\cos x)^2} = \frac{1}{1+\cos x}$$

*d) $$y' = -\frac{1}{2x\sqrt{x}} - \frac{(\cos x + 1)\cos x + \sin^2 x + x\sin x}{\cos^2 x}$$

$$y' = -\frac{1}{2x\sqrt{x}} - \frac{1}{\cos^2 x}(\cos^2 x + \cos x + \sin^2 x + x\sin x)$$

$$y' = -\frac{1}{2x\sqrt{x}} - \frac{1}{\cos^2 x}(1 + \cos x + x\sin x)$$

5. a) $y = -\frac{1}{x}$ *b) $y = -\frac{1}{x^3}$ c) $y = -\cos x$ *d) $y = \frac{1}{\sin x}$

[6.] $y = u \cdot v$
$y' = u'v + uv'$
$y'' = (u'v)' + (uv')'$
$y'' = u''v + u'v' + u'v' + uv''$
$y'' = u''v + 2u'v' + uv''$

[7.] $y = u \cdot (v \cdot w)$
$y' = u'(v \cdot w) + u(v \cdot w)'$
$y' = u'vw + u(v'w + vw')$
$y' = u'vw + uv'w + uvw'$

L

Lektion 7

Aufgaben im Text

1 $h'(2) = 4 \cdot \sqrt{\frac{2}{5}} - \frac{9}{2\sqrt{\frac{2}{5}} \cdot 25} \approx 2{,}25$

2 $f(y) = \sin y$ $\qquad$ $g(x) = x^2$

$f'(y_0) = \cos y_0 = \cos {x_0}^2$ $\qquad$ $g'(x_0) = 2x_0$

$h'(x_0) = \cos {x_0}^2 \cdot 2x_0$

$h'(x) = 2x \cdot \cos x^2$

3 $h_1'(x) = 2x$

4 $(f \circ g)(2) = \sqrt{2-2} = 0 \neq \sqrt{2} - 2 = (g \circ f)(2)$

5 $f'(y) = \frac{1}{2\sqrt{y}}$ $\qquad$ $g'(x) = \frac{1-x^2}{(x^2+1)^2}$

6 $g'(2) = \frac{1}{3\sqrt[3]{4}} \approx 0{,}21$

7 $h'(x) = \frac{x}{\sqrt{x^2+1}}$ $\qquad$ $h'(2) = \frac{2}{\sqrt{5}} \approx 0{,}89$

8 $f(y) = \sqrt{y}$ $\qquad$ $g(x) = \frac{x}{x^2+1}$

9 $h_1(x) = (x^2 - 1)$ $\qquad$ $h_2(x) = \sqrt{\frac{x}{x^2+1}}$

10 $h'(x) = 2x\sqrt{\frac{x}{x^2+1}} - \frac{(x^2-1)^2}{2\sqrt{\frac{x}{x^2+1}} \cdot (x^2+1)^2}$

11 $= g(2y-3) = \frac{1}{2y-3} \quad \left(y \neq \frac{3}{2}\right)$

12 $f(y) = \sqrt[3]{y}$ $\qquad$ $g(x) = x^2 + 1$

$f'(y) = \frac{1}{3 \cdot \sqrt[3]{y^2}}$ $\qquad$ $g'(x) = 2x$

$h'(x) = \frac{2x}{3 \cdot \sqrt[3]{(x^2+1)^2}}$

13 $g(x) = \frac{1}{x} \quad (x \neq 0)$

$f(y) = \sin y \quad (y \in \mathbb{R})$

$D_g = \mathbb{R}\setminus\{0\} \qquad D_f = \mathbb{R} \qquad D_h = \mathbb{R}\setminus\{0\}$

14

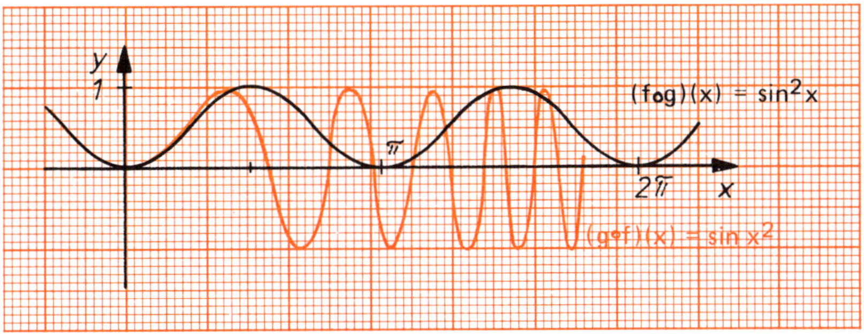

Lösungen der Aufgaben

7.1

1. a) $\left(f \circ g\right)\left(\frac{\pi}{2}\right) = \sin\left(2 \cdot \frac{\pi}{2}\right) = \sin \pi = 0$

$\left(g \circ f\right)\left(\frac{\pi}{2}\right) = 2 \cdot \sin\frac{\pi}{2} = 2$

b) $(f \circ g)(2) = \frac{1}{1-(1-2)} = \frac{1}{2}$

$(g \circ f)(2) = 1 - \frac{1}{1-2} = 2$

2. a) $(f \circ g)(x) = (\sqrt{x})^4 + 1$ für $x \geqq 0$

$(g \circ f)(x) = \sqrt{x^4 + 1}$ für alle $x \in \mathbb{R}$

b) $(f \circ g)(x) = \frac{1}{\left(\frac{1}{x}\right)^2 + 1} = \frac{x^2}{x^2+1}$ für $x \neq 0$

$(g \circ f)(x) = \frac{1}{\frac{1}{x^2+1}} = x^2 + 1$ für alle $x \in \mathbb{R}$

3. a) $f(x) = \sin x \quad g(x) = \sqrt{x}$

b) $f(x) = \frac{1}{x} \quad g(x) = (x+2)^2$

7.2

1. a) $h(x) = f(g(x))$ mit $f(y) = \sqrt{y}$, $y = g(x) = x^3 + 1$, $f'(y) = \frac{1}{2\sqrt{y}}$

$g'(x) = 3x^2$

$h'(x) = \frac{1}{2\sqrt{x^3+1}} \cdot 3x^2 = \frac{3x^2}{2\sqrt{x^3+1}}$

b) $h(x) = f(g(x))$ mit $f(y) = \frac{1}{4}\sin y$, $y = g(x) = 2x \quad f'(y) = \frac{1}{4}\cos y \quad g'(x) = 2$

$h'(x) = \frac{1}{4}\cos(2x) \cdot 2 = \frac{1}{2}\cos(2x)$

c) mit der Produktregel und der Kettenregel für den 2. Faktor:

$h'(x) = 2x \cdot \cos x^2 + x^2 \cdot (-\sin x^2 \cdot 2x) = 2x \cdot \cos x^2 - 2x^3 \sin x^2$

2. a) mit Kettenregel und Quotientenregel:

$h'(x) = \frac{1}{2\sqrt{\frac{x^2}{x-2}}} \cdot \frac{2x(x-2) - x^2 \cdot 1}{(x-2)^2}$

$h'(3) = \frac{1}{2\sqrt{9}} \cdot \frac{6-9}{1} = -\frac{1}{2}$

L

b) mit der Produktregel und der Kettenregel für beide Faktoren:

$$h'(x) = \left(\frac{1}{2\sqrt{x^2+1}} \cdot 2x\right) \cdot (x-3)^5 + \sqrt{x^2+1} \cdot (5(x-3)^4 \cdot 1) =$$

$$= \frac{x(x-3)^5}{\sqrt{x^2+1}} + 5\sqrt{x^2+1}\ (x-3)^4 \qquad h'(2) = \frac{-2}{\sqrt{5}} + 5 \cdot \sqrt{5} \approx 10{,}29$$

7.3

1. a) $f'(x) = \frac{1}{4 \cdot \sqrt[4]{x^3}}$ b) $f'(x) = \frac{3{,}5}{7 \cdot \sqrt[7]{x^6}} = \frac{1}{2\sqrt[7]{x^6}}$ c) $f'(x) = \frac{1}{2\sqrt{x}} + \frac{1}{3\sqrt[3]{x^2}}$

2. a) $f'(x) = \frac{1}{5 \cdot \sqrt[5]{x^4}}$ $f'\left(\frac{1}{2}\right) = 0{,}348$

b) mit der Kettenregel: $f'(x) = \frac{1}{3\sqrt[3]{(x^3+1)^2}} \cdot 3x^2$ $f'(2) = \frac{12}{3 \cdot \sqrt[3]{81}} \approx 0{,}92$

3. a) $f(x) = x^{\frac{2}{3}}$ $f'(x) = \frac{2}{3}x^{-\frac{1}{3}} = \frac{2}{3\sqrt[3]{x}}$

b) $f(x) = x^{\frac{3}{4}}$ $f'(x) = \frac{3}{4}x^{-\frac{1}{4}} = \frac{3}{4\sqrt[4]{x}}$

c) $f(x) = x^{-\frac{3}{4}}$ $f'(x) = -\frac{3}{4}x^{-\frac{7}{4}} = -\frac{3}{4\sqrt[4]{x^7}}$

4. a) $f(x) = (x-4)^{\frac{3}{4}}$, mit der Kettenregel: $f'(x) = \frac{3}{4}(x-4)^{-\frac{1}{4}} \cdot 1 = \frac{3}{4\sqrt[4]{x-4}}$ $f'(5) = \frac{3}{4}$

b) $f(x) = x^{\frac{1}{3}} \cdot x^{\frac{1}{2}} = x^{\frac{1}{3}+\frac{1}{2}} = x^{\frac{5}{6}}$ $f'(x) = \frac{5}{6} \cdot x^{-\frac{1}{6}} = \frac{5}{6\sqrt[6]{x}}$ $f'(64) = \frac{5}{12}$

Wiederholungsaufgaben

1. a) für $x > 0$ $(\Rightarrow x^3 > 0)$: $f'(x) = \frac{3x^2}{2\sqrt{x^3}}$

b) für $-2 < x < 2$ $(\Rightarrow 4 - x^2 > 0)$: $f'(x) = \frac{-2x}{3 \cdot \sqrt[3]{(4-x^2)^2}}$

c) für $x \neq \frac{3}{2}$ mit $f(x) = (2x-3)^{-5}$: $f'(x) = -5(2x-3)^{-6} \cdot 2 = \frac{-10}{(2x-3)^6}$

2. $s(x) = h(f(g(x)))$ mit $h(z) = \sin z$ $f(y) = \sqrt{y}$ $g(x) = x^2 + 1$

$s'(x) = \cos\sqrt{x^2+1} \cdot \frac{1}{2\sqrt{x^2+1}} \cdot 2x = \frac{x}{\sqrt{x^2+1}} \cdot \cos\sqrt{x^2+1}$ für alle $x \in \mathbb{R}$

3. $f'(x) = -\sin\sqrt{x} \cdot \frac{1}{2\sqrt{x}} = \frac{-\sin\sqrt{x}}{2\sqrt{x}}$

4. $f'(x) = 4 \cdot (x^3 - 2x^2 + 1)^3 \cdot (3x^2 - 4x)$

5. $f'(x) = 3 \cdot (4x^2 - 3)^2 \cdot 8x$

6. Mit $f(x) = (2x^2 + 5)^{-3}$: $f'(x) = -3(2x^2 + 5)^{-4} \cdot 4x = -\frac{12x}{(2x^2 + 5)^4}$

7. Mit $f(x) = (x^3 + 2)^{-\frac{1}{2}}$: $f'(x) = -\frac{1}{2}(x^3 + 2)^{-\frac{3}{2}} \cdot 3x^2 = -\frac{3x^2}{2 \cdot \sqrt{(x^3 + 2)^3}}$

8. $f'(x) = \frac{1}{2\sqrt{x + \sqrt{x}}} \cdot \left(1 + \frac{1}{2\sqrt{x}}\right) = \frac{2\sqrt{x} + 1}{4\sqrt{x} \cdot \sqrt{x + \sqrt{x}}}$

9. $f'(x) = \frac{1}{2\sqrt{1 + \sin^2 x}} \cdot 2\sin x \cos x = \frac{\sin x \cdot \cos x}{\sqrt{1 + \sin^2 x}}$

***10.** $f'(x) = \cos(x^2 + \pi)^3 \cdot 3(x^2 + \pi)^2 \cdot 2x = 6x(x^2 + \pi)^2 \cdot \cos(x^2 + \pi)^3$

***11.** $f'(x) = 2\left(1 + \sqrt{1 + \sqrt[3]{x}}\right) \cdot \frac{1}{2\sqrt{1 + \sqrt[3]{x}}} \cdot \frac{1}{3\sqrt[3]{x^2}}$

***12.** $f'(x) = 4 \cdot (\cos x^3 + 1)^3 \cdot (-\sin x^3) \cdot 3x^2 = -12x^2 (\cos x^3 + 1)^3 \sin x^3$

13. Mit $f(x) = x^{\frac{5}{4}}$: $f'(x) = \frac{5}{4} x^{\frac{1}{4}} = \frac{5}{4}\sqrt[4]{x}$

14. Mit $f(x) = \sqrt[3]{x \cdot x^3} = x^{\frac{4}{3}}$ (für $x > 0$) : $f'(x) = \frac{4}{3}x^{\frac{1}{3}} = \frac{4}{3}\sqrt[3]{x}$

15. $f'(x) = \frac{2x\sqrt{x^2+1} - (x^2 - 1) \cdot \frac{1}{2\sqrt{x^2+1}} \cdot 2x}{x^2 + 1} = \frac{2x\sqrt{x^2+1} - \frac{(x^2-1)x}{\sqrt{x^2+1}}}{x^2+1}$

$= \frac{2x(x^2 + 1) - (x^2 - 1)x}{\sqrt{x^2+1} \cdot (x^2 + 1)} = \frac{x^3 + 3x}{\sqrt{x^2+1} \cdot (x^2 + 1)}$

16. $f'(x) = \frac{-1}{x^2} \cdot \sin x^2 + \frac{1}{x} \cdot \cos x^2 \cdot 2x = 2\cos x^2 - \frac{1}{x^2}\sin x^2$

[17.] $f'(x) = \cos\frac{1}{x} \cdot \frac{-1}{x^2} + \frac{-1}{2\sqrt{x^3}} = -\left(\frac{1}{x^2} \cdot \cos\frac{1}{x} + \frac{1}{2\sqrt{x^3}}\right)$

L

[18.] $f'(x) = \frac{1}{2\sqrt{\frac{x^2+2}{3x+1}}} \cdot \frac{2x(3x+1) - (x^2+2) \cdot 3}{(3x+1)^2} = \frac{1}{2\sqrt{\frac{x^2+2}{3x+1}}} \cdot \frac{3x^2+2x-6}{(3x+1)^2}$

[19.] Mit $f(x) = (x^2-1)(x^3-2)^{-\frac{1}{2}}$:

$$f'(x) = 2x(x^3-2)^{-\frac{1}{2}} + (x^2-1) \cdot [-\frac{1}{2}(x^3-2)^{-\frac{3}{2}} \cdot 3x^2] = \frac{2x}{\sqrt{x^3-2}} - \frac{3x^2(x^2-1)}{2\sqrt{(x^3-2)^3}}$$

[20.] $f'(x) = 3(x^2-2)^2 \cdot 2x \cdot \left(\frac{1}{x}+1\right)^4 + (x^2-2)^3 \cdot 4\left(\frac{1}{x}+1\right)^3\left(-\frac{1}{x^2}\right)$

$$= 6x(x^2-2)^2\left(\frac{1}{x}+1\right)^4 - \frac{4}{x^2}(x^2-2)^3 \cdot \left(\frac{1}{x}+1\right)^3$$

Lektion 8

Aufgaben im Text

1

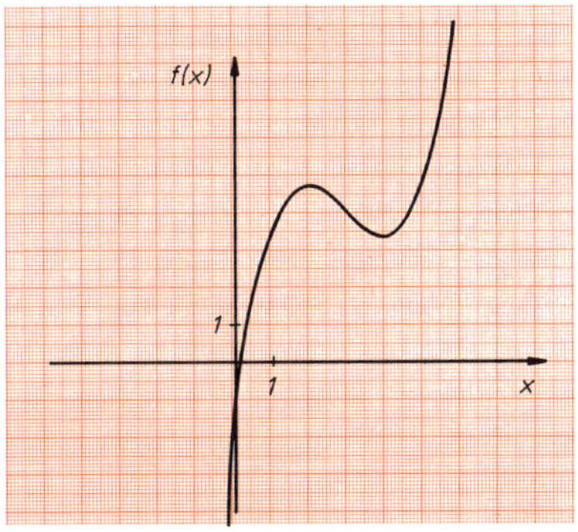

2

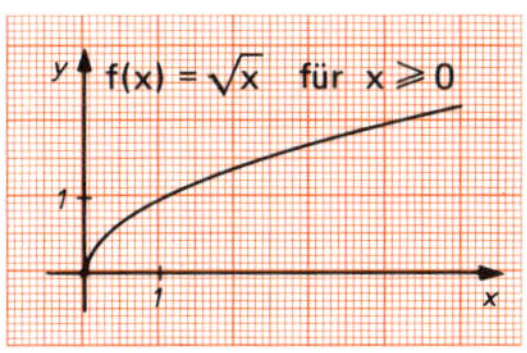

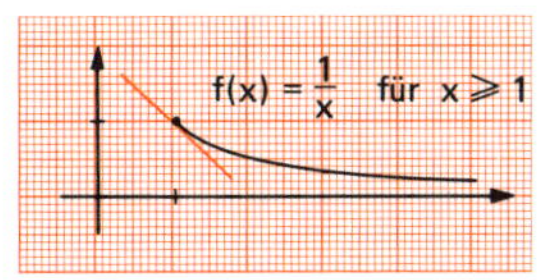

$f(0) = 0$ ist Minimum, denn:
$0 \leqq \sqrt{x}$ für alle $x \geqq 0$.
f ist in $x_0 = 0$ nicht differenzierbar
(Lektion 4, Abschnitt 4.5).

$f(1) = 1$ ist Maximum, denn
$1 \geqq \frac{1}{x}$ für alle $x \geqq 1$.
$f'(x) = -\frac{1}{x^2}$ (Lektion 5) $\Rightarrow$ $f'(1) = -1$

3 Aus der im Text darüberstehenden Abbildung: $v_0 = 50$ km/h

4 $x^2 - 6x + 8 = 0$
$(x - 4)(x - 2) = 0$
$x = 4$ oder $x = 2$

5

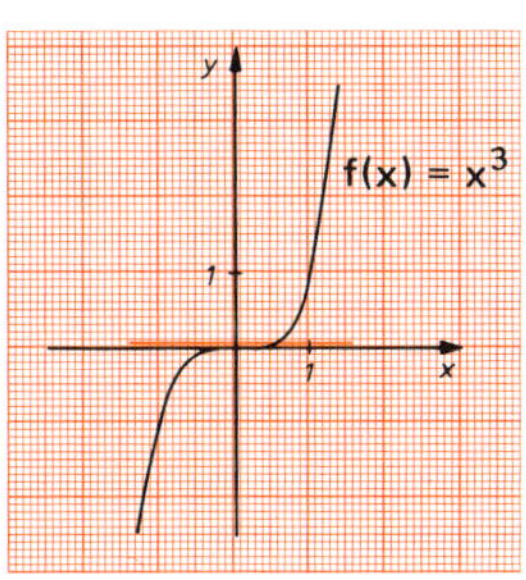

$f(x) = x^3 \quad f'(x) = 3x^2$ für $x \in \mathbb{R}$
Also $f'(0) = 0$, aber $x^3 < 0$ für $x < 0$ und $x^3 > 0$ für $x > 0$,
kein Extremwert.

6 In einer Umgebung U von x_0 gilt also $f(x_0) \leqq f(x)$. Daraus folgt für $x \in U$:

$$\frac{f(x) - f(x_0)}{x - x_0} \begin{cases} \geqq 0 & \text{für } x > x_0 \\ \leqq 0 & \text{für } x < x_0 \end{cases}$$

Für $f'(x_0) = \lim\limits_{x \to x_0} \frac{f(x) - f(x_0)}{x - x_0}$

folgt daraus sowohl $f'(x_0) \geqq 0$ als auch $f'(x_0) \leqq 0$, zusammen also: $f'(x_0) = 0$.

7

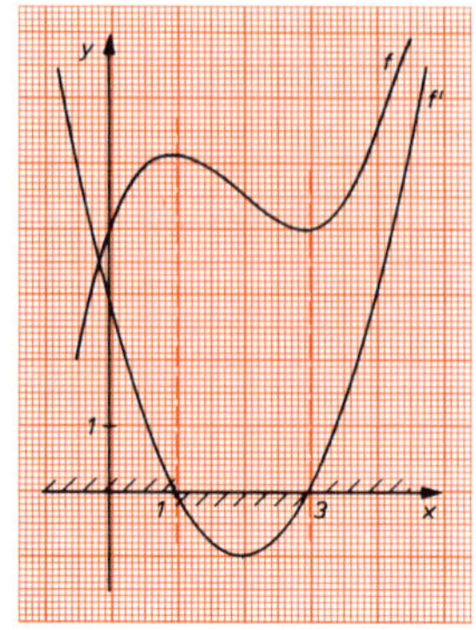

8 $y_1 = 3\frac{1}{3}$ $\quad y_2 = 4\frac{2}{3}$

9 ($\Rightarrow$) Voraussetzung: f ist in J monoton fallend.

Für x_0, $x_0 + h \in J$ mit $h \neq 0$ gilt dann:

$x_0 < x_0 + h$ und daher $f(x_0) \geqq f(x_0 + h)$ für $h > 0$

$x_0 > x_0 + h$ und daher $f(x_0) \leqq f(x_0 + h)$ für $h < 0$

Für jedes h gilt $\frac{f(x_0 + h) - f(x_0)}{h} \leqq 0$,

denn Zähler und Nenner haben verschiedene Vorzeichen oder der Bruch ist Null. Also

$$f'(x_0) = \lim_{h \to 0} \frac{f(x_0 + h) - f(x_0)}{h} \leqq 0$$

($\Leftarrow$) Voraussetzung: $f'(x) \leqq 0$ für alle $x \in J = [a, b]$

Angenommen f sei nicht monoton fallend. Dann gibt es $y, z \in J$ mit

$y < z$ und $f(y) < f(z)$

Daraus folgt $\frac{f(z) - f(y)}{z - y} > 0$ (Zähler positiv, Nenner positiv)

Wegen des Mittelwertsatzes gibt es ein $x_0 \in J$ mit $a \leqq y < x_0 < z \leqq b$, so daß

$$f'(x_0) = \frac{f(z) - f(y)}{z - y} > 0$$

im Widerspruch zur Voraussetzung $f'(x) \leqq 0$ für alle $x \in J$.

10 $f'(x) = x^2 - 6x + 8$

Lösungen der Aufgaben

8.1

1. a)

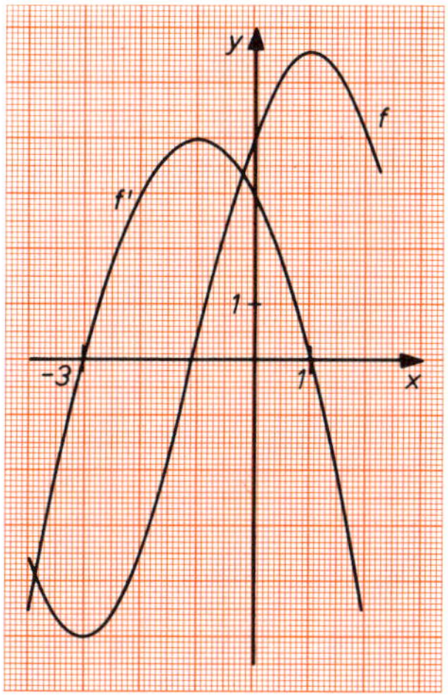

$$\begin{aligned} f'(x) &= 3 - 2x - x^2 \\ &= 4 - 1 - 2x - x^2 \\ &= 4 - (x+1)^2 \end{aligned}$$

Daher:
$f'(x) \geqq 0$ (f monoton wachsend) für $-3 \leqq x \leqq 1$ und $f'(x) \leqq 0$ (f monoton fallend) für $x \leqq -3$ oder $1 \leqq x$.

b)

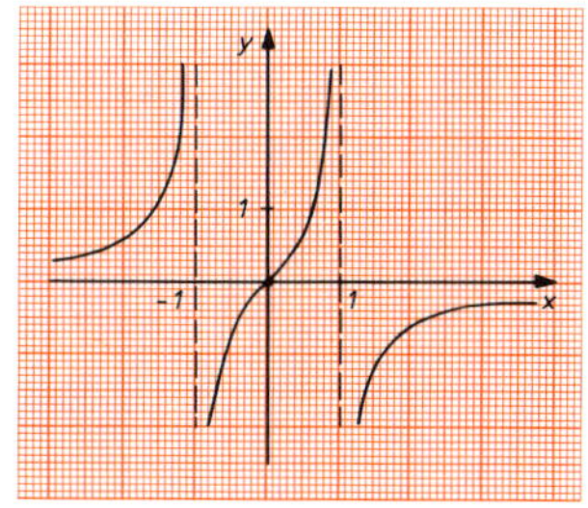

$f'(x) = \dfrac{1 + x^2}{(1 - x^2)^2}$ für $x^2 \neq 1$

$f'(x) > 0$ für alle $x \neq \pm 1$

(f streng monoton steigend also für $x < -1$, für $-1 < x < 1$ und für $1 < x$)

2. Für $x \in \mathbb{R}$ sei: $f(x) = x^3 - 3(x+1)^2$ mit $f'(x) = 3x^2 - 6(x+1)$
Wegen $f'(x) \geqq 0 \Leftrightarrow x^2 - 2(x+1) \geqq 0 \Leftrightarrow (x-1)^2 \geqq 3$ ist f für $x \geqq 1 + \sqrt{3}$ monoton wachsend, also auch für $x \geqq 5$. Wegen $f(5) = 17$ folgt daher $f(x) > 0$ für alle $x \geqq 5$ und daraus die Behauptung.

8.2

1. Für $v > 0$: $K'(v) = \dfrac{-a}{v^2} + b$; $K'(v) = 0$ hat die Lösung $v_0 = \sqrt{\dfrac{a}{b}}$

speziell für $a = 50$, $b = \dfrac{1}{50}$: $v_0 = \sqrt{2500} = 50$ (km pro Stunde)

2. a) $f'(x) = 3x^2 + 6x + 3 = 0$ für $x_0 = -1$. Dort könnte f vielleicht ein lokales Extremum besitzen, dies ist aber wegen $f(x) = (x+1)^3$ nicht der Fall (vgl. Aufgabe ⟶ ⑤ im Text).

L

b) $f'(x) = 2x = 0$ für $x_0 = 0$.
Dort ist tatsächlich ein lokales Minimum, denn wegen $f(x) = x^2 - 1$ gilt $f(0) = -1$ u. $f(x) \geqq -1$ für alle $x \in \mathbb{R}$, weil $x^2 \geqq 0$; oder geometrisch: der Graph von f ist eine nach oben geöffnete Parabel.

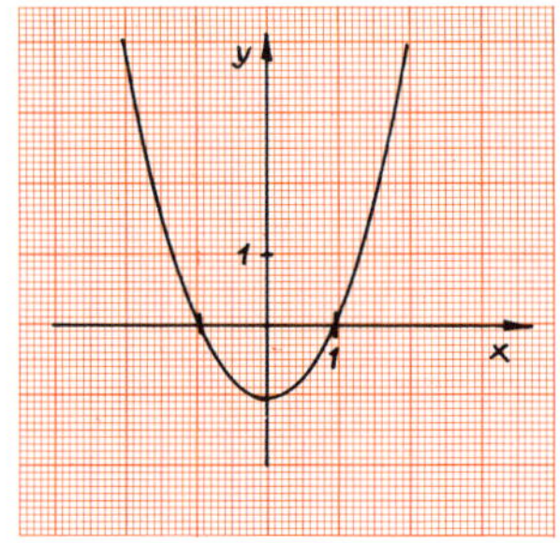

c) $f'(x) = \frac{2}{(x+1)^2} \neq 0$ für alle $x \neq -1$.

Die Funktion besitzt also kein lokales Extremum.

3. a)

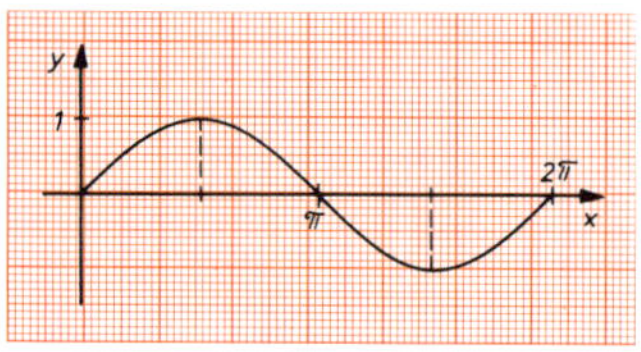

$f(x) = \sin x$ für $0 \leqq x \leqq 2\pi$
$f'(x) = \cos x = 0$ bei $x_0 \in \left\{\frac{\pi}{2}, \frac{3}{2}\pi\right\}$

Wegen $\sin\frac{\pi}{2} = 1$, $\sin\frac{3}{2}\pi = -1$ ist bei $\frac{\pi}{2}$ ein lokales Maximum und bei $\frac{3}{2}\pi$ ein lokales Minimum. Beides sind auch die (globalen) Extremwerte für das ganze Intervall $[0; 2\pi]$.

b)

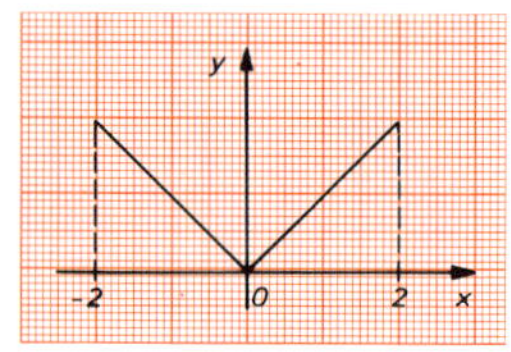

$f(x) = |x|$ für $-2 \leqq x \leqq 2$
lokales (und globales) Minimum bei $x_0 = 0$;
f ist dort aber nicht differenzierbar (Lektion 4).
Das globale Maximum bei den Randpunkten -2 und 2.

Wiederholungsaufgaben

1. a) $f'(x) = 6x^2 - 6x - 36 = 0$ für $x_1 = -2$, $x_2 = 3$; dort kann f lokale Extremwerte besitzen.

b) $f'(x) = -\frac{486}{x^4} + 2x = 0$ für $x_0 = 3$; dort kann f ein lokales Extremum besitzen.

Daß in allen Fällen tatsächlich lokale Extrema vorliegen, und ob es Minima oder Maxima sind, wird in Lektion 9 bewiesen. Hier können Sie dies anschaulich klären, indem Sie den Graphen der jeweiligen Funktion zeichnen.

2. a) $f'(x) = 3x^2 + 3 = 3(x^2 + 1) \neq 0$ für alle $x \in [-2; 2]$; es gibt also kein lokales Extremum.
An den Randpunkten: $f(-2) = -11$ (Minimum) $f(2) = 17$ (Maximum)

b) $f'(x) = \frac{3}{2}(x - 2)^2 = 0$ für $x_0 = 2$; aber f hat in $x_0 = 2$ kein lokales Extremum, denn wegen $f'(x) > 0$ für alle $x \neq 2$ ist f im ganzen Intervall $[0; 4]$ streng monoton wachsend, so daß $f(x) < f(2) < f(y)$ für $x < 2 < y$.
In den Randpunkten: $f(0) = -4$ (Minimum) $f(4) = 4$ (Maximum)

*c) mit der Produktregel: $f'(x) = 2(x-2)(x+2)^2 + 2(x-2)^2(x+2) = 4x(x-2)(x+2)$; also $f'(x) = 0$ für $x_1 = -2$, $x_2 = 0$, $x_3 = 2$.
Wegen $f(-2) = f(2) = 0$ und $f(x) \geqq 0$ für alle x hat f in $x_1 = -2$ und in $x_3 = 2$ ein lokales (und zugleich globales) Minimum.
f hat in $x_2 = 0$ ein weiteres lokales Extremum, und zwar ein lokales Maximum (Beweis in Lektion 9), das aber wegen $f(0) = 16$ kein globales Maximum ist, dieses wird an den Randpunkten angenommen: $f(-4) = f(4) = 144$.

*d) $f'(x) = 1 + \cos x = 0$ für $x_0 = \pi$; aber in x_0 hat f kein lokales Extremum, denn wegen $f'(x) \geqq 0$ für alle x (weil $\cos x \geqq -1$) ist f monoton wachsend, so daß $f(x) < f(\pi) < f(y)$ für $x < \pi < y$.
An den Randpunkten: $f(0) = 0$ (Minimum) $f(2\pi) = 2\pi$ (Maximum)

3. a) $f'(x) = 2x - 6$: $f'(x) \leqq 0$ (f monoton fallend) für $x \leqq 3$;
$f'(x) \geqq 0$ (f monoton wachsend) für $x \geqq 3$.

b) $f'(x) = \dfrac{2x(x+1)^2 - 2(x^2+2)(x+1)}{(x+1)^4} = \dfrac{2x^2 - 2x - 4}{(x+1)^4} = \dfrac{2x-4}{(x+1)^3}$ für $x \neq -1$

$f'(x) < 0$ (f streng monoton fallend) für $-1 < x < 2$

$f'(x) > 0$ (f streng monoton steigend) für $x < -1$ und $x > 2$

*c) $f'(x) = 1 - \cos x \geqq 0$ für alle $x \in \mathbb{R}$; f also überall monoton wachsend.

*d) $f'(x) = \cos^2 x - \sin^2 x = \cos(2x)$

$f'(x) \leqq 0$ (f monoton fallend) für $\frac{\pi}{4} \leqq x \leqq \frac{3}{4}\pi$

$f'(x) \geqq 0$ (f monoton wachsend) für $0 \leqq x \leqq \frac{\pi}{4}$ und für $\frac{3}{4}\pi \leqq x \leqq \pi$

***4.** $f'(x) = 3x^2 - 2x - 4 = 3\left(x^2 - \frac{2}{3}x - \frac{4}{3}\right) = 3\left(x - \frac{1}{3}\right)^2 - \frac{13}{3}$

$\Rightarrow$ für $x < -3$ und für $x > 3$ gilt $f'(x) > 0$, dort ist die Funktion f also streng monoton wachsend. Wegen $f(-3) = -20 < 0$ und $f(3) = 10 > 0$ folgt die Behauptung.

[5.] Sei $f(x) = \sqrt{x}$ für $x > 0$; dann gilt: $f'(x) = \dfrac{1}{2\sqrt{x}} \leqq \dfrac{1}{2}$ für $x \geqq 1$.

Wegen des Mittelwertsatzes gibt es zu $1 \leqq x < y$ ein x_0 mit $x < x_0 < y$ und

$\dfrac{\sqrt{y} - \sqrt{x}}{y - x} = \dfrac{1}{2\sqrt{x_0}}$ Wegen $x_0 > 1$ folgt: $\dfrac{\sqrt{y} - \sqrt{x}}{y - x} \leqq \dfrac{1}{2}$

und daraus die Behauptung: $\sqrt{y} - \sqrt{x} \leqq \frac{1}{2}(y - x)$.

L

Lektion 9

Aufgaben im Text

1 $f'(x) = 12x^2 + 24x - 15$

2 $f'(x) = \frac{-1}{x^2} + \frac{2}{x^3}$

$f''(x) = \frac{2}{x^3} - \frac{6}{x^4}$

$f'''(x) = \frac{-6}{x^4} + \frac{24}{x^5}$

3 $f'(x) = 3x^2 - 6x - 1$

4 $f'(x) = 2(x-1)(x^3 - 3{,}2x^2 + 3{,}39x - 1{,}188) + (x-1)^2(3x^2 - 6{,}4x + 3{,}39)$

$= (x-1) \cdot (2x^3 - 6{,}4x^2 + 6{,}78x - 2{,}376 + 3x^3 - 6{,}4x^2 + 3{,}39x - 3x^2 + 6{,}4x - 3{,}39)$

5 Minimum, $f(x_2) = -2$

6 $f(x_6) = 0$

7 $f(x_0) = \frac{2}{9}$

8 $x_1 = 1$

9 $f(-2) = -\frac{3}{4}$ $f(-3) = -\frac{4}{9}$ $f\left(-\frac{1}{2}\right) = -6$

10 $f'(x) = 5x^4 - 20{,}8x^3 + 32{,}37x^2 - 22{,}336x + 5{,}766$

11 $f''(x) = 24x + 24 = 24(x+1)$

12 $f''(x_4) = 6 \cdot (1 - \frac{2}{3}\sqrt{3} - 1) < 0$ lokales Maximum mit $f(x_4) \approx 3{,}08$

$f''(x_5) = 6 \cdot (1 + \frac{2}{3}\sqrt{3} - 1) > 0$ lokales Minimum mit $f(x_5) \approx -3{,}08$

13 $x_0 = 3$

14 $f''(x) = 20x^3 - 62{,}4x^2 + 64{,}74x - 22{,}336$

15 $f''(x_2) = -\frac{2}{16} < 0$ lokales Maximum $f(x_2) = \frac{1}{4}$

16 $x_4 = 1 - \frac{2}{\sqrt{3}} = 1 - \frac{2}{3}\sqrt{3} \approx -0{,}15$

$x_5 = 1 + \frac{2}{\sqrt{3}} = 1 + \frac{2}{3}\sqrt{3} \approx 2{,}15$

17 $x_1 = -\frac{5}{2} = -2{,}5$ $x_2 = \frac{1}{2}$

18 $f'''(x) = 6$ $f'''(x_6) = 6$

19 $x_1 = -1 \qquad x_2 = 1 \qquad x_3 = 3$

20 $f''(x_1) = 24\left(-\frac{5}{2} + 1\right) < 0$

$f''(x_2) = 24\left(\frac{1}{2} + 1\right) > 0$

21 Es gibt dann eine Umgebung U von x_0, so daß $\frac{f'(x)}{x - x_0} < 0$ für alle $x \in U$, $x \neq x_0$

Dazu müssen Zähler und Nenner **verschiedene** Vorzeichen haben; also gilt in U :

$f'(x) > 0$ für $x < x_0$
$f'(x) < 0$ für $x > x_0$

In x_0 wechselt f' das Vorzeichen von + zu −, und deshalb hat f dort ein lokales Maximum.

22 $f''(1) = 0{,}004 > 0$

23 $x_6 = 1 \; (= x_2)$

24 $x_2 = 2$

25 Ist für alle $x_1, x_2 \in U$ mit $x_1 < x_0 < x_2$

$f'(x_1) > 0 > f'(x_2)$ so gilt

für alle $x \leqq x_0$ ist f monoton steigend $\Rightarrow$ $f(x_0) \geqq f(x)$
für alle $x \geqq x_0$ ist f monoton fallend $\Rightarrow$ $f(x_0) \geqq f(x)$.

Also besitzt f in x_0 ein lokales Maximum.

26 Maximum $f(x_1) = 52$

27 $f''(x) = 6x - 6 = 6(x - 1)$

28 $f'''(x_0) = \frac{-6}{81} + \frac{24}{243} \approx 0{,}02 > 0$

29

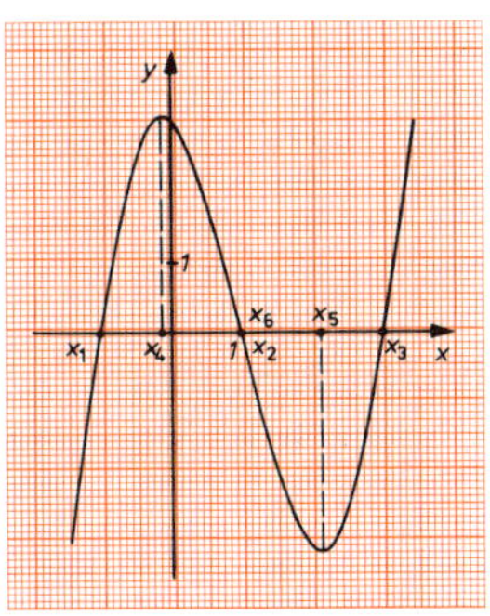

L

Lösungen der Aufgaben

9.1

1. a) $f'(x) = 3x^2 + 2x - 16 = 3 \cdot \left(x^2 + \frac{2}{3}x - \frac{16}{3}\right) = 0$ für $x_1 = -\frac{8}{3}$ $x_2 = 2$

$\Rightarrow \quad f'(x) = 3 \cdot \left(x + \frac{8}{3}\right)\left(x - 2\right)$

$\Rightarrow \quad f'(x) > 0 > f'(\bar{x})$ für $x < -\frac{8}{3} < \bar{x} < 2 \quad \Rightarrow$ lokales Maximum in $x_1 = -\frac{8}{3}$

$f'(x) < 0 < f'(\bar{x})$ für $-\frac{8}{3} < x < 2 < \bar{x} \quad \Rightarrow$ lokales Minimum in $x_2 = 2$

b) $f'(x) = \dfrac{1 + x^2 - 2x^2}{(1 + x^2)^2} = \dfrac{1 - x^2}{(1 + x^2)^2} = 0$ für $x_1 = -1$, $x_2 = 1$

Wegen $1 + x^2 > 0$ für alle $x \in \mathbb{R}$

$\Rightarrow \quad f'(x) < 0 < f'(\bar{x})$ für $x < -1 < \bar{x} < 1 \quad \Rightarrow$ lokales Minimum in $x_1 = -1$

$f'(x) > 0 > f'(\bar{x})$ für $-1 < \bar{x} < 1 < x \quad \Rightarrow$ lokales Maximum in $x_2 = 1$

2. a) $f'(x) = x^3 + 3x^2 - 18x = x(x^2 + 3x - 18) = 0$ für $x_1 = -6$, $x_2 = 0$, $x_3 = 3$

$f''(x) = 3x^2 + 6x - 18 \Rightarrow f''(-6) = 54 > 0 \quad f''(0) = -18 < 0 \quad f''(3) = 27 > 0$

$\Rightarrow$ lokale Minima in $x_1 = -6$, $x_3 = 3$; lokales Maximum in $x_2 = 0$

b) $f'(x) = \dfrac{2x^2 - (x^2 + 4)}{x^2} = \dfrac{x^2 - 4}{x^2} = 1 - \dfrac{4}{x^2} = 0$ für $x_1 = -2$, $x_2 = 2$

$f''(x) = \dfrac{8}{x^3} \quad \Rightarrow \quad f''(-2) = -1 < 0 \quad f''(2) = 1 > 0$

$\Rightarrow$ lokales Maximum in $x_1 = -2$, lokales Minimum in $x_2 = 2$

9.2

1. a) $f'(x) = 2x^3 - 3x^2 - 12x + 3$

$f''(x) = 6x^2 - 6x - 12 = 6(x^2 - x - 2) = 0$ für $x_1 = -1$, $x_2 = 2$

$f'''(x) = 12x - 6 = 6(2x - 1) \quad \Rightarrow \quad f'''(-1) \neq 0 \quad f'''(2) \neq 0$

$\Rightarrow$ Wendepunkte in $x_1 = -1$ und in $x_2 = 2$.

b) $f'(x) = \cos x \quad f''(x) = -\sin x \quad f'''(x) = -\cos x$

$f''(x) = 0$ für $x_1 = 0$, $x_2 = \pi$, $x_3 = 2\pi$; weil an allen drei Stellen $\cos x \neq 0$, hat f an allen drei Stellen Wendepunkte (dies sind hier zugleich die Nullstellen von f).

2. $f'(x) = 3x^2 + 2bx + 1 \quad f''(x) = 6x + 2b = 0$ für $x_0 = -\frac{1}{3}b$

Wegen $f'''(x) = 6 \neq 0$ ist dort ein Wendepunkt. Damit dies ein Sattelpunkt ist, muß gelten: $f'(-\frac{1}{3}b) = 3(-\frac{1}{3}b)^2 + 2b(-\frac{1}{3}b) + 1 = 0$

$\Rightarrow \quad \frac{3}{9}b^2 - \frac{2}{3}b^2 + 1 = 0 \quad \Rightarrow \quad \frac{1}{3}b^2 = 1 \quad \Rightarrow \quad b = \sqrt{3}$ ($-\sqrt{3}$ wäre < 0)

9.3

1. Nullstellen: $x_1 = 1$ $x_2 = -3$ $x_3 = 2$

$N_1(1|0)$, $N_2(-3|0)$, $N_3(2|0)$

Extremwerte: $f'(x) = 3x^2 - 7$

$3x^2 - 7 = 0$

$x^2 = \frac{7}{3}$ $x_4 = \frac{1}{3}\sqrt{21}$ $x_5 = -\frac{1}{3}\sqrt{21}$

$f''(x) = 6x$

$f''\left(\frac{1}{3}\sqrt{21}\right) = 2\sqrt{21} > 0$, Minimum

$f''\left(-\frac{1}{3}\sqrt{21}\right) = -2\sqrt{21} < 0$, Maximum

Hochpunkt H $(-1{,}53|13{,}128)$

Tiefpunkt T $(1{,}53|-1{,}128)$

Wendepunkt: $6x = 0$ $x_6 = 0$ $W(0|6)$

$f'''(x) = 6 \neq 0$

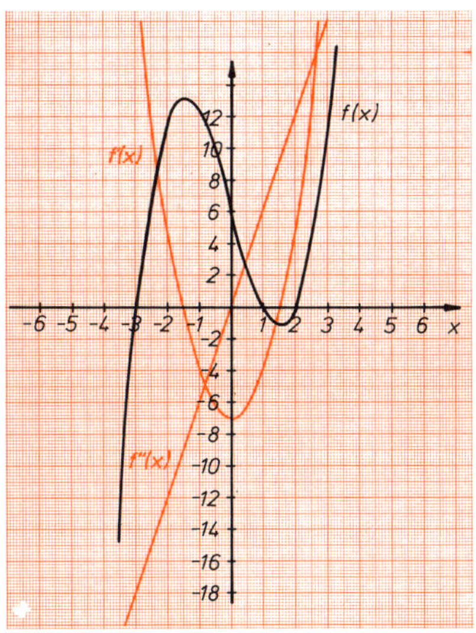

2. Nullstellen: $f(x) = \frac{x^2}{1+x^2} = 0$ für $x_1 = 0$

Extremwerte: $f'(x) = \frac{2x(1+x^2) - x^2 \cdot 2x}{(1+x^2)^2} = \frac{2x}{(1+x^2)^2} = 0$ für $x_2 = 0 \,(= x_1)$

$$f''(x) = \frac{2 \cdot (1+x^2)^2 - 2x \cdot 2(1+x^2) \cdot 2x}{(1+x^2)^4} = \frac{2(1-3x^2)}{(1+x^2)^3}$$

$\Rightarrow$ $f''(0) = 2 > 0$ $\Rightarrow$ lokales Minimum in $(0|0)$

L

Wendepunkte: $f''(x) = 0$ für $x_3 = -\frac{1}{\sqrt{3}} \approx -0{,}58 \quad x_4 = \frac{1}{\sqrt{3}} \approx 0{,}58$

$$= 0 \text{ für } x_3, x_4$$

$$f'''(x) = \frac{-12x(1+x^2)^3 - (2-6x^2) \cdot 3(1+x^2)^2 \cdot 2x}{(1+x^2)^6}$$

$$\Rightarrow \quad f'''(x_3) \neq 0 \quad f'''(x_4) \neq 0$$

$$\Rightarrow \quad \text{Wendepunkte in } \left(-\frac{1}{\sqrt{3}} \middle| \frac{1}{4}\right) \text{ und in } \left(\frac{1}{\sqrt{3}} \middle| \frac{1}{4}\right)$$

Daß in x_3, x_4 tatsächlich Wendepunkte von f (d. h. Extrema von f′) vorliegen, kann man auch ohne f‴ daran sehen, daß f″ an beiden Stellen das Vorzeichen wechselt (Abschnitt 9.1).

Grenzwerte: $f(x) = \frac{x^2}{1+x^2} = \frac{1}{\frac{1}{x^2}+1}$ (Kürzen durch $x^2 \neq 0$)

$$\Rightarrow \quad \lim_{x \to -\infty} f(x) = 1 = \lim_{x \to +\infty} f(x) \quad (y = 1 \text{ ist Asymptote})$$

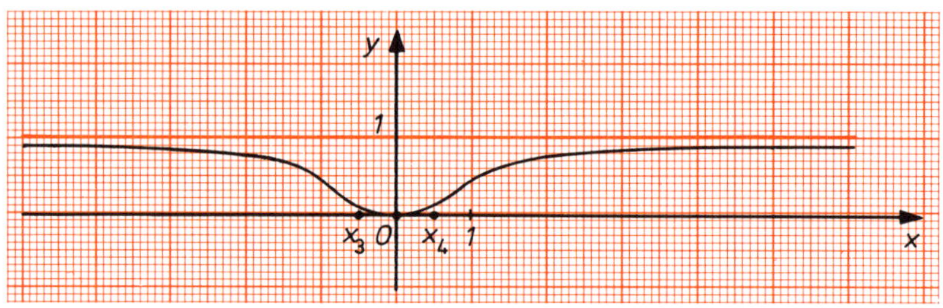

Wiederholungsaufgaben

1. $f'(x) = 5x^4$, $f''(x) = 20x^3 = 0$ für $x_0 = 0$, $f'''(x) = 60x = 0$ für $x_0 = 0$. Wegen $x^4 \geqq 0$ für alle $x \in \mathbb{R}$ hat f′ in $x_0 = 0$ ein lokales (und globales) Minimum; f hat also in $x_0 = 0$ einen Wendepunkt trotz $f'''(0) = 0$.

2. a) Wenn f″ in x_0 das Vorzeichen wechselt, hat f′ nach Abschnitt 9.1 in x_0 ein lokales Extremum, f also einen Wendepunkt.

b) $f(x) = \tan x \quad f'(x) = \frac{1}{\cos^2 x} \quad f''(x) = \frac{2 \sin x}{\cos^3 x} = 0$ für $x_0 = 0 \left(-\frac{\pi}{2} < x < \frac{\pi}{2}\right)$

Wegen $\cos x > 0$ für $-\frac{\pi}{2} < x < \frac{\pi}{2}$ und $\sin x < 0 < \sin y$ für $-\frac{\pi}{2} < x < 0 < y < \frac{\pi}{2}$ wechselt f″ in $x_0 = 0$ das Vorzeichen von − nach +, also hat f′ dort ein lokales Extremum, f also einen Wendepunkt.

3. a) $f'(x) = 2(x-1) + 2(x-5) + 2(x-6) = 0$

für $x_0 = 4 \left(= \frac{1+5+6}{3} \text{ arithm. Mittel von } 1\,;\ 5\,;\ 6\right)$

$f''(x) = 6 > 0 \quad \Rightarrow \quad$ lokales Minimum in $x_0 = 4$

b) Im Intervall $\left]3\frac{1}{2}\,;\ 4\frac{1}{2}\right[$ ist g differenzierbar (Lektion 5); dort gilt

$g(x) = (x-1) + (5-x) + (6-x) \quad \Rightarrow \quad g'(x) = 1-1-1 = -1 \neq 0\,.$

Also kann es in diesem Intervall kein lokales Extremum von g geben (Abschnitt 8.2).

4. a) $f'(x) = 3x^2 + 2ax + b \quad f''(x) = 6x + 2a = 0$ für $x_0 = -\frac{1}{3}a \quad f'''(x) = 6 \neq 0$

b) $f'(x) = 3x^2 - 8x - 1 = 0$ für $x_1 = \frac{1}{3}(4-\sqrt{19}) \quad x_2 = \frac{1}{3}(4+\sqrt{19})$

$f''(x) = 6x - 8 \quad \Rightarrow \quad f''(x_1) < 0\,,\ f''(x_2) > 0 \quad \Rightarrow$ lokales Maximum in x_1, lokales Minimum in x_2

$f''(x) = 0$ für $x_3 = \frac{4}{3}$, $f'''(x) = 6 > 0 \quad \Rightarrow$ Wendepunkt in x_3

Dabei: $x_3 = \frac{1}{2}(x_1 + x_2)\,.$

***5.** a) Nach dem Satz von Rolle (Abschnitt 5.5) muß zwischen zwei Nullstellen von f ein lokales Extremum von f liegen. Zwischen $x_2 = 1$ und $x_3 = 5$ ist aber keines angegeben.

b) Mindestens drei, nämlich je eines zwischen zwei benachbarten Nullstellen.

6. Nullstellen: $x_1 = 0\,;\ x_2 = 2$

lokales Extremum: $x_3 = \frac{3}{2} \quad f\left(\frac{3}{2}\right) \approx -1{,}69$

(trotz $f'(0) = 0$ ist in O kein Extremum)

Wendepunkte: $x_1 = 0\,;\ x_4 = 1 \quad f(1) = -1$

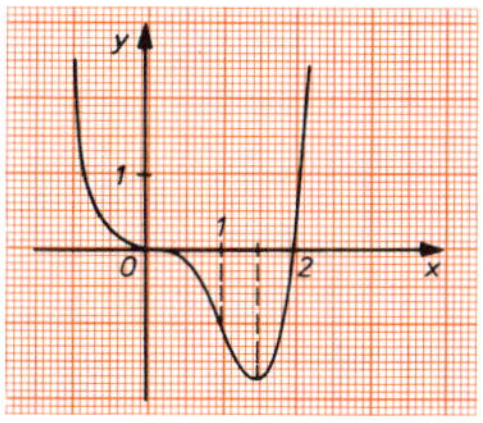

7. Nullstellen: $x_1 = -2\,;\ x_2 = 2$

lokale Minima: $x_1 = -2\,;\ x_2 = 2$

lokales Maximum: $x_3 = 0 \quad f(0) = 16$

Wendepunkte: $x_4 = -\sqrt{\frac{4}{3}} \quad x_5 = \sqrt{\frac{4}{3}}$

$f(x_4) = f(x_5) \approx 7{,}1$

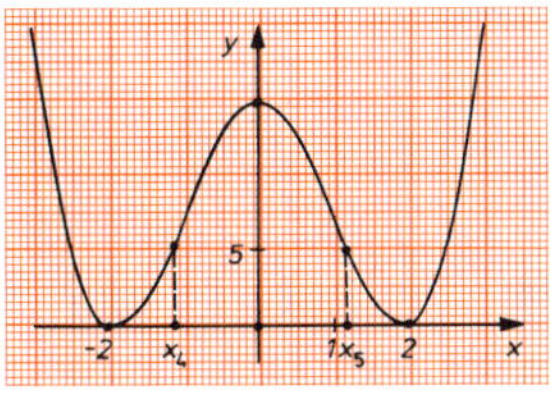

***8.** Nullstellen: $x_1 = -1 \quad x_2 = 1$

$x_3 = -3 \quad x_4 = 3$

lokales Max.: $x_5 = 0 \quad f(0) = 9$

lokale Min.: $x_6 = -\sqrt{5} \quad x_7 = \sqrt{5}$

$f(x_6) = f(x_7) = -16$

Wendepunkte: $x_8 = -\sqrt{\frac{5}{3}} \quad x_9 = \sqrt{\frac{5}{3}}$

$f(x_8) = f(x_9) \approx -4{,}9$

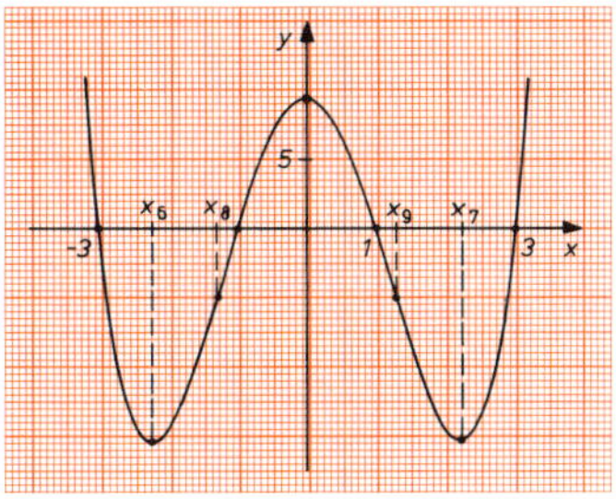

9. Nullstellen: $x_1 = -\frac{1}{2}$ $\quad x_2 = \frac{1}{2}$

lokales Min.: $x_3 = -\sqrt{\frac{3}{4}}$ $\quad f(x_3) \approx -3{,}1$

lokales Max.: $x_4 = \sqrt{\frac{3}{4}}$ $\quad f(x_4) \approx 3{,}1$

Wendepunkte: $x_5 = -\sqrt{\frac{3}{2}}$ $\quad f(x_5) \approx -2{,}7$

$x_6 = \sqrt{\frac{3}{2}}$ $\quad f(x_6) \approx 2{,}7$

$\lim\limits_{x \to \infty} f(x) = \lim\limits_{x \to -\infty} f(x) = 0$

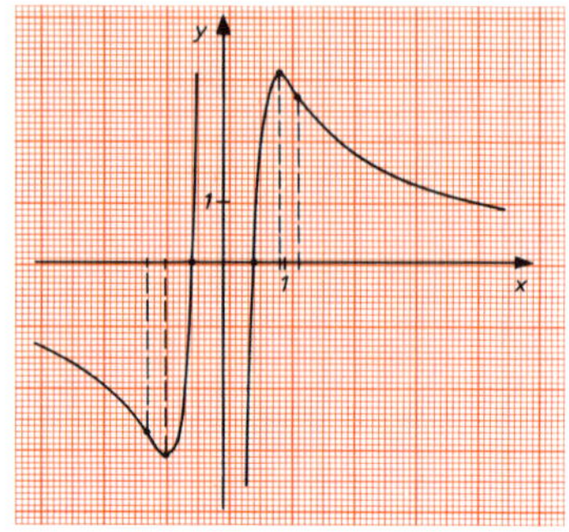

***10.** Nullstelle: $x_1 = 0$

lokales Min.: $x_1 = 0$

Wendepunkt: $x_2 = -\frac{1}{2}$, $\quad f\left(-\frac{1}{2}\right) = \frac{1}{9}$

$\lim\limits_{x \to -\infty} f(x) = \lim\limits_{x \to +\infty} f(x) = 1$

zusätzlich Werte für $x > 1$ berechnen, z. B.:

$f(2) = 4 \quad f(3) = \frac{9}{4} \quad f(4) = \frac{16}{9}$

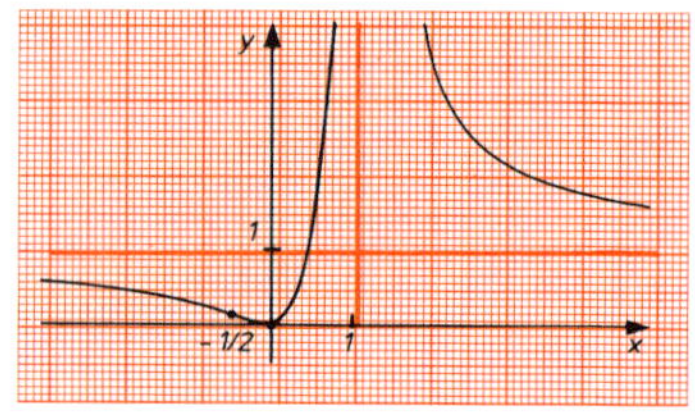

***11.** Nullstellen: $0\,;\ \frac{\pi}{2}\,;\ \pi\,;\ \frac{3}{2}\pi\,;\ 2\pi$

mit $f'(x) = \cos^2 x - \sin^2 x = \cos 2x$

lokale Min.: $\left(\frac{3}{4}\pi \middle| -\frac{1}{2}\right) \quad \left(\frac{7}{4}\pi \middle| -\frac{1}{2}\right)$

lokale Max.: $\left(\frac{\pi}{4} \middle| \frac{1}{2}\right) \quad \left(\frac{5}{4}\pi \middle| \frac{1}{2}\right)$

Wendepunkte: in den Nullstellen

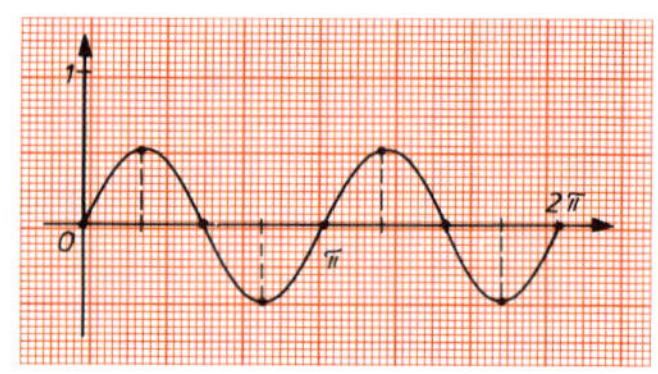

Lektion 10

Aufgaben im Text

1 Länge $8 - 2x$
Breite $5 - 2x$
Höhe x

2 $G(K) = K\left(-\frac{1}{4}K + 65\right)$

$G(K) = -\frac{1}{4}K^2 + 65K$

$G'(K) = -\frac{1}{2}K + 65$

$G''(K) = -\frac{1}{2}$

$-\frac{1}{2}K + 65 = 0$

$\frac{1}{2}K = 65$

$K = 130$

$g = 32{,}5$

Maximaler Gewinn ergibt sich bei 130 Käufern und einem Gewinn von 32,50 DM pro Einheit.

3 $A(x, y) = x \cdot y$
$y = mx + c$
$A(x) = x(mx + c)$
$A(x) = mx^2 + cx$
$A'(x) = 2mx + c$
$A''(x) = 2m$

$2mx + c = 0$

$x = -\frac{c}{2m}$

$y = -\frac{c}{2} + c = \frac{c}{2}$

Für $m < 0$ ist $A'' < 0$, dann Maximum.

4 $V'(x) = 40 - 52x + 12x^2$
$V''(x) = -52 + 24x$

5 $V(r, h) = \frac{\pi}{3}r^2 h$

$V(h) = \frac{\pi}{3}h^2(2R - h)$

$V(h) = \frac{\pi}{3}(2Rh^2 - h^3)$

$V'(h) = \frac{\pi}{3}(4Rh - 3h^2)$

$V''(h) = \frac{\pi}{3}(4R - 6h)$

$h(4R - 3h) = 0$

$h_1 = 0 \quad h_2 = \frac{4}{3}R \quad h = \frac{4}{3}R$

$r = \frac{2}{3}R\sqrt{2} \quad h = \frac{4}{3}R$

$V_{max} = \frac{32\pi}{81}R^3$

6 $-52 + 24 \cdot \frac{20}{6} > 0$ Minimum
$-52 + 24 < 0$ Maximum

7 $g = -\frac{1}{4}K + 65$

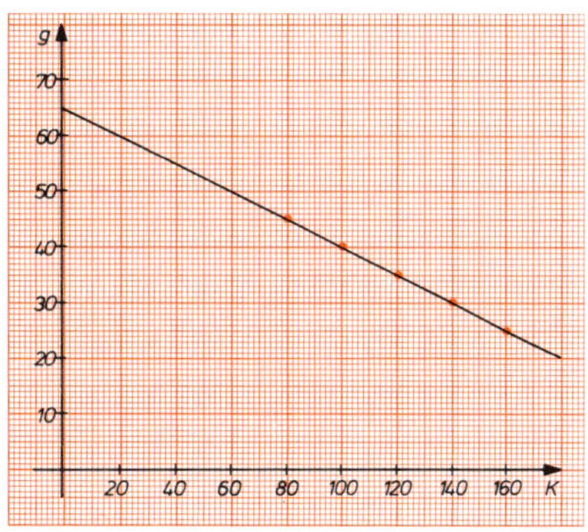

Lösungen der Aufgaben

10.1

1. A Anzahl der verkauften Geräte
g Gewinn pro Stück
G Gesamtgewinn

A	g	G
1200	180	216000
1600	160	256000
2000	140	280000
2400	120	288000
2800	100	280000
3200	80	256000

Maximaler Gewinn bei 2400 Stück.

***2.**

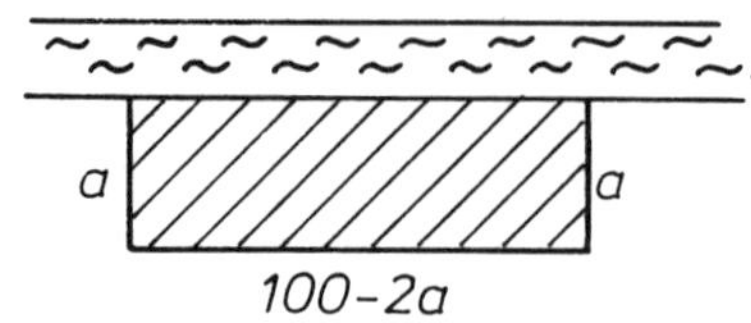

$$A = a \cdot (100 - 2a)$$
$$A = 100a - 2a^2$$
$$A = -2(a^2 - 50a)$$
$$\frac{A}{-2} = a^2 - 50a$$

quadratische Ergänzung 25^2

$$\frac{A}{-2} + 625 = a^2 - 50a + 625$$
$$A - 1250 = -2(a - 25)^2$$

größte Fläche also bei $a = 25$ m
größter Flächeninhalt 1250 m^2

10.2

1.
$$A(x) = x(s - x)$$
$$A(x) = sx - x^2$$
$$A'(x) = s - 2x$$
$$A''(x) = -2$$
$$A'(x) = 0 \quad \Leftrightarrow \quad s - 2x = 0$$
$$x = \frac{s}{2}$$

Maximaler Flächeninhalt, wenn die Strecke in der Mitte geteilt wird.

***2.**
$$V(x) = (b - 2x) \cdot \frac{1}{2} \cdot (a - 3x) \cdot x$$
$$V(x) = \frac{1}{2}(abx - 2ax^2 - 3bx^2 + 6x^3)$$
$$V'(x) = \frac{1}{2}(ab - 4ax - 6bx + 18x^2)$$
$$V''(x) = \frac{1}{2}(-4a - 6b + 36x)$$
$$V'(x) = 0 \quad \Leftrightarrow \quad 18x^2 - (4a + 6b)x + ab = 0$$
$$x^2 - \frac{1}{9}(2a + 3b)x + \frac{ab}{18} = 0$$

$$x_{1/2} = \frac{2a + 3b}{18} \pm \sqrt{\frac{(2a + 3b)^2}{18^2} - \frac{ab}{18}}$$

$$= \frac{2a + 3b}{18} \pm \sqrt{\frac{4a^2 - 6ab + 9b^2}{18^2}}$$

$$= \frac{80 + 75}{18} \pm \frac{1}{18}\sqrt{6400 - 6000 + 5625}$$

$$= 8{,}61 \pm 4{,}31$$

$x_1 = 12{,}92 \qquad x_2 = 4{,}31$

Der Einschnitt muß 4,31 cm lang sein.

10.3

1. a) A Anzahl der verkauften Geräte
g Gewinn pro Stück
G Gesamtgewinn

$G(A, g) = A \cdot g$ Extremalbedingung

$g = \frac{-1}{20}A + 240$ Nebenbedingung

$G(A) = \frac{-1}{20} A^2 + 240\,A$

$G'(A) = \frac{-1}{10} A + 240$

$G''(A) = \frac{-1}{10}$

$G'(A) = 0 \Leftrightarrow A = 2400$

b) Flächeninhalt A

$A(a, b) = a \cdot b$ Extremalbedingung

$2a + b = 100$ Nebenbedingung

$b = 100 - 2a$

$A(a) = a(100 - 2a)$

$A(a) = 100a - 2a^2$

$A'(a) = 100 - 4a$

$A''(a) = -4$

$A'(a) = 0 \Rightarrow 4a = 100$

$\Rightarrow a = 25\text{ m}$

$b = 50\text{ m}$

$A = 1250\text{ m}^2$

L

2. $s(x, y) = x + y$ Extremalbedingung

$y = x^2 - 4x + 5$ Nebenbedingung

$$s(x) = x^2 - 3x + 5$$
$$s'(x) = 2x - 3$$
$$s''(x) = 2$$
$$s'(x) = 0 \Rightarrow 2x - 3 = 0$$
$$x = 1{,}5$$
$$y = 1{,}5^2 - 6 + 5$$
$$y = 1{,}25$$

Das Minimum liegt bei P(1,5|1,25)

10.4

1. $V(a, h) = a^2h$ Extremalbedingung

$O = 2a^2 + 4ah$ Nebenbedingung

$$h = \frac{O - 2a^2}{4a}$$
$$V(a) = \frac{1}{4}(O \cdot a - 2a^3)$$
$$V'(a) = \frac{1}{4}(O - 6a^2)$$
$$V''(a) = \frac{1}{4}(-12a) = -3a$$
$$V'(a) = 0 \Rightarrow 6a^2 = O$$
$$a = \sqrt{\frac{O}{6}}$$
$$h = \sqrt{\frac{O}{6}}$$

Die gesuchte quadratische Säule ist ein Würfel.

***2.** $V(r, h) = \frac{\pi}{3}h^2(3r - h)$ Extremalbedingung

$M = 2\pi rh$ Nebenbedingung

$$r = \frac{M}{2\pi h}$$
$$V(h) = \frac{\pi}{3}\left(3 \cdot \frac{Mh}{2\pi} - h^3\right)$$
$$V'(h) = \frac{\pi}{3}\left(3 \cdot \frac{M}{2\pi} - 3h^2\right)$$
$$V'(h) = \pi\left(\frac{M}{2\pi} - h^2\right)$$
$$V''(h) = -2\pi h$$
$$V'(h) = 0 \Rightarrow h^2 = \frac{M}{2\pi}$$
$$h = \sqrt{\frac{M}{2\pi}}$$
$$r = \frac{M}{2\pi\sqrt{\frac{M}{2\pi}}} = \sqrt{\frac{M}{2\pi}} = h$$

Die Schale mit maximalem Volumen hat die Gestalt einer Halbkugel.

10.5

1. $A(x) = x^2$ Extremalbedingung

$x^2 = (a - y)^2 + y^2$ Nebenbedingung (Satz des Pythagoras)

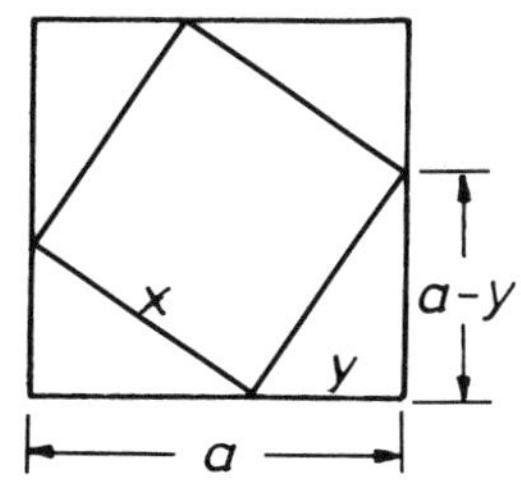

$$A(y) = a^2 - 2ay + 2y^2$$
$$A'(y) = -2a + 4y$$
$$A''(y) = +4$$
$$A'(y) = 0 \Rightarrow 4y = 2a$$
$$y = \frac{a}{2}$$

Das Minimum des Flächeninhalts liegt also vor, wenn der Eckpunkt des inneren Quadrates die Seite des äußeren im Verhältnis 1:1 teilt.

2. $V(x, y) = x^2y$ Extremalbedingung

$a : x = h : (h - y)$ Nebenbedingung

$$h - y = \frac{h}{a} \cdot x$$
$$y = h - \frac{h}{a} \cdot x$$
$$V(x) = hx^2 - \frac{h}{a}x^3$$
$$V'(x) = 2hx - \frac{3h}{a}x^2 \qquad V''(x) = 2h - \frac{6h}{a} \cdot x$$
$$V'(x) = 0 \text{ liefert } (2 - \frac{3}{a}x)x = 0 \Rightarrow x_1 = 0 \quad x_2 = \frac{2}{3}a$$

$V'' < 0$ für x_2, also Maximum bei $x = \frac{2}{3}a \quad y = \frac{1}{3}h$

$x = 4\text{ cm} \quad y = 5\text{ cm}$

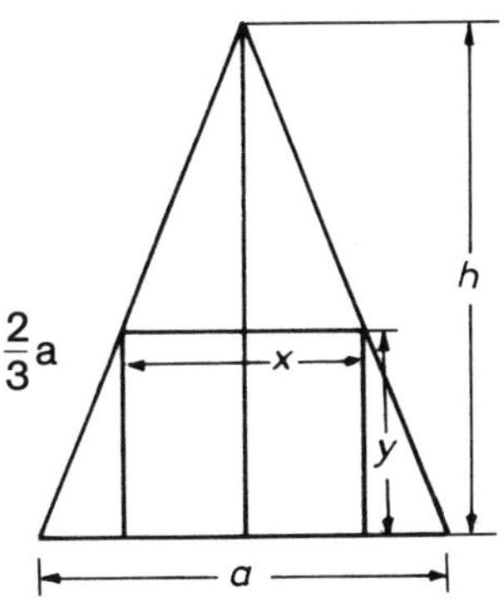

10.6

1. $A(x_1, x_2, y) = (x_2 - x_1) \cdot y$ Extremalbedingung

$y = 2x_1 \Leftrightarrow x_1 = \frac{1}{2}y$ 1. Nebenbedingung

$y = 30 - 3x_2 \Leftrightarrow x_2 = 10 - \frac{1}{3}y$ 2. Nebenbedingung

$$A(y) = (10 - \frac{1}{3}y - \frac{1}{2}y) \cdot y$$
$$A(y) = 10y - \frac{5}{6}y^2$$
$$A'(y) = 10 - \frac{5}{3}y \qquad A'(y) = 0 \text{ liefert } \frac{5}{3}y = 10 \Rightarrow y = 6$$
$$A''(y) = -\frac{5}{3} < 0$$

Maximum für $x_1 = 3$; $x_2 = 8$; $y = 6$; $A = 30$

$P(3|6)$, $Q(8|6)$

L

***2.** Der Materialverbrauch ist am geringsten, wenn die Oberfläche ein Minimum ist.

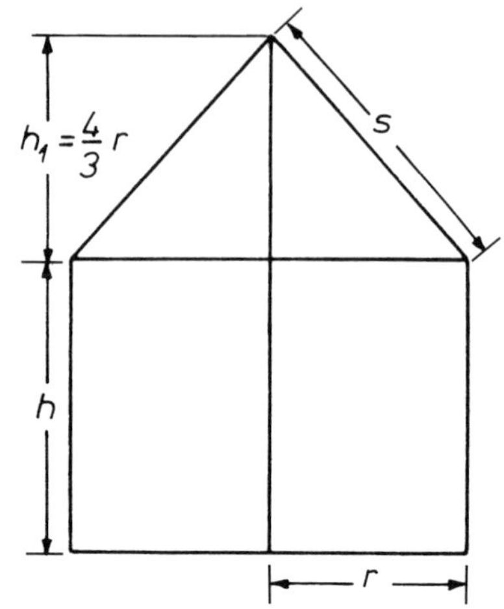

$O(r, h, s) = \pi r^2 + 2\pi rh + \pi rs$ Extremalbedingung

Für vorgegebenes Volumen gilt

$V = \pi r^2 h + \frac{\pi}{3} r^2 \cdot \frac{4}{3} r$ 1. Nebenbedingung

$h = \frac{V}{\pi r^2} - \frac{4}{9} r$

Nach dem Satz des Pythagoras gilt

$s^2 = r^2 + \left(\frac{4}{3} r\right)^2$ 2. Nebenbedingung

$s = \sqrt{r^2 + \frac{16}{9} r^2} \Rightarrow s = \frac{5}{3} r$

$O(r) = \pi r^2 + \frac{2V}{r} - \frac{8}{9}\pi r^2 + \frac{5}{3}\pi r^2$

$O(r) = \frac{2V}{r} + \frac{16\pi}{9} r^2$

$O'(r) = -\frac{2V}{r^2} + \frac{32\pi}{9} r$

$O''(r) = \frac{4V}{r^3} + \frac{32\pi}{9} > 0$; da V und r nur positiv sein können.

$O'(r) = 0$ liefert $\frac{32\pi}{9} r = \frac{2V}{r^2}$

$r^3 = \frac{9V}{16\pi} \qquad r = \sqrt[3]{\frac{9V}{16\pi}}$

$$h = \frac{V}{\pi \sqrt[3]{\frac{9V^2}{16\pi}}} - \frac{4}{9}\sqrt[3]{\frac{9V}{16\pi}} = \sqrt[3]{\frac{V^3}{\pi^3 \cdot \frac{9^2 \cdot V^2}{16^2 \cdot \pi^2}}} - \sqrt[3]{\frac{4^3 \cdot 9 \cdot V}{9^3 \cdot 16\pi}} =$$

$$= \frac{4}{3}\sqrt[3]{\frac{4V}{3\pi}} - \frac{1}{3}\sqrt[3]{\frac{4V}{3\pi}} = \sqrt[3]{\frac{4V}{3\pi}}$$

$$h_1 = \frac{4}{3} \cdot \sqrt[3]{\frac{9V}{16\pi}} = \sqrt[3]{\frac{4^3 \cdot 9V}{3^3 \cdot 16\pi}} = \sqrt[3]{\frac{4V}{3\pi}} = h$$

Das Minimum wird also angenommen für $h_1 = h = \frac{4}{3} r$.

Lektion 11

Aufgaben im Text

1 $x = \frac{350 \cdot 200}{\sqrt{230^2 - 200^2}} \quad \Rightarrow \quad x \approx 616{,}3$

2 $r_{min} = \sqrt[3]{\frac{1}{2\pi}} \quad \Rightarrow \quad r_{min} \approx 0{,}54193 \text{ dm};$

$h_{min} = 2\sqrt[3]{\frac{1}{2\pi}} \quad \Rightarrow \quad h_{min} \approx 1{,}08385 \text{ dm};$

$O_{min} = 3\sqrt[3]{2\pi} \quad \Rightarrow \quad O_{min} \approx 5{,}53581 \text{ dm}^2$

3 $x_{min} = \frac{350 \cdot 200}{\sqrt{300^2 - 200^2}} \quad \Rightarrow \quad x_{min} \approx 313{,}05 \text{ km}; \quad K_{min} = 178\,262{,}38 \text{ DM}$

Lösungen der Aufgaben

11.1 $A(x, y) = x \cdot y$ Extremalbedingung

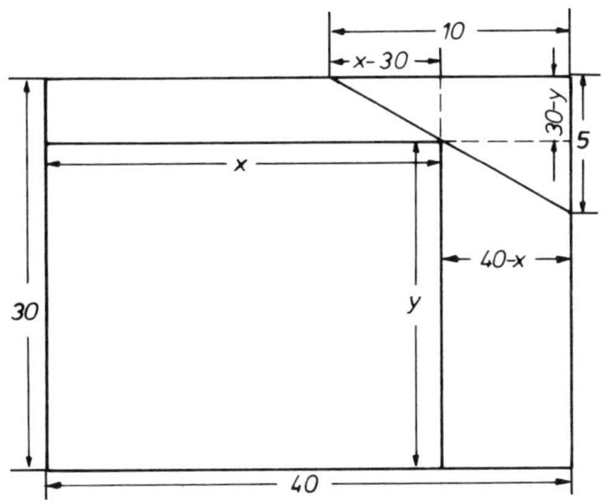

Mit dem Strahlensatz erhält man

$5:(30 - y) = 10:(x - 30)$
$5x - 150 = 300 - 10y$
$x - 30 = 60 - 2y$
$y = -\frac{1}{2}x + 45$ Nebenbedingung

$A(x) = x(-0{,}5x + 45)$
$A(x) = -0{,}5x^2 + 45x$
$A'(x) = -x + 45$
$A''(x) = -1 < 0$

$A'(x) = 0$ liefert die Gleichung $-x + 45 = 0$.
Ein Maximum könnte bei $x = 45$ liegen.
Aus der Aufgabenstellung (vgl. Zeichnung) ergibt sich jedoch der Definitionsbereich $D = \{x | 30 \leqq x \leqq 40\}$.
Die Randwerte sind

$x = 30$	$y = 30$	$A = 900$	
$x = 40$	$y = 25$	$A = 1000$	Randmaximum

Länge 40 cm; Breite 25 cm.

L

11.2

1.

$$u(a, b) = 2a + 2b \quad \text{Extremalbedingung}$$
$$A = a \cdot b \quad \text{Nebenbedingung}$$
$$b = \frac{A}{a}$$
$$u(a) = 2a + 2\frac{A}{a}$$
$$u'(a) = 2 - \frac{2A}{a^2}$$
$$u''(a) = \frac{4A}{a^3} > 0$$

$u'(a) = 0$ liefert

$$2 = \frac{2A}{a^2}$$
$$a^2 = A$$
$$a = \sqrt{A}$$
$$b = \sqrt{A}$$

Von allen Rechtecken mit gleicher Fläche hat das Quadrat den kleinsten Umfang.

2.

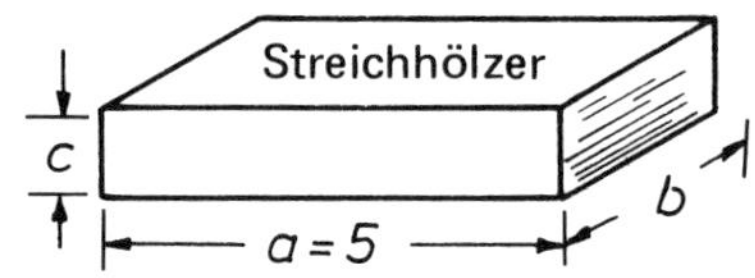

$$O(a, b, c) = 3ab + 4ac + 2bc$$
$$O(b, c) = 15b + 20c + 2bc \quad \text{Extremalbedingung}$$
$$V = 5 \cdot b \cdot c = 26 \quad \text{Nebenbedingung}$$
$$c = \frac{26}{5b}$$

$$O(b) = 15b + 104 \cdot \frac{1}{b} + 10{,}4$$
$$O'(b) = 15 - 104 \cdot \frac{1}{b^2}$$
$$O''(b) = \frac{208}{b^3} > 0$$

$O'(b) = 0$ liefert

$$15 = \frac{104}{b^2}$$
$$b^2 = \frac{104}{15}$$
$$b = \sqrt{\frac{104}{15}}$$

$\Rightarrow \quad b \approx 2{,}63 \text{ cm} \qquad c \approx 1{,}97 \text{ cm}$

11.3

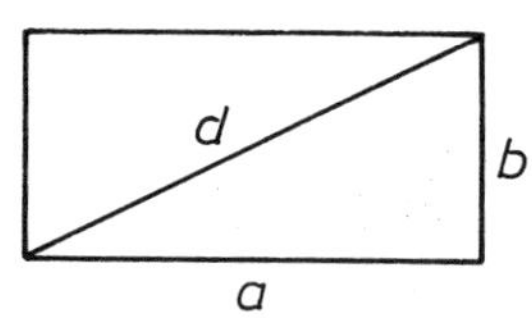

1.

$$u(a, b) = 2a + 2b \quad \text{Extremalbedingung}$$
$$d^2 = a^2 + b^2 \quad \text{Nebenbedingung}$$
$$b = \sqrt{d^2 - a^2}$$

$$u(a) = 2a + 2\sqrt{d^2 - a^2}$$
$$u'(a) = 2 - \frac{2a}{\sqrt{d^2 - a^2}}$$
$$u''(a) = -\frac{2d^2}{\sqrt{d^2 - a^2} \cdot (d^2 - a^2)} < 0$$

$u'(a) = 0$ liefert

$$2 = \frac{2a}{\sqrt{d^2 - a^2}}$$
$$d^2 - a^2 = a^2$$
$$a = \frac{d}{2}\sqrt{2}$$
$$b = \frac{d}{2}\sqrt{2} = a$$

Lösung ist das Quadrat.

2.

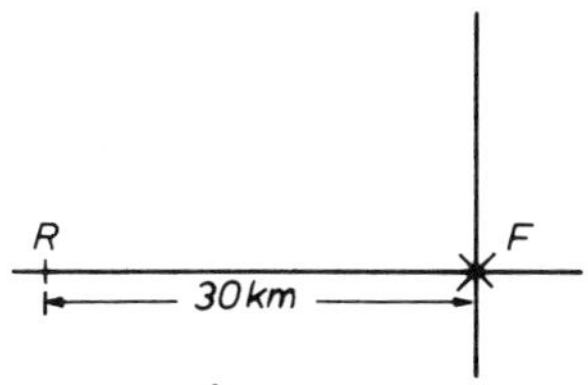

$v_R = 12\,\frac{km}{h}$ $\qquad v_F = 4\,\frac{km}{h}$

zu Beginn

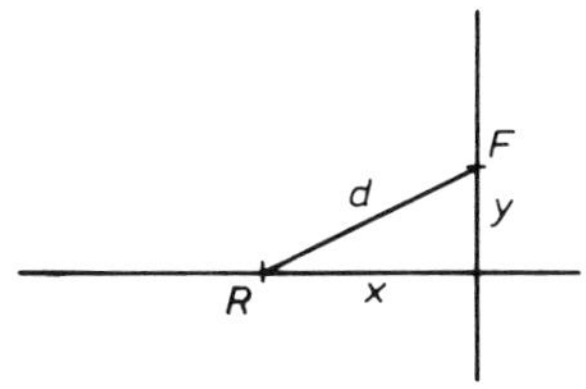

bei kürzestem Abstand nach t Stunden

t Zeit in Stunden

$x = -30 + 12t$

$y = 4t$

(Nebenbedingungen)

$d(x, y) = \sqrt{x^2 + y^2}$ Extremalbedingung

$(d(t))^2 = (12t - 30)^2 + (4t)^2$

$(d(t))^2 = 160t^2 - 720t + 900$

$(d(t))^2 = 20 \cdot (8t^2 - 36t + 45)$

$[(d(t))^2]' = 20 \cdot (16t - 36)$

$[(d(t))^2]'' = 20 \cdot 16 > 0$

$[(d(t))^2]' = 0$ liefert $16t = 36$

$t = 2{,}25$

$x = -3$

$y = 9$

$d = \sqrt{90} \approx 9{,}49$

Nach $2\frac{1}{4}$ Std. sind Radfahrer und Fußgänger 9,49 km voneinander entfernt (kürzeste Entfernung).

3.

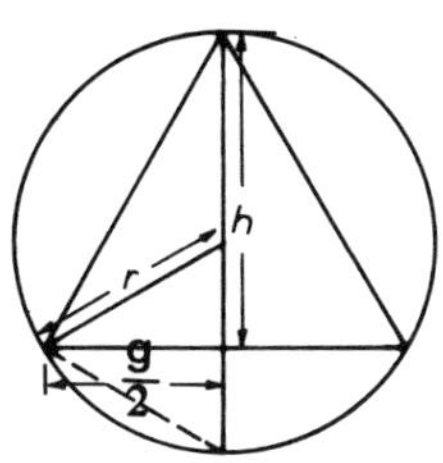

$(A(h))^2 = (2r - h) \cdot h^3$

$(A(h))^2 = 2rh^3 - h^4$

$[(A(h))^2]' = 6rh^2 - 4h^3$

$[(A(h))^2]'' = 12rh - 12h^2$

$A(g, h) = \frac{g}{2} \cdot h$ Extremalbedingung

$\left(\frac{g}{2}\right)^2 = (2r - h) \cdot h$ Nebenbedingung (Höhensatz)

$[(A(h))^2]' = 0$ liefert $2h^2(3r - 2h) = 0$

$h_1 = 0 \qquad h_2 = \frac{3}{2}r \qquad \left[\left(A\left(\frac{3}{2}r\right)\right)^2\right]'' = -9r^2 < 0$

$g = r\sqrt{3}$

Grundseite $g = r\sqrt{3}$; Höhe $h = \frac{3}{2}r$.

L

11.4

1. $u(a, b) = 2a + 2b$ Extremalbedingung

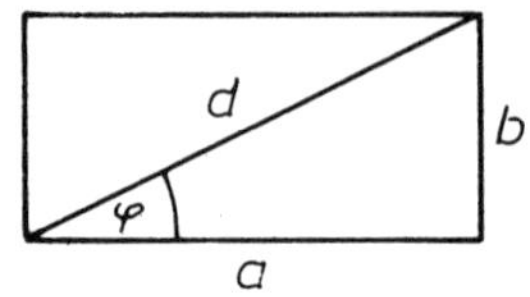

$$\left.\begin{aligned} a &= d\cos\varphi \\ b &= d\sin\varphi \end{aligned}\right\}$$ Nebenbedingungen

$0° \leqq \varphi \leqq 90°$

$$u(\varphi) = 2d(\cos\varphi + \sin\varphi)$$
$$u'(\varphi) = 2d(-\sin\varphi + \cos\varphi)$$
$$u''(\varphi) = 2d(-\cos\varphi - \sin\varphi) < 0 \;; \text{ da } 0° \leqq \varphi \leqq 90°$$

$u'(\varphi) = 0$ liefert $\sin\varphi = \cos\varphi \quad \Rightarrow \quad \varphi = 45°$

$\sin 45° = \cos 45° = \frac{1}{2}\sqrt{2}\,; \quad a = b = \frac{d}{2}\sqrt{2}$ Die Lösung ist das Quadrat.

2. Gesucht ist das Maximum der Querschnittfläche. (Dann auch maximales Volumen.)

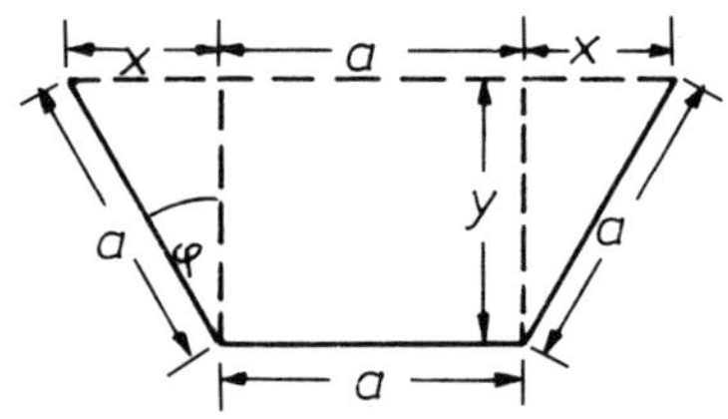

$A_{Trapez}(x, y) = (a + x) \cdot y$ Extremalbedingung

$$\left.\begin{aligned} x &= a\sin\varphi \\ y &= a\cos\varphi \end{aligned}\right\}$$ Nebenbedingungen

$0° \leqq \varphi \leqq 90°$

$$A(\varphi) = a^2(1 + \sin\varphi) \cdot \cos\varphi$$
$$A'(\varphi) = a^2[\cos\varphi \cdot \cos\varphi + (1 + \sin\varphi)(-\sin\varphi)]$$
$$A'(\varphi) = a^2[\cos^2\varphi - \sin^2\varphi - \sin\varphi]$$
$$A'(\varphi) = a^2[1 - 2\sin^2\varphi - \sin\varphi]$$
$$A''(\varphi) = a^2[-4\sin\varphi\cos\varphi - \cos\varphi] < 0 \;; \quad \text{da } 0° \leqq \varphi \leqq 90°$$

$A'(\varphi) = 0$ liefert $\quad 2\sin^2\varphi + \sin\varphi - 1 = 0$

$$\sin^2\varphi + \frac{1}{2}\sin\varphi - \frac{1}{2} = 0$$

$$\sin\varphi_{1/2} = -\frac{1}{4} \pm \sqrt{\frac{1}{16} + \frac{8}{16}} = -\frac{1}{4} \pm \frac{3}{4}$$

$\sin\varphi_1 = \frac{1}{2} \quad \sin\varphi_2 = -1$ (wegen $0° \leqq \varphi \leqq 90°$ keine Lösung des Problems)

$\varphi_1 = 30°\,; \quad \cos\varphi_1 = \frac{1}{2}\sqrt{3}\,; \quad x = \frac{a}{2}\,; \quad y = \frac{a}{2}\sqrt{3}\,; \quad A_{max} = \frac{3a^2}{4}\sqrt{3}$

[Randwerte: für $\varphi = 0°$ $A = a^2$; für $\varphi = 90°$ $A = 0$]

Wiederholungsaufgaben

1. $A_\triangle(x, y) = \frac{1}{2}xy$ Extremalbedingung

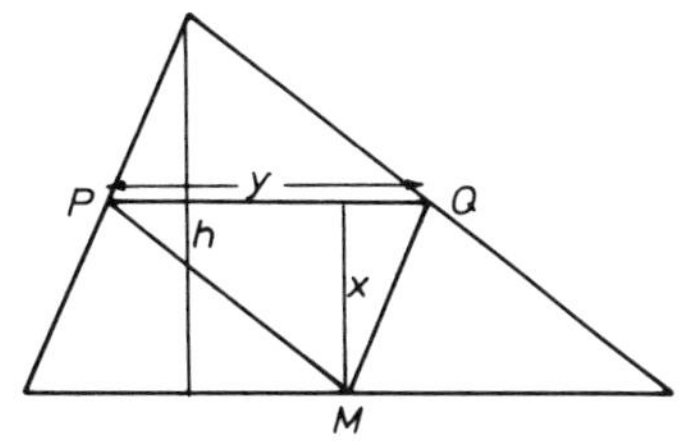

$c:y = h:(h-x)$ Nebenbedingung (Strahlensatz)

$y = \frac{c}{h}(h-x)$

$A(x) = \frac{c}{2h}(hx - x^2)$

$A'(x) = \frac{c}{2h}(h - 2x)$

$A''(x) = -\frac{c}{h} < 0$

$A'(x) = 0$ liefert $x = \frac{h}{2}$

$y = \frac{c}{2}$

Die Parallele muß im Abstand $\frac{h}{2}$ gezogen werden.

***2.** $V(r, h) = \pi r^2 h$ Extremalbedingung

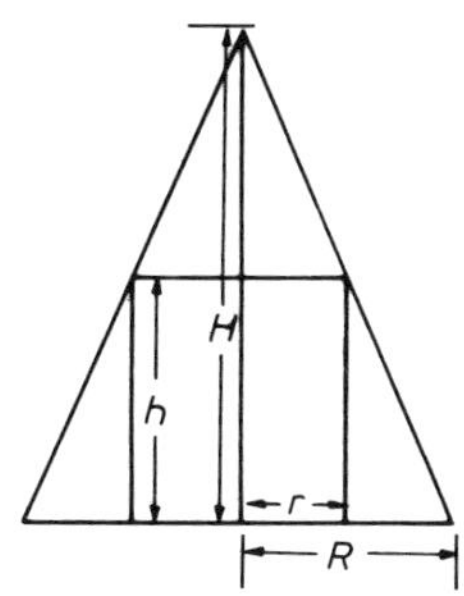

$R:r = H:(H-h)$ Nebenbedingung (Strahlensatz)

$r = \frac{R}{H}(H-h)$

$V(h) = \pi \frac{R^2}{H^2}(H-h)^2 h$

$V(h) = \frac{\pi R^2}{H^2}(H^2h - 2Hh^2 + h^3)$

$V'(h) = \frac{\pi R^2}{H^2}(H^2 - 4Hh + 3h^2)$

$V''(h) = \frac{\pi R^2}{H^2}(-4H + 6h)$

$V'(h) = 0$ liefert $h^2 - \frac{4}{3}Hh + \frac{H^2}{3} = 0$

$h_{1/2} = \frac{2}{3}H \pm \sqrt{\frac{4H^2}{9} - \frac{3H^2}{9}} = \frac{2}{3}H \pm \frac{1}{3}H$

$h_1 = H \qquad h_2 = \frac{1}{3}H$

$V''\left(\frac{1}{3}H\right) < 0$

also Maximum bei $h = \frac{1}{3}H$; $r = \frac{2}{3}R$

L

***3.** $V(r, h) = \pi r^2 h + \frac{2}{3}\pi r^3$ Extremalbedingung

$O = \pi r^2 + 2\pi rh + 2\pi r^2$ „Formel"-Nebenbedingung

$$h = \frac{O}{2\pi r} - \frac{3r}{2}$$

$$V(r) = \frac{\pi r^2 \cdot O}{2\pi r} - \frac{\pi r^2 \cdot 3r}{2} + \frac{2}{3}\pi r^3$$

$$V(r) = \frac{O}{2} \cdot r - \frac{5\pi}{6} \cdot r^3$$

$$V'(r) = \frac{O}{2} - \frac{5\pi}{2} \cdot r^2$$

$$V''(r) = -5\pi r < 0$$

$V'(r) = 0$ liefert $\frac{5\pi}{2} r^2 = \frac{O}{2}$

$$r^2 = \frac{O}{5\pi}$$

$$r = \sqrt{\frac{O}{5\pi}}$$

$$h = \frac{O}{2\pi\sqrt{\frac{O}{5\pi}}} - \frac{3}{2}\sqrt{\frac{O}{5\pi}}$$

$$h = \frac{5}{2}\sqrt{\frac{O}{5\pi}} - \frac{3}{2}\sqrt{\frac{O}{5\pi}} = \sqrt{\frac{O}{5\pi}} = r$$

4. $V(r, h) = \pi r^2 h$ Extremalbedingung

$4r^2 = 4R^2 - h^2$ Nebenbedingung (Satz des Pythagoras)

$$r^2 = R^2 - \frac{h^2}{4}$$

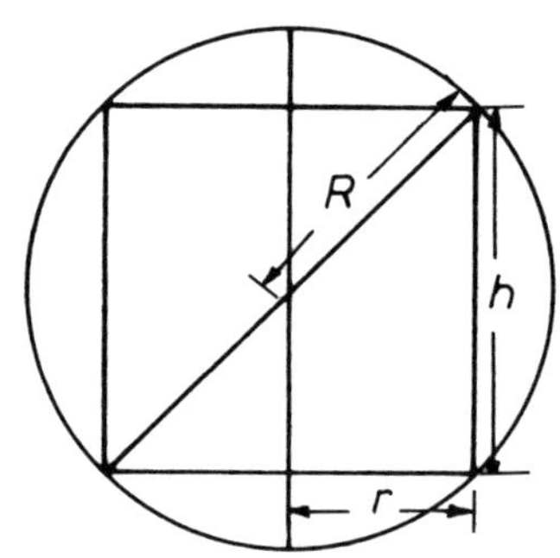

$$V(h) = \pi\left(R^2 h - \frac{h^3}{4}\right)$$

$$V'(h) = \pi\left(R^2 - \frac{3h^2}{4}\right)$$

$V''(h) = -\frac{3}{2}\pi h < 0$ für $h > 0$

$V'(h) = 0$ liefert $h^2 = \frac{4R^2}{3}$

$h = \frac{2}{3}R\sqrt{3}$ $r = \frac{1}{3}R\sqrt{6}$

***5.** $u(a, b) = 2a + 2b$ Extremalbedingung

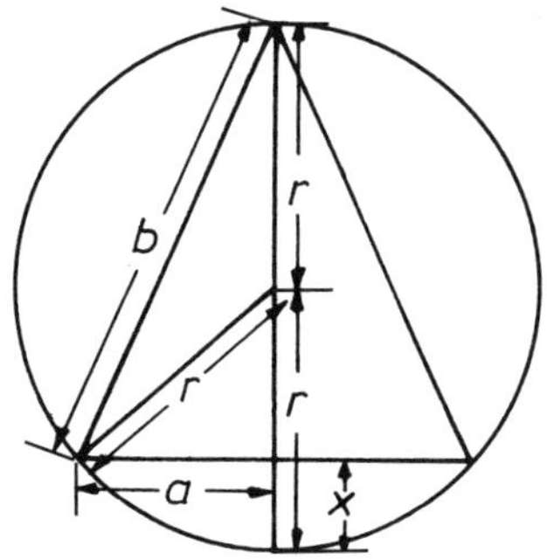

$$\left.\begin{aligned} b^2 &= a^2 + (2r - x)^2 \\ a^2 &= r^2 - (r - x)^2 \end{aligned}\right\} \quad \text{Nebenbedingungen (Satz des Pythagoras)}$$

$$\Rightarrow \quad b^2 = 2(2r^2 - rx)$$

$$u(x) = 2\left(\sqrt{2rx - x^2} + \sqrt{4r^2 - 2rx}\right)$$

$$u'(x) = 2\left(\frac{2r - 2x}{2\sqrt{2rx - x^2}} + \frac{-2r}{2\sqrt{4r^2 - 2rx}}\right)$$

$$u'(x) = 2\left(\frac{r - x}{\sqrt{2rx - x^2}} - \frac{r}{\sqrt{4r^2 - 2rx}}\right)$$

$$u'(x) = 0 \text{ liefert } \frac{r - x}{\sqrt{2rx - x^2}} = \frac{r}{\sqrt{4r^2 - 2rx}}$$

$$\begin{aligned}
(r - x)^2(4r^2 - 2rx) &= r^2(2rx - x^2) \\
2r(r - x)^2(2r - x) &= r^2x(2r - x) \\
2r(r - x)^2(2r - x) - r^2x(2r - x) &= 0 \\
[2r(r - x)^2 - r^2x](2r - x) &= 0 \\
2\left(x^2 - \frac{5}{2}rx + r^2\right)(2r - x) &= 0
\end{aligned}$$

$$x_1 = 2r \qquad x^2 - \frac{5}{2}rx + r^2 = 0$$

$$x_{2/3} = \frac{5}{4}r \pm \sqrt{\frac{25r^2}{16} - \frac{16r^2}{16}}$$

$$x_{2/3} = \frac{5}{4}r \pm \frac{3}{4}r \qquad x_2 = 2r \qquad x_3 = \frac{r}{2}$$

Da $0 < x < 2r$ liegt das Maximum bei $x_3 = \frac{r}{2}$.

Daß ein Maximum vorliegt, erkennen Sie aus dem Sachverhalt. Daher kann man sich die aufwendige Berechnung der zweiten Ableitung sparen.

$$a = \sqrt{2r \cdot \frac{r}{2} - \frac{r^2}{4}} = \frac{r}{2}\sqrt{3}; \qquad b = \sqrt{4r^2 - 2r \cdot \frac{r}{2}} = r\sqrt{3}$$

Die Lösung ist ein gleichseitiges Dreieck.

6. $V(r, h) = \pi r^2 h$ Extremalbedingung

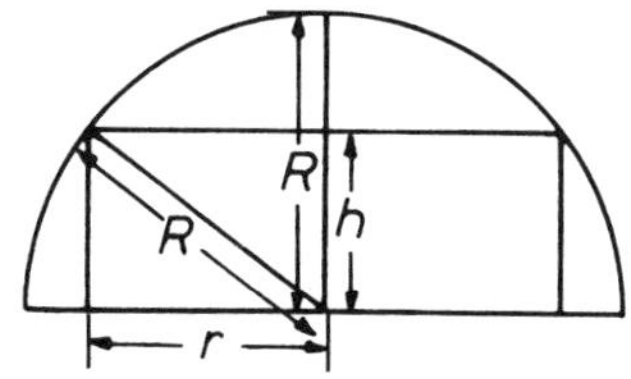

$r^2 = R^2 - h^2$ Nebenbedingung (Satz des Pythagoras)

$$\begin{aligned}
V(h) &= \pi(R^2 - h^2)h \\
V(h) &= \pi(R^2h - h^3) \\
V'(h) &= \pi(R^2 - 3h^2) \\
V''(h) &= -6\pi h < 0; \quad \text{da } h > 0
\end{aligned}$$

L

$V'(h) = 0$ liefert $3h^2 = R^2$

$$h = \frac{R}{3}\sqrt{3}$$

$$r = \frac{R}{3}\sqrt{6}$$

$$V_{max} = \pi \cdot \frac{2}{3}R^2 \cdot \frac{1}{3}R\sqrt{3} = \frac{2\pi}{9}R^3\sqrt{3}$$

7. $V(r, h) = \pi r^2 h$ Extremalbedingung

$h + 2 \cdot (2r) = 104$ Nebenbedingung (Postvorschrift)

$$h = 104 - 4r$$
$$V(r) = \pi(104r^2 - 4r^3)$$
$$V'(r) = \pi(208r - 12r^2)$$
$$V''(r) = \pi(208 - 24r)$$

$V'(r) = 0$ liefert $4r(52 - 3r) = 0$

$$r_1 = 0 \quad r_2 = \frac{52}{3} = 17\frac{1}{3}$$

$V''(r_2) < 0$ $\quad h = 104 - 69\frac{1}{3} = 34\frac{2}{3}$

$$V_{max} = \pi \cdot \left(17\frac{1}{3}\right)^2 \cdot 34\frac{2}{3} \quad \Rightarrow \quad V_{max} \approx 32{,}7\ \text{l}$$

Bei $d = 34\frac{2}{3}$ cm und $l = 34\frac{2}{3}$ cm größtes Volumen $V_{max} \approx 32{,}7$ l.

8. $V(a, h) = a^2 \cdot h$ Extremalbedingung

$144 = 8a + 4h$ Nebenbedingung

$$h = 36 - 2a$$
$$V(a) = 36a^2 - 2a^3$$
$$V'(a) = 72a - 6a^2$$
$$V''(a) = 72 - 12a$$

$V'(a) = 0$ liefert $6a^2 = 72a$

$$a^2 = 12a$$
$$a_1 = 0 \quad a_2 = 12 \quad V''(a_2) < 0$$
$$h = 12$$
$$V_{max} = 12^3 = 1728 \quad \text{Würfel}$$

Für $a = h = 12$ cm größtes Volumen $V_{max} = 1728\ \text{cm}^3$.

***9.**

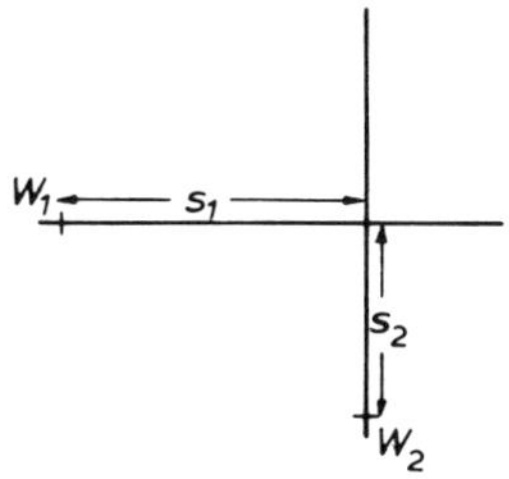

zu Beginn

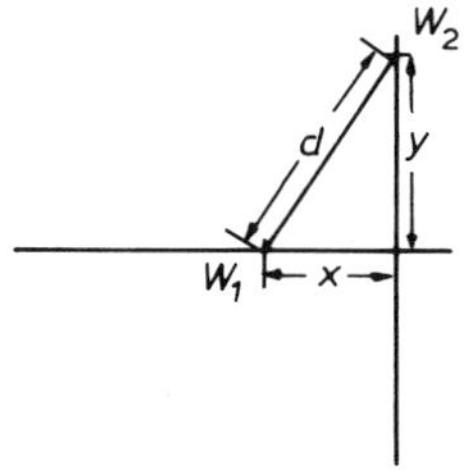

bei kürzestem Abstand (nach t Stunden)

$s_1 = -2$ km
$s_2 = -3$ km
$v_1 = 54$ km/h
$v_2 = 92$ km/h

$d(x, y) = \sqrt{x^2 + y^2}$ Extremalbedingung

$$\left.\begin{aligned} x &= s_1 + v_1 t \\ y &= s_2 + v_2 t \end{aligned}\right\} \text{Nebenbedingungen}$$

$$(d(t))^2 = (s_1 + v_1 t)^2 + (s_2 + v_2 t)^2$$

$$[(d(t))^2]' = 2(s_1 + v_1 t) \cdot v_1 + 2(s_2 + v_2 t) \cdot v_2$$

$$[(d(t))^2]'' = 2{v_1}^2 + 2{v_2}^2 > 0$$

$$[(d(t))^2]' = 0 \quad \text{liefert} \quad 2v_1 s_1 + 2{v_1}^2 t + 2v_2 s_2 + 2{v_2}^2 t = 0$$

$$({v_1}^2 + {v_2}^2)\,t = -v_1 s_1 - v_2 s_2$$

$$t = -\frac{v_1 s_1 + v_2 s_2}{{v_1}^2 + {v_2}^2}$$

Für diese Zeit t hat auch d ein Minimum.

Für die angegebenen Werte wird

$$t = -\frac{54 \cdot (-2) + 92 \cdot (-3)}{54^2 + 92^2} \quad \Rightarrow \quad t \approx 0{,}0337\,; \quad x \approx -0{,}178\,; \quad y \approx 0{,}104\,.$$

Kürzester Abstand nach etwas mehr als 2 Minuten. Der erste Wagen ist 178 m vor der Kreuzung; der zweite 104 m hinter der Kreuzung.

10. Die Frachtkosten auf dem Wasser seien 1.
Dann sind die Frachtkosten auf dem Lande 1,67.

Wassertransport $45 - x$ km

Landtransport y km.

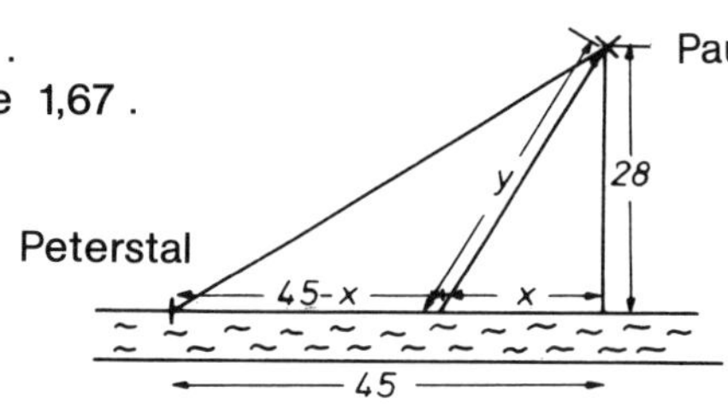

$K(x, y) = (45 - x) \cdot 1 + y \cdot 1{,}67$ Extremalbedingung

$y = \sqrt{x^2 + 28^2}$ Nebenbedingung (Satz des Pythagoras)

$$K(x) = 45 - x + 1{,}67 \cdot \sqrt{x^2 + 28^2}$$

$$K'(x) = -1 + \frac{1{,}67 \cdot x}{\sqrt{x^2 + 28^2}}$$

$$K''(x) = \frac{1{,}67 \cdot 28^2}{(x^2 + 28^2)\sqrt{x^2 + 28^2}} > 0$$

$K'(x) = 0$ liefert $x^2 = \dfrac{28^2}{1{,}67^2 - 1}$

$$x = \frac{28}{\sqrt{1{,}67^2 - 1}} \approx 20{,}93$$

Umladung nach ca. 21 km .

Wichtige Definitionen, Formeln und Sätze

Grenzwert von Funktionen

> Eine Funktion $x \to f(x)$ hat für $x \to x_0$ den Grenzwert α, wenn es zu jedem $\varepsilon > 0$ ein $\delta > 0$ gibt, so daß
>
> $|f(x) - \alpha| < \varepsilon$ falls $|x - x_0| < \delta$ und $x \neq x_0$ ist.
>
> Man schreibt $\alpha = \lim\limits_{x \to x_0} f(x)$

Grenzwertsätze

> Für Funktionen f, g mit den Grenzwerten $\alpha = \lim\limits_{x \to x_0} f(x)$; $\beta = \lim\limits_{x \to x_0} g(x)$ gilt
>
> $\lim\limits_{x \to x_0} [f(x) \pm g(x)] = \alpha \pm \beta$ $\qquad$ $\lim\limits_{x \to x_0} [f(x) \cdot g(x)] = \alpha \cdot \beta$
>
> $\lim\limits_{x \to x_0} [f(x) : g(x)] = \alpha : \beta$ für $g(x) \neq 0$; $\beta \neq 0$

Differenzierbarkeit

> Eine Funktion f heißt in x_0 **differenzierbar,** wenn der Grenzwert
>
> (Differentialquotient) $\lim\limits_{\Delta x \to 0} \dfrac{f(x_0 + \Delta x) - f(x_0)}{\Delta x} = f'(x_0)$ existiert.
>
> Schreibweisen für $y = f(x)$: $f'(x) = \lim\limits_{\Delta x \to 0} \dfrac{\Delta y}{\Delta x} = \dfrac{dy}{dx}$

Durch weiteres Differenzieren der Ableitungsfunktion $x \to f'(x)$ (falls diese existiert und wieder differenzierbar ist) erhält man die **zweite Ableitung** $x \to f''(x)$, die **dritte Ableitung** $x \to f'''(x)$, etc.

Spezielle Ableitungen

Potenzfunktionen

$y = x^n$	$y' = n \cdot x^{n-1}$	für $x \in \mathbb{R}$, $n \in \mathbb{Z}$
$y = x^r$	$y' = r \cdot x^{r-1}$	für $x > 0$, $r \in \mathbb{Q}$

insbesondere

für $n = 0$	Konstante Funktion	$y = c$	$y' = 0$
für $n = 1$	Identische Funktion	$y = x$	$y' = 1$

für $n = 2$ Quadratfunktion $y = x^2$ $y' = 2x$

für $n = \frac{1}{2}$ Wurzelfunktion $y = \sqrt{x}$ $y' = \frac{1}{2\sqrt{x}}$ $(x > 0)$

Trigonometrische Funktionen

$y = \sin x$ $y' = \cos x$ für $x \in \mathbb{R}$

$y = \cos x$ $y' = -\sin x$ für $x \in \mathbb{R}$

$y = \tan x$ $y' = \frac{1}{\cos^2 x}$ für $\cos x \neq 0$

Ableitungsregeln für differenzierbare Funktionen $u = f(x)$, $v = g(x)$

Faktorregel:	$y = a \cdot u$	$y' = a \cdot u'$ mit $a \in \mathbb{R}$
Summenregel:	$y = u + v$	$y' = u' + v'$
Differenzenregel:	$y = u - v$	$y' = u' - v'$
Produktregel:	$y = u \cdot v$	$y' = u'v + uv'$
Quotientenregel:	$y = \frac{u}{v}$	$y' = \frac{u'v - uv'}{v^2}$
Kettenregel:	$y = (f \circ g)(x) = f(g(x))$	$y' = f'(g(x)) \cdot g'(x)$

Eigenschaften differenzierbarer Funktionen

Stetigkeit

Eine Funktion $f(x)$, die in $x = x_0$ und einer Umgebung von x_0 definiert ist, heißt an der Stelle $x = x_0$ **stetig**, wenn der Grenzwert von $f(x_0 + \Delta x)$ für Δx gegen Null existiert und mit dem Funktionswert $f(x_0)$ übereinstimmt, das heißt wenn

$$\lim_{\Delta x \to 0} f(x_0 + \Delta x) = f(x_0) \quad \text{bzw.} \quad \lim_{x \to x_0} f(x) = f(x_0) \quad \text{ist.}$$

Andernfalls heißt $f(x)$ an der Stelle x_0 **unstetig**.

Die Stetigkeit einer Funktion ist eine notwendige Bedingung für die Differenzierbarkeit.

Mittelwertsatz

Die Funktion f sei auf einem Intervall J differenzierbar; außerdem sei $a, b \in J$ mit $a < b$. Dann gibt es ein x_0 mit $a < x_0 < b$ und

$$\frac{f(b) - f(a)}{b - a} = f'(x_0)$$

Satz über monotone Funktionen

Die Funktion f sei auf einem Intervall J differenzierbar. Dann gilt für $a, b \in J$ mit $a < b$: Wenn $f'(x) \geqq 0$ $[f'(x) \leqq 0]$ für alle x mit $a < x < b$, dann ist f in [a; b] monoton wachsend [fallend].

Lokale Extremwerte

Definition

für Funktionen $f: D \to \mathbb{R}$ mit einer Menge $D \subseteq \mathbb{R}$ als Definitionsbereich:

- f hat in $x_0 \in D$ ein **lokales Maximum [Minimum],** wenn es eine ganz in D enthaltene Umgebung U von x_0 gibt, so daß $f(x) \leqq f(x_0)$ $[f(x_0) \leqq f(x)]$ für alle $x \in U$.
- Mit **„Extremwert“** (oder „Extremum“) werden Minima oder Maxima bezeichnet.

Satz (notwendige Bedingung)

Die Funktion f sei auf dem Intervall [a; b] definiert und in x_0 mit $a < x_0 < b$ differenzierbar.
Wenn f in x_0 ein relatives Maximum oder Minimum besitzt, dann gilt:
$f'(x_0) = 0$.

Satz (hinreichende Bedingung)

Die Funktion f sei im Intervall [a; b] zweimal differenzierbar, außerdem sei $a < x_0 < b$.
Wenn $f'(x_0) = 0$ und $f''(x_0) \neq 0$, dann besitzt f in x_0 einen lokalen Extremwert, und zwar ein Minimum falls $f''(x_0) > 0$ und ein Maximum falls $f''(x_0) < 0$.

Wendepunkte

Definition

Die Funktion f sei in einem Intervall [a; b] differenzierbar. Dann sagt man, f besitze in x_0 (mit $a < x_0 < b$) einen **Wendepunkt**, wenn die Ableitung f' in x_0 ein lokales Extremum hat.

Satz (hinreichende Bedingung)

Die Funktion f sei im Intervall [a; b] dreimal differenzierbar, außerdem sei $a < x_0 < b$. Wenn $f''(x_0) = 0$ und $f'''(x_0) \neq 0$, dann besitzt f in x_0 einen Wendepunkt.

Nullstellen von Polynomen

Satz

Wenn x_0 Nullstelle eines Polynoms $p(x)$ ist, dann gibt es ein Polynom $q(x)$, so daß: $p(x) = q(x) \cdot (x - x_0)$

Wenn man eine Nullstelle x_0 von $p(x)$ kennt, kann man $q(x) = p(x) : (x - x_0)$ für $x \neq x_0$ durch **Division** bestimmen.

Beispiel: $p(x) = x^3 + 4x^2 + x - 6$

Durch Einsetzen stellt man fest: $p(1) = 0$; d. h. $x_0 = 1$ ist eine Nullstelle von p.

Division:
$$\begin{array}{l}
(x^3 + 4x^2 + x - 6) : (x - 1) = x^2 + 5x + 6 \\
-\underline{(x^3 - x^2)} \\
\qquad 5x^2 + x \\
\quad -\underline{(5x^2 - 5x)} \\
\qquad\qquad 6x - 6 \\
\qquad\quad -\underline{(6x - 6)} \\
\qquad\qquad\quad 0
\end{array}$$

Also: $p(x) = (x^2 + 5x + 6) \cdot (x - 1)$

Geometrische Formeln

1. Strahlensatz $a : b = c : d$

2. Strahlensatz $a : b = e : f$

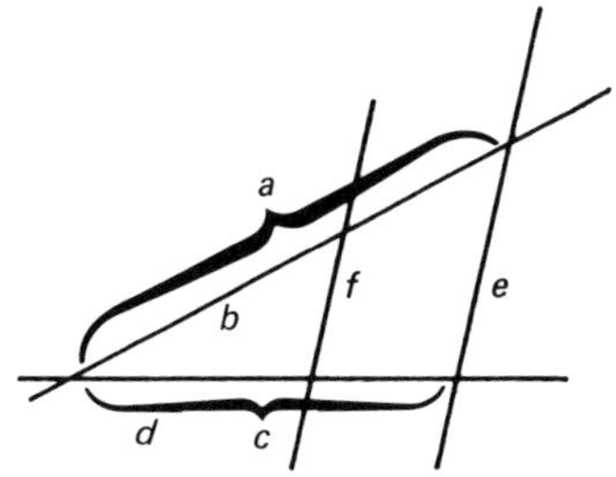

Rechtwinkliges Dreieck

$a^2 + b^2 = c^2$

$a^2 = cp \qquad b^2 = cq$

$h^2 = pq$

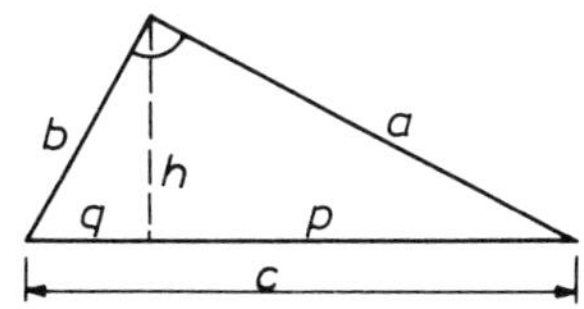

Gleichseitiges Dreieck

$A = \frac{a^2}{4}\sqrt{3}$

$h = \frac{a}{2}\sqrt{3}$

$r = \frac{a}{3}\sqrt{3} \qquad \varrho = \frac{a}{6}\sqrt{3}$

r Radius des umbeschriebenen Kreises
ϱ Radius des einbeschriebenen Kreises

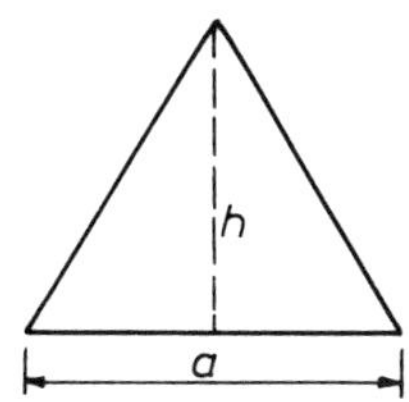

Quadrat

$A = a^2 \qquad d = a\sqrt{2}$

$r = \frac{a}{2}\sqrt{2} \qquad \varrho = \frac{a}{2}$

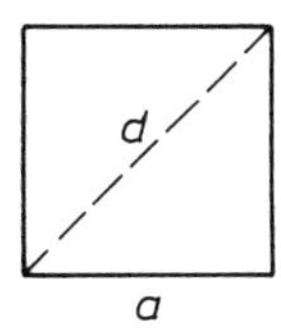

Parallelogramm $A = gh$

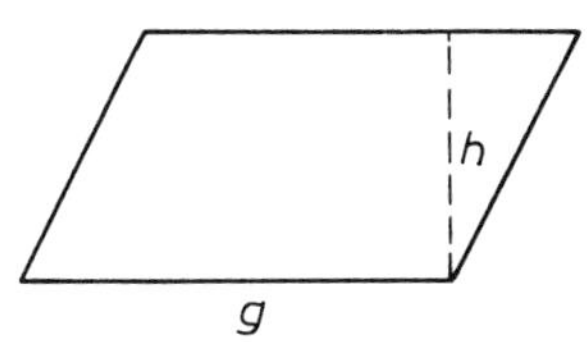

Trapez $A = \frac{a + c}{2} \cdot h = mh$

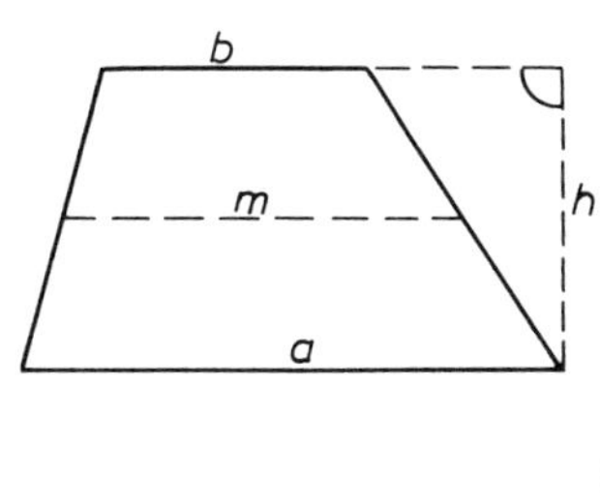

Kreis $A = \pi r^2$

$u = 2\pi r$

$b = \frac{\pi\alpha}{180} r = r \cdot \text{arc}\,\alpha$

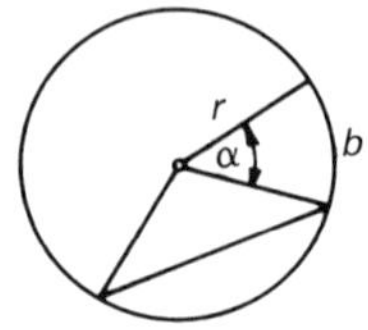

Kreisausschnitt (Kreissektor) $A = \frac{\pi\alpha}{360} r^2 = \frac{\text{arc}\,\alpha}{2} r^2 = \frac{br}{2}$

Kreisabschnitt (Kreissegment) $A = \left(\frac{\pi\alpha}{180} - \sin\alpha\right)\frac{r^2}{2} = (\text{arc}\,\alpha - \sin\alpha)\,\frac{r^2}{2}$

Würfel $V = a^3$ $O = 6a^2$

$d = a\sqrt{2}$ $e = a\sqrt{3}$

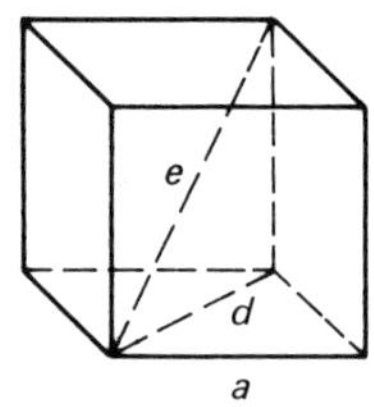

Quader $V = abc$

$O = 2(ab + bc + ca)$

$d^2 = a^2 + b^2 + c^2$

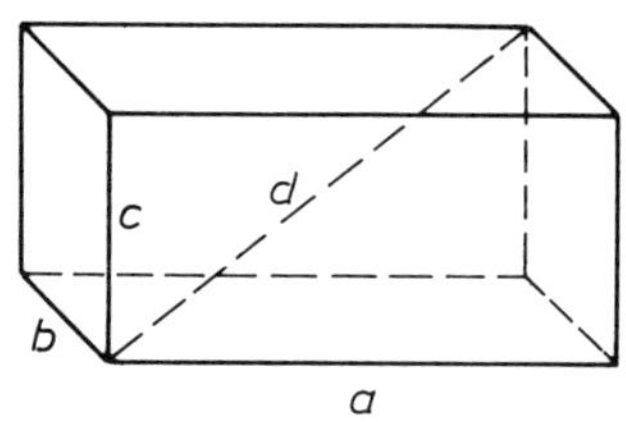

Prisma $V = Gh$

O = Grundfläche + Deckfläche + n · Seitenfläche

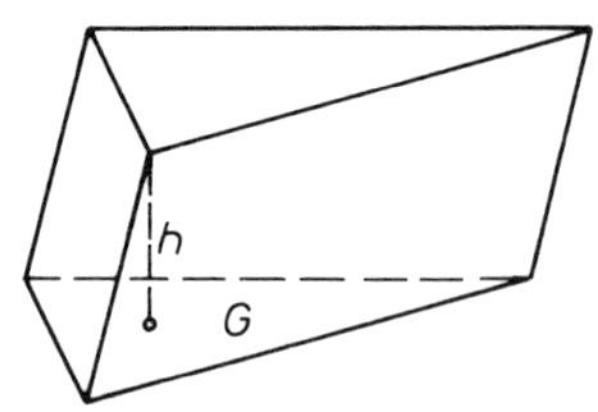

Pyramide $V = \frac{1}{3} Gh$

O = Grundfläche + n · Seitendreiecksfläche

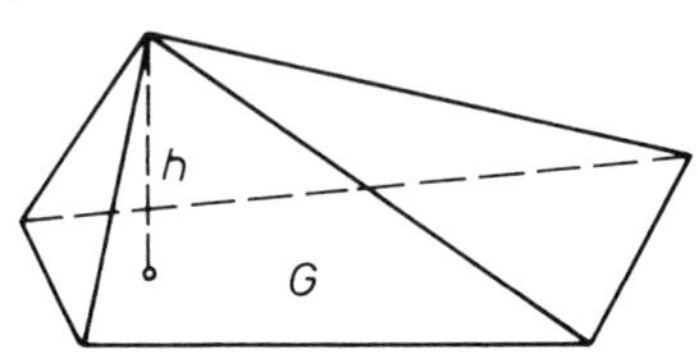

Zylinder (Walze)

$$V = \pi r^2 h$$
$$M = 2\pi r h$$
$$O = 2\pi r\,(r + h)$$

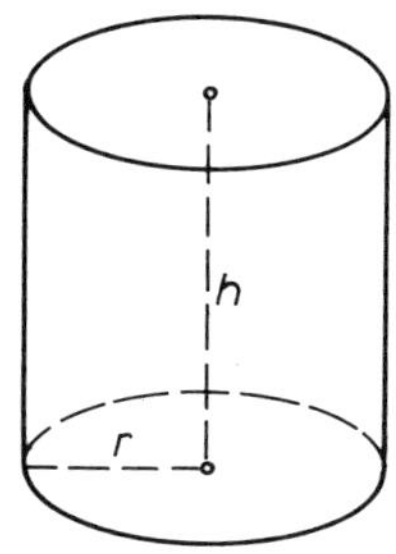

Kegel

$$V = \frac{1}{3}\pi r^2 h$$
$$M = \pi r s$$
$$O = \pi r^2 + \pi r s$$

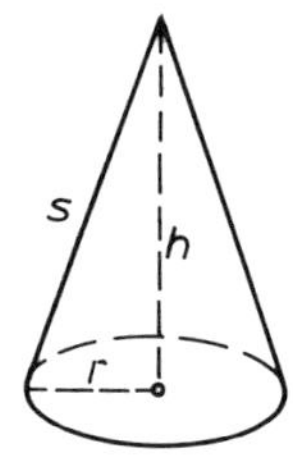

Pyramidenstumpf

$$V = \frac{1}{3}h(G_1 + \sqrt{G_1 G_2} + G_2)$$

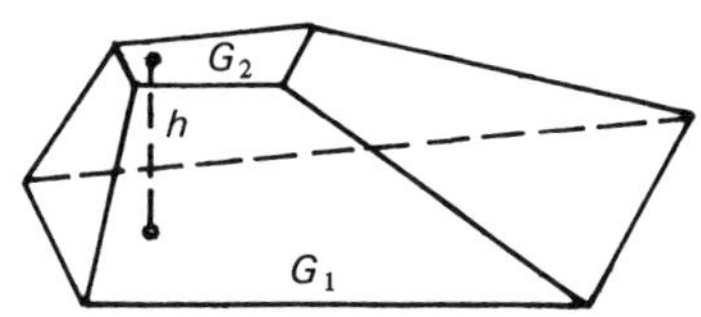

Kegelstumpf

$$V = \frac{1}{3}\pi h(r_1{}^2 + r_1 r_2 + r_2{}^2)$$
$$M = \pi s(r_1 + r_2)$$
$$O = \pi r_1{}^2 + \pi r_2{}^2 + \pi s(r_1 + r_2)$$

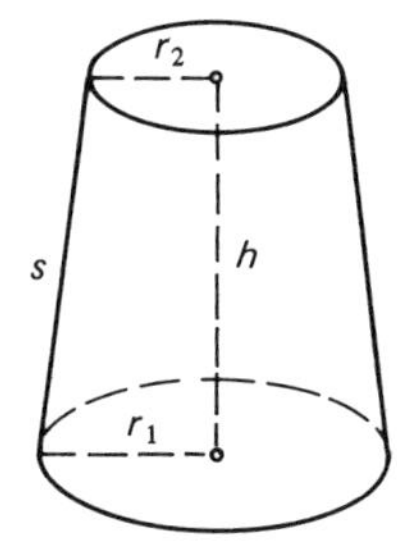

Kugel

$$V = \frac{4}{3}\pi r^3$$

Oberfläche $O = 4\pi r^2$

Kugelabschnitt

$$V = \frac{1}{3}\pi h^2(3r - h)$$

Kappe $K = 2\pi r h$

Kugelausschnitt

$$V = \frac{2}{3}\pi r^2 h$$

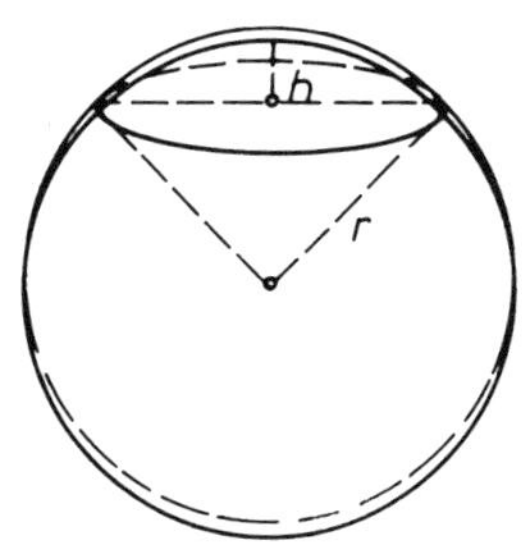

Trigonometrische Formeln

$\sin^2\alpha + \cos^2\alpha = 1$ $\quad\tan\alpha = \dfrac{\sin\alpha}{\cos\alpha}$ $\quad\cot\alpha = \dfrac{\cos\alpha}{\sin\alpha}$

$\sin(-\alpha) = -\sin\alpha$ $\quad\cos(-\alpha) = \cos\alpha$ $\quad\tan(-\alpha) = -\tan\alpha$

$1 + \tan^2\alpha = \dfrac{1}{\cos^2\alpha}$ $\quad\sin\alpha = \dfrac{\tan\alpha}{\sqrt{1+\tan^2\alpha}}$ $\quad\cos\alpha = \dfrac{1}{\sqrt{1+\tan^2\alpha}}$

(für spitze Winkel: $0 < \alpha < 90°$)

$\sin(\alpha \pm \beta) = \sin\alpha\cos\beta \pm \cos\alpha\sin\beta$ $\quad\cos(\alpha \pm \beta) = \cos\alpha\cos\beta \mp \sin\alpha\sin\beta$

Sinussatz $\dfrac{a}{\sin\alpha} = \dfrac{b}{\sin\beta} = \dfrac{c}{\sin\gamma} = 2r$ **Kosinussatz** $a^2 = b^2 + c^2 - 2bc\cos\alpha$

Flächensatz $A = \dfrac{1}{2}ab\sin\gamma = \varrho s = \dfrac{abc}{4r}$

Register

(Kursive Zahlen weisen auf die Formelsammlung hin.)

G

H

K

L

M

N

P